Emir Fethi Caner/Ergun Mehmet Caner

Das Islam-Handbuch

Emir Fethi Caner/Ergun Mehmet Caner

Das Islam-Handbuch

Antworten auf die wichtigsten Fragen
aus christlicher Sicht

Die amerikanische Originalausgabe ist unter dem Titel
MORE THAN A PROPHET: AN INSIDER'S RESPONSE TO
MUSLIM BELIEFS ABOUT JESUS AND CHRISTIANITY
erschienen bei Kregel Publications, Grand Rapids/Michigan.
Übersetzt und gedruckt mit Erlaubnis des Verlages.
Alle Rechte vorbehalten.
© 2003 Emir Fethi Caner/Ergun Mehmet Caner

Deutsch von Dr. Friedemann Lux

© der deutschen Ausgabe: R. Brockaus Verlag, Wuppertal 2004
Umschlaggestaltung: Dietmar Reichert, Dormagen
Satz: QuadroMedienService, Bergisch Gladbach-Bensberg
Druck und Bindung: FINIDR s.r.o., Tschechien
ISBN 3-417-24874-4
Bestell-Nr. 224 874

Für unsere Söhne
John Mark Caner und
Braxton Paige Caner.
Mögen wir Väter sein, die ihr achten könnt,
überfließend in unserer Liebe und
unermüdlich im Ermutigen.

Christus möchte ich erkennen und die Kraft seiner Auferstehung und
die Gemeinschaft seiner Leiden;
und so seinem Tode gleich gestaltet werden.
Philipper 3,10

Inhalt

Hinweis zu den verwendeten Bibel- und Koran-übersetzungen und zum Gottesnamen

Bibelzitate folgen, wo nicht anders angegeben, der Luther-übersetzung (1984, neue Rechtschreibung); andere Übersetzungen sind jeweils in Klammern angegeben (Revidierte Elberfelder Übersetzung = Elberf.; Einheitsübersetzung der Heiligen Schrift = Einheitsüb.; Hoffung für alle, Erscheinungsjahr 2003 = Hoffnung für alle; Das Neue Testament, nach dem Grundtext übersetzt von H. E. Schlachter = Schlachter; Bibelübersetzung von Bruns = Bruns).

Die Koranzitate folgen der Übersetzung von Max Henning (*Der Koran,* Stuttgart: Reclam, durchgesehene und verbesserte Ausgabe 1991).

Der islamische Gottesname *Allah* wird in diesem Buch in der Regel mit »Allah« wiedergegeben. Grundsätzlich ist auch die Übersetzung »Gott« korrekt (so in den meisten neueren Koran-übersetzungen), denn *Allah* ist eine Zusammenziehung aus *al-Ilah,* »der Gott«. Übersetzer und Verlag haben sich in diesem Buch aus zwei Gründen für die Version *Allah* entschieden: Erstens meint das Wort *Allah* im Koran und Islam immer spezifisch den islamischen Gott, und zweitens wird es im Westen quasi als Eigenname traditionell genau in dieser Bedeutung verstanden. Die heute häufig zu findende Verwendung von »Gott« für *Allah* kann gerade bei dem nicht islamkundigen Leser in der Praxis zu Missverständnissen und Synkretismen nach dem Muster »Wir glauben also doch alle an denselben Gott« führen. Der Name *Allah* stellt klar, dass hier jeweils nicht von dem Gott der Bibel und Vater Jesu Christi die Rede ist, sondern von dem Gott Mohammeds und des Korans.

Was will dieses Buch?

Seit dem Jahr der Veröffentlichung unseres ersten Buches, *Unveiling Islam*[1], haben wir über 400 Mal gesprochen – auf Konferenzen und Tagungen, Kirchenwochenenden und nationalen Pressekonferenzen. Unsere Stimmen waren über winzige Radiostationen in irgendeinem Weizenfeld und die großen amerikanischen Fernsehsender zu hören. Wir haben vor 9.000 und vor 31 Zuhörern gesprochen. Wir haben in Flugzeugen, in Flughäfen und auf harten Hotelbetten geschlafen. Wir haben Fragen, Forderungen, Wut und zerbrochene Herzen erlebt.

Es hat sich gelohnt. Zum ersten Mal fängt eine Generation amerikanischer Christen an, ernsthaft darüber nachzudenken, wie die eine Milliarde Muslime in der Welt für Jesus Christus zu gewinnen sein könnten. Doch nicht alle Publicity, die wir bei unserer Arbeit erfahren haben, ist uns recht gewesen. Muslime wie Andersgläubige haben ihren Unmut frei geäußert. In einer Kirche in Kalifornien erschienen über hundert Muslime, um uns niederzubrüllen. In einer Gemeinde in Virginia ließen muslimische Gäste während der Kollekte islamische Traktate herumgehen. Man hat uns böse, intolerant und scharfmacherisch genannt. Warum? Weil wir, wie Millionen andere evangelikale Christen, an den fundamentalen Glaubenssatz des Christentums glauben: *Jesus Christus, der Mensch wurde, um zu uns zu kommen und die Strafe für unsere Sünden zu tragen, ist die einzige Hoffnung,*

---

1 Ergun Mehmet Caner, Emir Fethi Caner: Unveiling Islam, Grand Rapids 2002. Deutsche Übersetzung: Ergun Mehmet Caner, Emir Fethi Caner: Islam ohne Schleier, Gießen 2003

die wir haben, vor dem heiligen Gott bestehen zu können. Allein Jesus
hat unser ganzes Vertrauen und unsere absolute Loyalität verdient.

Wir bezeugen, dass er für die ganze Welt starb, damit jeder Mensch Vergebung der Sünden und eine ewige Beziehung mit Gott haben kann. Alles, was wir tun müssen, ist, zu begreifen, was für egoistische, verlorene Rebellen wir sind, und das Ruder unseres Lebens in Gottes Hand zu übergeben. Jesus starb und stand von den Toten auf, um seine Feinde freizukaufen und ihnen ewiges Leben zu geben. Die bereits heftig entbrannte Islam-Debatte in Amerika wurde durch unser Buch *Unveiling Islam* noch verstärkt und machte es zu einem Bestseller. Wir sind seitdem einen Großteil unseres Alltags damit beschäftigt, die Fragen zu beantworten, die Sie auf den folgenden Seiten finden – Fragen, wie sie uns von christlichen und nichtchristlichen Radio- und Fernsehsendern und Zeitungsreportern in Amerika gestellt wurden. Fragen von skeptischen Muslimen, wütenden Muslimen, interessierten Muslimen. Fragen von liberalen Christen, die von einer islamisch-christlichen Einheitsreligion träumen, von voreingenommenen Sensationsreportern, die ein reißerisches Zitat brauchen, und von seriösen Journalisten, die ehrliche Lösungen suchen.

Wir haben gemerkt, wie diese Fragen bestimmten Mustern und Strukturen folgen, und an diesem Punkt entstand die Idee für das Buch, das Sie in der Hand halten. Die typischen Fragen von Christen begannen mit einer Einleitung wie: »Ich habe einen Freund, der Muslim ist und der Folgendes sagt […] Was soll ich ihm antworten?«

Unser Buch *Unveiling Islam (Islam ohne Schleier)* schrieben wir, um Christen den Islam zu erklären. Was Christen und Muslime jetzt brauchen ist ein Buch, das den Muslimen das Christentum erklärt. Die meisten der in diesem Buch behandelten Fragen und Einwände sind von muslimischen Gelehrten als Gründe angegeben worden, warum sie nicht glauben wollen bzw. können, dass Jesus Christus der Sohn Gottes und Heiland der Welt ist.

Hier liegt die Wurzel der islamischen Argumentation gegen Christus und der schroffen Kontraste zwischen den beiden Religionen.

Wir sind für den konstruktiven Dialog, nicht für polemische Diskussionen. An »Diskussions«-Veranstaltungen nehmen wir inzwischen nicht mehr teil. Hunderte von Diskussionen an Universitäten und Pro- und Contra-Konfrontations-Interviews vor laufender Kamera haben uns gezeigt, warum die Diskussion dem Dialog unterlegen ist. Die Fernsehdiskussion amerikanischen Stils, mit buhendem, zischendem, schreiendem Publikum, wo die Gäste einander das Wort abschneiden und heftige Erwiderungen lediglich die Person angreifen, anstatt die Sache zu klären, macht den sinnvollen Austausch von Argumenten unmöglich. In einem Klima, in dem die Teilnehmer kaum noch auf die Gegenseite hören, ist der Dialog als Massenveranstaltung unmöglich geworden – ein Problem, das von ehrlichen Christen wie Muslimen bedauert wird. Selbst die sorgfältig vorbereitete Diskussion zwischen dem christlichen Gelehrten Anis A. Shorrosh und seinem islamischen Kollegen Ahmed Deedat im August 1988 in der Royal Albert Hall in London artete trotz vorher genau festgelegter Spielregeln in Tumult und Chaos aus.

Nun möchten wir noch kurz etwas darüber sagen, wer wir sind und wo wir herkommen.

Wir sind türkischer Abstammung und stolz darauf. Für viele Muslime aus dem Nahen Osten bedeutet dies indes, dass wir keine »richtigen« Muslime und halb »verweltlicht« sind. Die nach dem Ersten Weltkrieg von Kemal Atatürk geschaffene moderne Türkei kennt kein Sultanat und Kalifat mehr, sondern ist ein säkularer Staat, was für viele Muslime bedeutet, dass der türkische Islam nicht der »wahre« Islam ist und wir nicht die Qualifikation haben, uns überhaupt über das Thema »Islam« zu äußern. Nun, wir wurden von gläubigen muslimischen Türken aufgezogen, aber unsere Religion unterschied sich nicht von der der frommen sunnitischen Muslime in anderen Ländern. Wir wurden in unserer türkischen Kultur mehr von dem schrecklichen Vorgehen gegen die Kurden im 20. Jahrhundert geprägt als von dem Fall des Osmanischen Reiches nach dem Ersten Weltkrieg. Und wenn wir nicht mit der arabischen Sprache aufgewachsen sind, dann haben wir dies mit der großen Mehrheit der Muslime in aller Welt gemeinsam.

Wir sind beide in unseren Teenagerjahren vom Islam zum Christentum konvertiert. Manche unserer muslimischen Kritiker behaupten, dass wir damals noch zu jung waren, um den Islam richtig zu verstehen. Nun, was wir damals noch nicht verstanden haben, haben wir in den über zwanzig Jahren, in denen wir uns inzwischen mit dem Islam beschäftigt haben, mehr als wettgemacht.

Mittlerweile sind wir Bürger der USA und schätzen die Religionsfreiheit in diesem Land sehr. Da die Idee der Religionsfreiheit, wie sie im Westen praktiziert wird, den meisten Muslimen fremd ist, möchten wir sie hier genauer erklären: Für uns bedeutet Religionsfreiheit das Recht eines jeden Menschen, die Religion seiner Wahl ausüben zu dürfen. Für uns hat jeder Muslim das Recht, eine Moschee zu bauen und Allah anzubeten. Aber genauso hat jeder Christ das Recht, eben diesem Muslim frei und öffentlich Jesus Christus zu predigen.

Dem Christen wollen wir in diesem Buch eine Analyse und Verteidigung unseres Glaubens bieten, die besondere Rücksicht auf die Fragen ehrlicher Wahrheitssucher in den islamischen Gesellschaften nimmt und die ihn in den Stand versetzt, das Evangelium von Jesus Christus besser unter die Menschen zu bringen. Solche Vergleiche mit anderen Religionen gehören seit fast zweitausend Jahren zum Repertoire der christlichen Apologetik und Mission. Dieses Buch will Handbuch und Hilfe für Pastoren und Gemeinden sein, die in einer islamischen Kultur arbeiten, wie auch für den Christen, der in einer liberalen Gesellschaft lebt und seinen muslimischen Nachbarn erreichen will. Es bietet ferner Aufklärung und Information für alle

Christen, die besser verstehen wollen, was in unserer Welt heute vorgeht.

Dem interessierten muslimischen Leser wollen wir nach bestem Wissen und Gewissen die Fragen beantworten, die er über das Christentum hat. Wir hoffen, dass viele muslimische Leser dieses Buch benutzen werden, um sich besser über den christlichen Glauben zu informieren. Zu diesem Zweck bringen wir Antworten auf viele der Fragen, die wir selber wiederholt von Muslimen gehört haben. Wir haben versucht, diese Fragen genau und respektvoll zu beantworten, und hoffen, dass unsere Leser sie in diesem Sinne verstehen und auf sie reagieren können.

Wir haben die fast 150 Fragen in 12 Kapitel eingeteilt. In manchen Fällen erforderte eine hinreichende Beantwortung Zitate und Fußnoten, aber wir haben uns um einen leicht verständlichen Sprachstil bemüht, wie man ihn auch in einem Gespräch unter Freunden finden könnte. Wir hätten das Buch durchaus auch anders einteilen können, aber wir haben die Gliederung bewusst einfach gehalten.

Dieses Buch ist nicht das lang ersehnte Standardwerk über den Islam (ein solches Werk gibt es nicht), sondern das Ergebnis der Arbeit zweier christlich-evangelikaler Professoren für Kirchengeschichte und christliche Theologie, die beide ehemalige Muslime sind und die eine Brücke zwischen Christentum und Islam schlagen möchten. Andere haben uns »Experten« genannt, aber niemand, auch nicht ein muslimischer *Ulama*, kennt sich wirklich völlig in dem Labyrinth des Islam aus. Der Islam ist eine Religion mit vielen Strömungen und Sekten, von denen keine für sich beanspruchen kann, »der« Islam zu sein, und wir lernen immer noch dazu bei unserem Studium dieser Religion.

In den 1970er Jahren hat Josh McDowell mit seinem Buch *More Than a Carpenter*[2] versucht, dem vorherrschenden Nicht-

---

2 Josh McDowell: More Than a Carpenter, Carol Stream, Ill. 1977. Deutsche Ausgabe: Wer ist dieser Mensch?, Neuhausen-Stuttgart 1996

wissen des allgemeinen Lesers über die Person Jesu Christi abzuhelfen. Wir verfolgen mit diesem Buch ein ähnliches Ziel. Wir möchten die Grundunterschiede zwischen Christentum und Islam auf allgemein verständliche Weise verdeutlichen. Während die Muslime Jesus durchaus achten, aber lediglich als Propheten und Vorgänger Mohammeds, sieht die Bibel in Jesus den Sohn Gottes und Erlöser der Menschen, der der einzige Weg zu Gott dem Vater ist. Dies ist kein kleiner Unterschied.

Es klafft ein tiefer Graben zwischen biblischem Christentum und Islam. Liberale Gemüter mögen uns für bigotte Eiferer halten. Nun, wir glauben an eine absolute Wahrheit, aber wir sind keine Fanatiker. Wir schreiben dieses Buch unter anderem aus Liebe zu den Muslimen. Wir wissen, dass wir in einer Kultur leben, in der es politisch nicht korrekt ist, einen Glauben für den allein selig machenden zu halten.

Wer sind wir, so mögen unsere Gegner uns vorhalten, dass wir glauben, den einzigen Weg zum Himmel zu besitzen? Aber nicht wir haben Christus als den einzigen Weg gewählt. Die Bibel, die wir für Gottes Offenbarung und absolut wahr halten, sagt, dass Jesus die einzige Antwort des heiligen Gottes auf die Sünde ist, die die Menschen von ihm trennt. Wenn die Bibel wirklich wahr ist, dann kann es über diesen Punkt keine Diskussionen geben. Es gibt ein (und nur ein) Lamm Gottes, das mehr als ein bloßer Prophet war und das alle unsere Sünden auf sich genommen hat. Jesus Christus ging ans Kreuz, damit selbst seine größten Feinde Erlösung und Leben bekommen können, mögen sie Saddam Hussein heißen oder Osama bin Laden oder auch Saulus von Tarsus, den wir besser unter dem Namen Paulus kennen. Wer auch immer unter den Milliarden Menschen in der Welt in Reue und Glauben zu Christus kommt, bekommt seine Vergebung und Befreiung.

Beim Kreuz Christi geht es nicht um die Vernichtung des Ungläubigen, sondern um seine Rettung. Wir sind nicht dazu berufen, mit Kanonen und Bomben zu siegen, sondern Menschen das Geschenk der Wahrheit zu bringen.

Das zentrale Thema dieses Buches ist Jesus Christus.

Kapitel 1

Fragen über den Namen und das Wesen Gottes

Der Islam begann als eine Reaktion auf den (richtig oder falsch verstandenen) christlichen Gott. Im Zentrum des Konfliktes zwischen Islam und Christentum stehen die unterschiedlichen Vorstellungen über Namen und Wesen Gottes. Die religiösen Liberalen argumentieren, dass Islam und Christentum beide monotheistische Religionen sind, die sich auf Abraham berufen und damit beide denselben Gott anbeten. Dies klingt schön ökumenisch und tolerant – und ist falsch. Christentum und Islam sind in ihren fundamentalsten Aussagen über Gott völlig verschieden, und etwas anderes zu behaupten, ist respektlos und nimmt den Wahrheitsanspruch der beiden Religionen nicht ernst.[3]

Die folgenden 13 Fragen können helfen, einige der Irrtümer und Missverständnisse auszuräumen, die in diesem Zusammenhang entstanden sind.

Ist Allah nicht derselbe Gott, den Christentum und Judentum ursprünglich gekannt und dann verfälscht haben?

In der islamischen Literatur ist Allah der eine wahre Gott, alle anderen Götter sind Götzen. Christentum und Judentum haben

---

3 Timothy George: »Is the God of Muhammad the Father of Jesus?«, in: Christianity Today, 4. Februar 2002

ursprünglich die *Tawhid* (absolute Einheit) Allahs korrekt gelehrt, aber diese Lehren sind später verfälscht worden. Abdullah Yusuf Ali schreibt in seinem Korankommentar:

> »Es gibt nur eine wahre Religion: die Botschaft Allahs und die Unterwerfung unter den Willen Allahs, und sie wird Islam genannt. Dies war die Religion, die Mose und Jesus predigten, die Religion Abrahams, Noahs und aller Propheten, wie immer man sie auch nennen mag. Wenn Menschen dieses reine Licht verfinstern und ihre Religionen mit anderen Namen benennen, müssen wir geduldig sein und können diese Namen der Einfachheit halber erlauben. Aber die Wahrheit muss bleiben.«[4]

Mohammed glaubte leidenschaftlich, dass Juden und Christen einst »Völker der Schrift« gewesen waren, dann jedoch zu Ungläubigen wurden, die nicht besser als andere Heiden sind, ja eigentlich sogar schlimmer, da sie die Wahrheit, die Allah ihnen geoffenbart hatte, verlassen haben. Im Koran wird die Schwere dieser Sünde in Sure 9,29-33 so beschrieben:

> »Kämpfet wider jene von denen, welchen die Schrift gegeben ward, die nicht glauben an Allah und an den Jüngsten Tag und nicht verwehren, was Allah und Sein Gesandter verwehrt haben, und nicht bekennen das Bekenntnis der Wahrheit, bis sie den Tribut [die Kopfsteuer] aus der Hand gedemütigt entrichten.
> Und es sprechen die Juden: ›Uzair [Esra] ist Allahs Sohn.‹ Und es sprechen die Nazarener [Christen]: ›Der Messias ist Allahs Sohn.‹ Solches ist das Wort ihres Mundes. Sie führen ähnliche Reden wie die Ungläubigen von zuvor. Allah schlag sie tot! Wie sind sie verstandeslos!

---

4 Abdullah Yusuf Ali: The Meaning of the Holy Qur'an, Brentwood, Md. 1992, n. 5442

Sie nehmen ihre Rabbinen und Mönche neben Allah und dem Messias, dem Sohn der Maria, zu Herren an, wo ihnen doch allein geboten ward, einem einzigen Gott zu dienen, außer dem es keinen Gott gibt. Preis sei Ihm, Er steht hoch über dem, was sie neben Ihn setzen.

Verlöschen wollen sie Allahs Licht mit ihrem Munde; aber Allah wird allein Sein Licht vollenden, auch wenn es den Ungläubigen zuwider ist.

Er ist's, der entsandt hat Seinen Gesandten mit der Leitung und der Religion der Wahrheit, um sie sichtbar zu machen über jede andre Religion, auch wenn es den Ungläubigen zuwider ist.«

Mohammed gründete seine Lehre zumindest zum Teil auf ein eindeutiges Missverständnis biblischer Aussagen. Er glaubte, dass Juden wie Christen Menschen (nämlich ihre Propheten Esra bzw. Jesus) zu Göttern erhoben hatten. Tatsache ist, dass die Gläubigen des Alten Testaments den Ausdruck *Söhne Gottes* im Sinne einer geistlichen Beziehung und nicht einer buchstäblichen physischen Zeugung verstanden haben. Ali offenbart das falsche Verständnis, wenn er sich über die Theologie in Hiob 38,7 beschwert: »›Als mich die Morgensterne miteinander lobten und jauchzten alle Gottessöhne‹ […] Im übertragenen Sinne beziehen sich diese und ähnliche Ausdrücke auf die Liebe Allahs. Doch das im Physischen benutzte ›Sohn‹ oder das in ausschließender Bedeutung benutzte Wort ›geliebt‹ in dem Sinne, als ob Allah nur die Juden liebt, ist eine Verspottung der Religion.«[5]

Es scheint, dass Mohammed eine Sekte kannte, die Esra einen »Sohn Gottes« nannte, und daraus folgerte, dass alle Juden dem nachbabylonischen Priester Esra göttlichen Status zuschrieben. Ali führt Baidhawi als Quelle dieses Glaubens an.

Auf der Basis dieses Missverständnisses des alttestament-

5 a. a. O., n. 718

lichen Begriffs »Sohn Gottes« glaubte der frühe Islam, dass die Juden den »primitiven, ignoranten Aberglauben« der Vergötterung ihrer geistlichen Führer von ihren götzendienerischen Nachbarn übernommen hatten.[6] Die Christen hätten darauf die Wahrheit weiter verdreht, indem sie die alte jüdische Irrlehre auf Jesus Christus anwandten und diesen zum Gott machten. Vergötterung von Menschen aber ist die schlimmste aller Sünden (*Shirk*).

Die »Rabbinen und Mönche« in Sure 9,31 verstand Mohammed offensichtlich als Vermittler zwischen Gott und dem Volk. Er verstand dies so, dass sie sich ganz buchstäblich an die Stelle Allahs setzten – wieder eine Sünde von der schlimmsten Sorte.

Um diese Irrtümer der Juden und Christen zu korrigieren, wurde nach islamischer Lehre Mohammed als der letzte der Propheten gesandt (vgl. Sure 9,33). Dieser »Gesandte« sollte die »Religion der Wahrheit« verkündigen, der alle anderen Religionen weichen müssen. Diese Erklärung ist von allerhöchster Bedeutung, wie aus Sure 9,29 ersichtlich ist.

Der Kampf gegen die Menschen, die nicht an Allah oder an den Jüngsten Tag glauben (9,29), ist unterschiedlich in einem buchstäblichen, intellektuellen oder geistlichen Sinn verstanden worden, aber der Kontext des Verses verlangt auf jeden Fall die Unterordnung aller »Ungläubigen«, die dann, wenn sie unter der Herrschaft des Islam leben, eine Kopfsteuer zu entrichten haben.

Die verschiedenen Auslegungen dieses Korantextes stimmen alle darin überein, dass Juden und Christen die von den Gründern ihrer Religion gelehrte Wahrheit verlassen und sich götzendienerischen Praktiken zugewandt haben.

---

6 a. a. O., n. 1284

Ist Allah nicht aus einem heidnischen Mondgott hervorgegangen?

Eine unter Christen manchmal zu hörende Theorie geht davon aus, dass sich Mohammeds Allah-Verständnis auf einen heidnischen »Mondgott« gründete, der mit der Ka'aba identifiziert wurde.[7] Sie sieht in dem Halbmond in der islamischen Kunst und Architektur ein Bild für diesen Mondgott. Der Islam wäre damit ein synkretistisch-heidnisches Phänomen.

In seinen Büchern *The Islamic Invasion* und *The Moon-god: Allah in the Archaeology of the Middle East* hat Robert A. Morey die These aufgestellt, dass Mohammed sowohl das Wort »Allah« als auch das Wesen Allahs aus einer vorislamischen arabischen Mythologie übernommen habe.[8] Seine These besteht aus drei Teilen:

1. Vor dem Aufkommen des Islam im 7. Jahrhundert wurde das Wort *Allah* zur Bezeichnung der 360 in der Ka'aba verehrten Götzen benutzt.
2. Es könnte einen »höchsten Gott« gemeint haben, der über den übrigen Gottheiten stand, aber nicht als der absolute, allein wahre Gott betrachtet wurde.
3. Das Wort *Allah* geht auf das babylonische *Il* und das beduinische *al-Il'ah* zurück.

Morey sieht seine These von der Entlehnung Allahs aus einer vorislamischen Religion durch Tausende von Büchern und Artikeln bestätigt. Doch seine These stößt auf Probleme:

Erstens war für Mohammed Allah absolut von seiner Schöp-

---

7 Die Ka'aba ist ein altes, rechteckiges Gebäude in Mekka, das Mohammed 630 n. Chr. von seinen Götzenbildern reinigte. Von den Muslimen wird es als Heiligtum verehrt; seine Erbauer sollen Abraham und Ismael sein.
8 Für Einzelheiten über Moreys Arbeit kontaktiere man die Faith Defenders in Orange, Kalifornien. Ihre Website ist: www.faithdefenders.com.

fung getrennt und nicht ein Teil von ihr. In Sure 41,37 heißt es ausdrücklich: »Und zu Seinen Zeichen gehört die Nacht und der Tag und die Sonne und der Mond. Werfet euch weder vor der Sonne nieder noch vor dem Mond, sondern werfet euch nieder vor Allah, der sie erschaffen, so ihr Ihm dienet.«

Zweitens: Egal, was die Wurzeln der Theologie Mohammeds sind, die historische Kritik der Entstehung der Lehren des Islam hat wenig mit dem Glauben der heutigen Muslime zu tun. Seit nunmehr 1.500 Jahren halten die Muslime an der *Tawhid* Allahs fest. Es bringt uns mehr, wenn wir uns anschauen, was der Koran heute sagt und was die heutigen Muslime bekennen. Christen können hier genügend kontroverse Punkte finden, ohne einen Mondgott anzuführen, den weder Mohammed noch die Muslime heute akzeptieren würden.

Drittens macht Morey den gängigen Fehler, sich nur auf christliche Quellen zu berufen. Die Muslime weisen nicht zu Unrecht darauf hin, dass dort, wo es darum geht, etwas über den Islam zu beweisen, christliche Gelehrte kaum als unvoreingenommene Gewährsmänner betrachtet werden können. Moreys Hunderte von Zitaten aus den Werken christlicher Forscher müssen einem Muslim suspekt erscheinen.

Moreys provokante These verdient weitere Untersuchungen anhand historischer Quellen. Aber selbst wenn sie einwandfrei erwiesen wäre, wäre sie für eine Bewertung des heute real existierenden Islam irrelevant.

Die Christen sind gut beraten, sich an das Wesen und die Eigenschaften Allahs zu halten, wie sie im Koran niedergeschrieben sind.

Ist der Gott Mohammeds der Vater Jesu?

Mit der Frage nach den Wurzeln des Islam ist eine andere, heftige Kontroverse verbunden, zu der wir schon oft Stellung nehmen mussten.[9] Die ihr zugrunde liegende Frage lautet: »Die Christen behaupten, den einen wahren Gott zu kennen, und die Muslime behaupten dasselbe. Meinen sie nicht beide denselben Gott? Sind nicht beide Religionen monotheistisch?«

Timothy George formuliert die Frage in der Februar-2002-Ausgabe von *Christianity Today* treffend um, indem er die Aussage bis zu ihrem tatsächlichen Schluss zu Ende denkt: »Ist der Gott Mohammeds der Vater Jesu?«[10] George geht davon aus, dass Christentum und Islam etliche Grundeigenschaften gemeinsam haben. Beide sind monotheistisch, historisch, Buchreligionen und ethische Systeme und betrachten den einen Gott als heilig und gerecht. Er beantwortet seine gestellte Frage folgendermaßen:

»Ist der Vater Jesu der Gott Mohammeds? Die Antwort kann nur Ja und Nein lauten. Ja – in dem Sinne, dass der Vater Jesu der einzige Gott ist, den es gibt. Er ist der Schöpfer und allmächtige Herr von Mohammed, Buddha, Konfuzius und jedem Menschen, der je gelebt hat. Er ist der, vor dem einst alle die Knie beugen werden (Phil 2,5-11). Christen wie Muslime können viele wichtige Wahrheiten über diesen großen Gott bekennen: seine Einheit, Ewigkeit, Macht, Majestät. Der Koran nennt ihn den ›Lebendigen‹, ›Ewigen‹, ›Hohen‹ und ›Erhabenen‹ (Sure 2,255). Aber die Antwort ist auch Nein, denn die muslimische Theologie verwirft die Gottheit Christi und die Person des Heiligen Geistes – beides wesentliche Aspekte des christlichen Gottesverständnisses. Kein frommer Muslim kann den Gott Mohammeds ›Vater‹ nennen, denn dies würde der göttlichen Transzendenz Abbruch tun.

---

9 Ergun Mehmet Caner, Emir Fethi Caner: Islam ohne Schleier, Gießen 2003
10 Timothy George: Is the God of Muhammad the Father of Jesus?. George, der Dekan der Beeson School of Divinity ist, hat zu dem Thema inzwischen auch ein Buch veröffentlicht: Is the Father of Jesus the God of Muhammad? Understanding the Differences Between Christianity and Islam, Grand Rapids 2002

Aber kein treuer Christ kann nicht voller Freude und Zuversicht bekennen: ›Ich glaube an Gott, den Vater, den Allmächtigen!‹ Außerhalb der Inkarnation und der Dreieinigkeit kann man wohl wissen, *dass* Gott ist, aber nicht, *wer* er ist.«[11]

George erklärt in seinem Artikel weiter, wie Islam und Christentum sich in den Grundeigenschaften Gottes unterscheiden und wie dieser Unterschied für den einzelnen Gläubigen Folgen haben kann, die bis in die Ewigkeit hineinreichen. Doch andere Stimmen vertreten die Auffassung, dass dann, wenn die Muslime einen monotheistischen, gerechten Schöpfergott verehren, dieser Gott, egal, wie man ihn nennt, derselbe wie der christliche sein muss. Bis hinein in das evangelikale Lager gibt es Missionsexperten, die argumentieren, dass wir den Muslimen nur zu sagen brauchen, dass der Allah, zu dem sie beten, ihnen Jesus gesandt hat.

Der Gott Mohammeds ist aber nicht der Vater Jesu. Dies ist keine etymologische Wortklauberei, denn das arabische *Allah* bedeutet zunächst einmal schlicht »Gott«. Doch der Muslim, der sich fünf Mal am Tag in Richtung Mekka zum Gebet verneigt, meint nicht denselben Gott wie der Christ, der zu dem Vater betet. Der Islam lehnt die christliche Vorstellung von der *Dreieinigkeit* und der *Persönlichkeit* Gottes auf das Schärfste ab, vor allem aber die Gottessohnschaft Jesu Christi.

Der Koran ist durchsetzt von Ablehnungen der biblischen Offenbarung, die zwischen ehrlichen Anhängern der beiden Religionen einen Konsens unmöglich machen. Der Koran lehrt, dass die Christen zur Hölle fahren werden, weil sie aus dem Propheten Jesus den Gott Jesus machen; die Bibel lehrt, dass man nur durch Jesus zum Vater kommt. Der Islam behauptet, dass die Christen die Wahrheit über Allah verlassen haben.

---

11 a. a. O.

Sure 5,72 sagt unmissverständlich: »Wahrlich, ungläubig sind, welche sprechen: ›Siehe, Allah, das ist der Messias, der Sohn der Maria‹ Und es sprach doch der Messias: ›O ihr Kinder Israel, dienet Allah, meinem Herrn und euerm Herrn.‹ Siehe, wer Allah Götter an die Seite stellt, dem hat Allah das Paradies verwehrt, und seine Behausung ist das Feuer; und die Ungerechten finden keine Helfer.«

Dies ist nicht eine bloße Veränderung biblischer Aussagen, sondern eine völlige Umkehrung. Die Geschichte der Religionen ist voll von Männern und Frauen, die nach der Lektüre der Bibel bestimmte biblische Grundgedanken übernahmen und sich dann einen neuen, ihnen genehmeren Gott erschufen. Viele dieser Bewegungen haben sogar die biblischen Namen und Titel beibehalten. Andere haben Jesus beibehalten, aber ihr Bild von ihm ihrer Lehre angepasst. Es gibt eine Sekte, die Jesus den Halbbruder Luzifers nennt. Eine andere hält ihn für einen gescheiterten Messias, dessen Kreuzigung das Erlösungswerk unvollendet ließ. Reden wir hier noch von demselben Christus?

Wir halten diese Christus-Verwirrung für das philosophische Gegenstück des Turmbaus zu Babel (vgl. 1Mo 11). Die Wörter klingen ähnlich, aber die hinter ihnen stehenden Begriffe sind völlig unterschiedlich. Der Gott des Islam hat nicht mehr mit dem Vater Jesu gemeinsam als der Jesus der Mormonen mit dem Jesus der biblischen Offenbarung.

Ist Allah ein persönlicher Gott?

Für den gläubigen Muslim ist die mit *Al-Ichlas* (»Der reine Glaube«) überschriebene 112. Sure die Zusammenfassung der Eigenschaften Allahs. Die christlichen Apologeten Norman Geisler und Abdul Saleeb geben die Bedeutung dieser Sure korrekt wieder, wenn sie schreiben: »Diese Sure ist angeblich ein

Drittel des Korans wert, und die sieben Himmel und sieben Erden sind auf sie gegründet.«[12]

Diese kurze Sure lautet so:

»Sprich: Er ist der eine Gott,
der ewige Gott;
Er zeugt nicht und wird nicht gezeugt,
und keiner ist Ihm gleich.«

In sämtlichen Beschreibungen Allahs im Koran, in allen seinen angeblich 99 Namen, in all seinem Handeln an den Menschen fehlt dieses eine: dass er uns nahe kommt. Kein einziges Mal wird Allah als persönlich beschrieben. Ein Muslim hat keine persönliche Beziehung zu Gott, wie ein Christ dies hat. Die Eigenschaften Allahs im Koran malen das Bild eines transzendenten, unendlich fernen Richters, aber nie das eines nahen Freundes. Diese eindimensionale Ferne Gottes ist ein entscheidender Unterschied zwischen den beiden Religionen.

Die Eigenschaften Allahs werden im Koran an zahlreichen Stellen beschrieben. Ein Beispiel ist Sure 59,22-24:

»Er ist Allah, außer dem es keinen Gott gibt; Er kennt das Verborgene und das Sichtbare. Er ist der Erbarmer, der Barmherzige.

Er ist Allah, außer dem es keinen Gott gibt; der König, der Heilige, der Friedenstifter, der Getreue, der Beschützer, der Mächtige, der Starke, der Hocherhabene. Preis sei Allah, der erhaben ist ob dem, was sie Ihm beigesellen.

Er ist Allah, der Schöpfer, der Erschaffer, der Bildner. Sein sind die schönsten Namen. Ihn preiset, was in den Himmeln und auf Erden ist, denn Er ist der Mächtige, der Weise.«

---

12 Norman L. Geisler, Abdul Saleeb: Answering Islam, Grand Rapids 1993, S. 131

In seinem Kommentar zur Sure 112 führt Ali Folgendes über das Wesen Allahs und sein Verhältnis zum Gläubigen aus:

»Hier wird uns in kurzen Worten das Wesen Allahs gezeigt, so wie wir es verstehen können. […] Er ist uns nahe; er sorgt für uns; wir verdanken ihm unsere Existenz. Zweitens ist er der eine und einzige Gott, der Einzige, dem Anbetung gebührt; alle anderen Dinge oder Wesen, die wir uns auch nur denken können, sind seine Geschöpfe und ihm in keiner Weise vergleichbar. Drittens ist er ewig, ohne Anfang oder Ende. Absolut, nicht begrenzt durch Zeit oder Ort oder Umstände, die Realität, gegen die alle anderen Dinge und Orte bloße Schatten oder Spiegelungen sind. Viertens dürfen wir nicht denken, dass er einen Sohn oder Vater hat, denn damit würden wir unserem Bild von ihm animalische Eigenschaften beimischen. Fünftens ist er anders als jede andere Person oder jedes andere Ding, das wir kennen oder uns vorstellen können; seine Eigenschaften und sein Wesen sind einzigartig.«[13]

Einige christliche Apologeten haben behauptet, dass der Islam keinen gnädigen Gott kenne. Das ist nicht korrekt. Im Koran wird Allah häufig der »Barmherzige« genannt. Der eigentliche Unterschied zwischen dem Gottesbild des Korans und dem der Bibel kreist um die Frage, ob Gott im Leben des Gläubigen gegenwärtig sein kann. Im Islam ist Allah durchaus gnädig und steht hinter den Prüfungen des Lebens. Doch der Gott der Bibel ist nicht nur Herr, Richter und Erlöser, er ist auch persönlich. Er ist dem Gläubigen nicht bloß nahe, er wohnt in ihm. In 1. Korinther 6,19-20 lesen wir: »Oder wisst ihr nicht, dass euer Leib ein Tempel des heiligen Geistes ist, der in euch ist und den ihr von Gott habt, und dass ihr nicht euch selbst gehört? Denn ihr seid teuer erkauft; darum preist Gott mit eurem Leibe.«

---

13 Ali: The Meaning of the Holy Qur'an, n. 6296

Die Vorstellung einer persönlichen Beziehung des Gläubigen zu Gott, ähnlich der Beziehung eines Kindes zu seinem Vater, ist dem Islam zutiefst fremd. Eine solche Beziehung würde die souveräne Transzendenz Allahs verletzen. Doch für den Christen hat der Opfertod Christi mehr bewirkt als nur seine Erlösung: Dadurch, dass Christi Gerechtigkeit uns zugeschrieben wird, bekommen wir Zutritt zu Gott als unserem Vater. Der Islam leugnet nicht nur, dass Jesus Christus sein Volk vor dem Zorn Gottes retten kann; sein Gottesbild verbietet auch jede Vorstellung, dass die Erlösten einen Zugang zu Gott erhalten. Die Muslime beten, um erlöst zu werden, und nicht, weil sie bereits erlöst sind und als Erlöste das Recht haben, vor den Schöpfer des Alls zu treten. Hebräer 4,14-16 führt uns plastisch vor Augen, welch ungeheure Konsequenzen es hat, dass wir durch Christi Opfertod vor Gott gerecht erklärt worden sind:

»Da wir nun einen erhabenen Hohenpriester haben, der die Himmel durchschritten hat, Jesus, den Sohn Gottes, lasst uns an dem Bekenntnis festhalten. Wir haben ja nicht einen Hohenpriester, der nicht mitfühlen könnte mit unserer Schwäche, sondern einen, der in allem wie wir in Versuchung geführt worden ist, aber nicht gesündigt hat. Lasst uns also voll Zuversicht hingehen zum Thron der Gnade, damit wir Erbarmen und Gnade finden und so Hilfe erlangen zur rechten Zeit.« (Einheitsübers.)

Was sind Allahs Wesenseigenschaften?

Ein anderer ehemaliger Muslim, der unter dem Pseudonym Abdul Saleeb Mitverfasser des Buches *Answering Islam* ist, hat das Gottesbild des Korans völlig korrekt in sechs Punkten so zusammengefasst:[14]

---

14 Geisler und Saleeb: Answering Islam, S. 133–134

1. Allah ist der absolut Eine. Der Islam leugnet, dass Allah irgendwelche Partner oder Gefährten hat, und betont seine völlige Einheit.
2. Allah ist der absolute, allmächtige Herr: »Es gibt keinen Gott außer Ihm, dem Lebendigen, dem Ewigen! Nicht ergreift Ihn Schlummer und nicht Schlaf.« (Sure 2,255). Diese Eigenschaft Allahs, die auch Aseität genannt wird, bedeutet, dass er aus sich selber existiert und alles durch sich selber erhält.
3. Allah ist absolut gerecht. Sure 3,9 schildert ihn als den exakten Richter – ein Aspekt seiner Heiligkeit.
4. Allah ist absolut barmherzig. *Ar-Rahman* ist das arabische Wort für »der Barmherzige, Gnädige«. Allah ist bereit, dem Muslim, der das Rechte tut, zu vergeben.
5. Allah ist absoluter Wille. Viele Ausdrücke und Umschreibungen im Koran schildern ihn als den, der alles ordnet.
6. Allah ist absolut unerforschlich. Es ist unmöglich, ihn mit dem menschlichen Verstand zu erfassen.

Will man die Eigenschaften Allahs im Koran in eine Kurzformel fassen, kann man sagen, dass er der allmächtige, souveräne Richter ist.

Benutzt der Koran nicht die Mehrzahl *Wir*, wenn Allah spricht?

Eines der ernstesten Missverständnisse unter Christen, die den Koran gelesen haben, ist, dass sie glauben, dort ein pluralisches Gottesbild zu finden, ähnlich wie in der christlichen Trinität, wenn Allah in der Mehrzahlform *Wir* spricht. In Sure 5,70 heißt es zum Beispiel:

»Wahrlich, Wir schlossen mit den Kindern Israel einen Bund und schickten zu ihnen Gesandte. So oft als zu ihnen ein

Gesandter kam mit dem, was ihre Seelen nicht begehrten, ziehen sie die einen der Lüge und die andern ermordeten sie.«

Bedeutet dieses *Wir*, dass der Islam an so etwas wie eine Gemeinschaft innerhalb der Gottheit glaubt? Nein. Es handelt sich hier schlicht um den »Pluralis Majestatis«, die in vielen Sprachen übliche Sitte, dass der Monarch, um seinen Rang zu betonen, von sich selber stets in der Mehrzahl spricht; noch heute sagt etwa die englische Queen: »We are very pleased.«

Wird Allah je als dreieinig beschrieben?

Der Islam verneint jegliche Eigenschaften Allahs, die in Richtung einer Trinität gehen. Sure 5,72-73 erklärt klipp und klar:

> »Wahrlich, ungläubig sind, welche sprechen: ›Siehe, Allah, das ist der Messias, der Sohn der Maria.‹ […] Wahrlich, ungläubig sind, die da sprechen: ›Siehe, Allah ist ein Dritter von drei.‹ Aber es gibt keinen Gott denn einen einigen Gott. Und so sie nicht ablassen von ihren Worten, wahrlich, so wird den Ungläubigen unter ihnen schmerzliche Strafe.«

Ähnlich fordert Sure 4,171 die Christen auf, nicht an die Trinität zu glauben: »Sprechet nicht: ›Drei.‹«

In einer bekannt gewordenen Diskussionsserie kreuzten der christliche Gelehrte Anis A. Shorrosh und sein muslimischer Kollege Ahmed Deedat die geistigen Klingen zu diesem Thema. Deedat wörtlich: »Gott zeugt nicht, denn das Zeugen ist ein animalischer Akt. Es gehört zu dem niederen Sexualakt. Solche Akte schreiben wir Gott nicht zu.«[15]

---

15 Anis A. Shorrosh: Islam Revealed, Nashville, 1988, S. 254; zitiert in Geisler und Saleeb, Answering Islam, S. 256–257

Deedats Aussage illustriert das islamische Missverständnis der christlichen Dreieinigkeit. Die Christen sehen Gott als *ein* Wesen, das drei von Ewigkeit existierende Personen umfasst, die die Bibel, um die Beziehung zwischen ihnen zu beschreiben, *Vater, Sohn* und *Heiliger Geist* nennt. Der Sohn und der Geist wurden nicht an einem Punkt X ins Dasein gerufen, sondern Christus ist der Sohn, weil er den Plan des Vaters ausführte und auf die Erde ging, um dem Vater zu dienen, und der Heilige Geist seinerseits ist die ausführende Instanz des Planes des Vaters und des Sohnes.

Die Muslime haben sich seit jeher schwer getan mit der Dreieinigkeit. Es scheint, dass Mohammed (vielleicht aufgrund von Kontakten zu christlichen Randgruppen und Sekten) glaubte, dass die Trinität aus Gott, Jesus und Maria bestanden habe. Vgl. dazu Sure 5,116: »Und wenn Allah sprechen wird: ›O Jesus, Sohn der Maria, hast du zu den Menschen gesprochen: Nehmet mich und meine Mutter als zwei Götter neben Allah an?‹«

Für die muslimische Theologie ist ein trinitarisches Gottesbild die höchste Gotteslästerung, das islamische Gegenstück zur Sünde gegen den Heiligen Geist. Ob diese Sünde vergeben werden kann, ist heiß umstritten. Manche Muslime glauben, dass sie den Betreffenden für immer verdammt, andere meinen, dass dort, wo die Sünde aus Unwissenheit zustande kam, immer noch Hoffnung auf Vergebung ist.

Sure 4,116 beteuert: »Siehe, Allah vergibt es nicht, dass Ihm Götter zur Seite gesetzt werden.« Ali kommentiert, dass diese Sünde Hochverrat gegen Allah ist:

»So wie in einem irdischen Königreich das schwerste Verbrechen der Verrat ist, da dieser auf das Herz des Staates zielt, so ist in dem geistlichen Reich die unvergebbare Sünde der verstockte Verrat gegen Allah, indem man Allahs Geschöpfe als seine Rivalen gegen ihn setzt. Dies ist die Rebellion gegen das Wesen und die Quelle allen geistlichen Lebens – das, was

Plato die ›Lüge in der Seele‹ nennen würde. Doch selbst hier steht dann, wenn die Rebellion aus Unwissenheit geschah und von aufrichtiger Buße und Wiedergutmachung gefolgt wird, Allahs Gnade stets offen.«[16]

Wie kann Gott drei in eins sein?

Die islamische Position zu dieser Frage ist in Sure 5,73 zusammengefasst: »Wahrlich, ungläubig [oder: Gotteslästerer] sind, die da sprechen: ›Siehe, Allah ist ein Dritter von drei.‹« Was der Muslim nur schwer versteht, ist, dass jeder wahre Christ diesem Satz nur zustimmen kann. Das Christentum lehrt nämlich nicht, dass Gott »ein Dritter von drei« ist. Und auch nicht, dass Gott durch die sexuelle Vereinigung mit einer Gefährtin einen »Sohn« gezeugt hat (Sure 6,101). Es kann sein, dass Mohammed Sekten kennen gelernt hatte, die so etwas lehrten. (Heute haben die Mormonen eine ähnliche Lehre.) Dass Gott keine Ehefrau hat, mit der er Kinder gezeugt hätte (vgl. Sure 72,3), wird kein ernsthafter Christ bezweifeln.

Hier stehen wir an dem Angelpunkt des christlich-islamischen Dialogs. Shorrosh stellt in seinem Buch klar, dass die meisten Muslime die Dreieinigkeit so verstehen, dass Maria eine Göttin ist, Jesus ihr Sohn und Gott ihr Ehemann.[17] Um zu sehen, was die Christen wirklich glauben, muss man die ganze biblische Offenbarung Gottes betrachten. Man sieht dann, dass Maria in der Trinität überhaupt nicht vorkommt.

Gott ist erstens Einer, eine untrennbare Einheit göttlichen Seins, die sich nicht ändert und keine »Teile« hat. Doch zweitens ist dieses einfache, nicht zerteilbare transzendente Wesen von Ewigkeit her komplex; innerhalb der Einheit ist eine Verschie-

---

16 Ali: The Meaning of the Holy Qur'an, n. 569
17 Shorrosh: Islam Revealed, S. 114

denheit. Das meiste, was wir über Gottes unendliches, transzendentes Wesen wissen, hat er uns gelehrt, indem er uns gezeigt hat, *wie* er ist, d. h. womit man ihn vergleichen kann. Doch seine Dreieinigkeit lässt sich mit nichts in unserer menschlichen Erfahrung vergleichen. Und so hat Gott sich durch drei Bilder geoffenbart: *Vater, Sohn* und der Leben gebende *Heilige Geist*. Als *Vater* ist Gott der Schöpfer und letzte Grund allen Seins, dessen Gegenwart das All erfüllt und alles, was ist, erhält. Als *Sohn* geht er aus dem Schöpfer und Erhalter hervor, um den göttlichen Willen auszuführen. In dem Sohn konnte Gott seine Privilegien gleichsam ablegen und ein Wesen annehmen, das beides war: ganz menschlich und ganz göttlich. Anders wäre Gottes Erlösungsplan nicht möglich gewesen. Und als *Heiliger Geist* geht er von dem Vater und dem Sohn aus, um den göttlichen Willen auszuführen, insbesondere indem er mit den Gaben der Erlösung in unser konkretes Leben hineinkommt.

Gott ordnet diesen drei Aspekten seines Seins – Vater, Sohn und Heiliger Geist – in seiner Selbstoffenbarung je bestimmte Funktionen zu. Grundsätzlich gehören alle Wesenseigenschaften Gottes sowohl dem Vater als auch dem Sohn als auch dem Heiligen Geist. Doch Gott der Vater offenbart sich vor allem als der Allmächtige und Unendliche, Gott der Sohn als der Gerechte und Liebende und der Heilige Geist als der in uns Wohnende. Hier einige Beispiele dafür, was das Neue Testament über die Dreieinigkeit lehrt (die Trinität zieht sich im Übrigen durch die ganze Bibel).

Der Vater ist Gott:
> »[Jesus sagte:] Denn wie der Vater das Leben hat in sich selber, so hat er auch dem Sohn gegeben, das Leben zu haben in sich selber; und er hat ihm Vollmacht gegeben, das Gericht zu halten, weil er der Menschensohn ist.« (Joh 5,26-27)

> »Paulus, zum Apostel berufen, nicht von Menschen oder

durch einen Menschen, sondern durch Jesus Christus und durch Gott, den Vater, der ihn von den Toten auferweckt hat.« (Gal 1,1 Einheitsübers.)

»Gott, der Vater, hat euch nach seinem Vorherwissen dazu erwählt, in der Heiligung des Geistes zum Gehorsam und zur Besprengung mit dem Blute Jesu Christi zu gelangen.« (1Petr 1,2 Bruns)

Der Sohn ist Gott:

»Im Anfang war das Wort, und das Wort war bei Gott, und Gott war das Wort. Dasselbe war im Anfang bei Gott.« (Joh 1,1-2)

»Da sprachen die Juden zu ihm: Du bist noch nicht fünfzig Jahre alt und hast Abraham gesehen? Jesus sprach zu ihnen: Wahrlich, wahrlich, ich sage euch: Ehe Abraham wurde, bin ich.« (Joh 8,57-58)

»Denn in ihm [Christus] wohnt die ganze Fülle der Gottheit leibhaftig.« (Kol 2,9)

Der Heilige Geist ist Gott:

»[Jesus sprach:] Und man wird euch vor Statthalter und Könige führen um meinetwillen, ihnen und den Heiden zum Zeugnis. Wenn sie euch nun überantworten werden, so sorgt nicht, wie oder was ihr reden sollt; denn es soll euch zu der Stunde gegeben werden, was ihr reden sollt. Denn nicht ihr seid es, die da reden, sondern eures Vaters Geist ist es, der durch euch redet.« (Mt 10,18-20)

»Petrus aber sprach: Hananias, warum hat der Satan dein Herz erfüllt, dass du den heiligen Geist belogen [...] hast? [...] Petrus aber sprach zu ihr [Hananias' Frau]: Warum seid ihr euch denn einig geworden, den Geist des Herrn zu versuchen?« (Apg 5,3-9)

Es gibt auch Bibelstellen, in denen alle drei Personen der Gottheit als voneinander unterschieden, aber gleichrangig vorkommen:

»Und als Jesus getauft war, stieg er alsbald herauf aus dem Wasser. Und siehe, da tat sich ihm der Himmel auf, und er sah den Geist Gottes wie eine Taube herabfahren und über sich kommen. Und siehe, eine Stimme vom Himmel herab sprach: Dies ist mein lieber Sohn, an dem ich Wohlgefallen habe.« (Mt 3,16-17)

»[Jesus:] Darum gehet hin und machet zu Jüngern alle Völker: Taufet sie auf den Namen des Vaters und des Sohnes und des Heiligen Geistes und lehret sie halten alles, was ich euch befohlen habe. Und siehe, ich bin bei euch alle Tage bis an der Welt Ende.« (Mt 28,19-20)

»Gott aber, der uns und euch in der Treue zu Christus festigt und der uns alle gesalbt hat, er ist es auch, der uns sein Siegel aufgedrückt und als ersten Anteil (am verheißenen Heil) den Geist in unser Herz gegeben hat.« (2Kor 1,21-22 Einheitsübers.)

»Die Gnade unseres Herrn Jesus Christus und die Liebe Gottes und die Gemeinschaft des heiligen Geistes sei mit euch allen!« (2Kor 13,13)

»Petrus, ein Apostel Jesu Christi, an die auserwählten Fremdlinge, die verstreut wohnen in Pontus, Galatien, Kappadozien, der Provinz Asien und Bithynien, die Gott, der Vater, ausersehen hat durch die Heiligung des Geistes zum Gehorsam und zur Besprengung mit dem Blut Jesu Christi: Gott gebe euch viel Gnade und Frieden!« (1Petr 1,1-2)

Wenn die Christen, wie die islamische Theologie dies behauptet, wirklich drei Götter hätten, würden sie einen »Tri-Theismus«

praktizieren, was mit der Lehre der Bibel völlig unvereinbar wäre. Die Bibel lehrt eindeutig den Monotheismus, und der Schlüsseltext ist hier 5. Mose 6,4:

»Höre, Israel, der HERR ist unser Gott, der HERR allein.«

Auch die Existenz eines obersten Gottes und zweier »Untergötter« ist vollkommen unbiblisch. Die einzige Option für Menschen, die glauben, dass Gott sich in der Bibel geoffenbart hat, ist die Dreieinigkeit: »drei Personen, ein Wesen«. Skeptiker haben eingewendet, dass 1 + 1 + 1 niemals 1 ergeben könne, doch dies ist ein Missverständnis. Die Trinität ist nicht eine *Summe*, sondern eben eine Drei-*Einigkeit*. »Gottes eines Wesen hat mehrere Persönlichkeiten. Die Trinität ist mathematisch nicht merkwürdiger als die Tatsache, dass die dritte Potenz von 1 (1^3) eben 1 ergibt.«[18]

Ist Jahwe, der Gott der Bibel, ein »Mann« im physischen Sinne?

Eines der merkwürdigsten Phänomene im heutigen Umgang mit der Bibel ist die feministische Kampagne für ein »geschlechtsneutrales« Gottesbild, bei dem Gott sprachlich nicht mehr als »Er« und männlich dargestellt wird. Hinter dieser »geschlechtsneutralen« Bibel steht die Auffassung, dass das Christentum eine patriarchalische, die Frauen unterdrückende Religion sei, die Gott als »Super-Macho« darstelle. Die Muslime schließen sich zuweilen diesem Angriff an, vor allem, um damit auf die christliche Behauptung, dass der Islam die Männer begünstige, zu kontern.

Stellt die Bibel Gott, den Vater, wirklich als einen Supermann über den Wolken dar, womöglich komplett mit Genitalien? Natürlich nicht. In Hosea 11,9 sagt Gott eindeutig von sich selber:

---

18 Geisler und Saleeb: Answering Islam, S. 262

»Ich will nicht tun nach meinem grimmigen Zorn noch Ephraim wieder verderben. Denn ich bin Gott *und nicht ein Mensch* und bin der Heilige unter dir und will nicht kommen, zu verheeren.«[19]

Aber warum beschreibt die Bibel Gott dann mit Ausdrücken und grammatischen Formen, die ›männlich‹« sind?

Die Erklärung ist einfach: Die Bibel versucht, Gottes Wesen darzustellen, indem sie ihn mit Dingen *vergleicht*, die wir aus unserer menschlichen Erfahrungswelt kennen – was die einzige Möglichkeit ist, um mit unserer endlichen Sprache und unserem endlichen Denken über Dinge zu reden, die den Bereich des Unendlichen, Transzendenten betreffen. Das männliche Pronomen »Er« zur Bezeichnung Gottes hat keine *biologische* Bedeutung, sondern eine *theologische:* Es dient zur Abgrenzung und Unterscheidung des einen wahren Gottes von den falschen Göttern anderer Religionen.

Das Paradebeispiel ist das biblische Bild von Gott als dem *Vater.* Der ideale menschliche Vater tritt seinem Kind mit Kraft und Liebe entgegen und beschützt, leitet und erzieht es. Und genauso ist auch Gott. Die Bibel beschreibt ihn über seine Beziehung zu uns Menschen: Gott ist der liebende, geduldige, starke und gnädige Vater. Das Bild des Vaters ist eine bessere, direktere Darstellung dieser Beziehung als das der Mutter. Eine Kernpassage, in der wir viel über diese Vater-Kind-Beziehung erfahren, findet sich in Römer 8,14-21:

> »Denn alle, die sich vom Geist Gottes leiten lassen, sind Söhne Gottes. Denn ihr habt nicht einen Geist empfangen, der euch zu Sklaven macht, so dass ihr euch immer noch fürchten müsstet, sondern ihr habt den Geist empfangen, der euch zu Söhnen macht, den Geist, in dem wir rufen: Abba, Vater! So bezeugt der Geist selber unserem Geist, dass wir Kinder Gottes sind. Sind wir aber Kinder, dann auch Erben;

---

19 Hervorhebung von den Autoren

wir sind Erben Gottes und sind Miterben Christi, wenn wir mit ihm leiden, um mit ihm auch verherrlicht zu werden. Ich bin überzeugt, dass die Leiden der gegenwärtigen Zeit nichts bedeuten im Vergleich zu der Herrlichkeit, die an uns offenbar werden soll. Denn die ganze Schöpfung wartet sehnsüchtig auf das Offenbarwerden der Söhne Gottes. Die Schöpfung ist der Vergänglichkeit unterworfen, nicht aus eigenem Willen, sondern durch den, der sie unterworfen hat; aber zugleich gab er ihr Hoffnung: Auch die Schöpfung soll von der Sklaverei und Verlorenheit befreit werden zur Freiheit und Herrlichkeit der Kinder Gottes.« (Einheitsübers.)

Als Kind Gottes sind wir auch seine Erben, mit allen Rechten und Privilegien, die dazugehören. Wenn Gott in der Bibel »Er« genannt wird, hat dies nichts mit Biologie zu tun. Gott ist Geist (Joh 4,24). Gottes Vatersein bezeichnet vielmehr eine väterliche Art der Liebe, die alle erfahren dürfen, die seinen Namen anrufen.

Ist alles im Leben vorherbestimmt?

Die Frage, ob wir Menschen nicht Marionetten in einem kosmischen Drama sind, stellen sich Muslime wie Christen. Beide Religionen behandeln das Problem des Willens Gottes und des menschlichen Willens und die Frage der Prädestination (Vorherbestimmung) im Plan Gottes. Die islamische Lehre hierzu nennt sich *Qadar*. Sure 6,18 beschreibt Allah so:

»Und Er ist der Zwingherr über Seine Diener, und Er ist der Weise, der Kundige.«

Viele muslimische Ausleger glauben, dass Allah als der »Zwingherr« (genauer: »Der, dem niemand widerstehen kann«) selbst den Glauben und Unglauben der Menschen genauestens vorherbestimmt. Ein großer islamischer Theologe des Mittelalters, al-Ghasali, betrachtet dies als nur logisch für einen Gott, der in entfernter Majestät über allem thront:

> »(Allah) will ebenso den Unglauben des Ungläubigen und die Gottlosigkeit des Übeltäters, und ohne diesen Willen gäbe es weder Unglauben noch Gottlosigkeit. Alles, was wir tun, tun wir durch seinen Willen, und was er nicht will, geschieht nicht. [...] Wir haben kein Recht, das, was (Allah) will oder tut, zu hinterfragen. Er kann wollen und tun, was ihm beliebt. Wenn er Ungläubige erschafft und will, dass sie in diesem Zustand bleiben [...] wenn er, kurz gesagt, alles will, was böse ist, hat er dabei weise Pläne, die wir nicht zu verstehen brauchen.«[20]

Im *Hadith* (Sammlung von Aussprüchen und Beispielen Mohammeds) heißt es über Mohammed:

> »Allahs Gesandter, der Wahrhaftige und Inspirierte, sprach: ›Ein jeder von euch wurde vierzig Tage lang im Leib seiner Mutter gebildet [...] und dann sendet Allah einen Engel und befiehlt diesem, vier Dinge aufzuschreiben, nämlich seine Bestimmung , sein Alter und ob er (im Jenseits) zu den Verdammten oder zu den Seligen gehört. Darauf wird ihm seine Seele eingehaucht. Und bei Allah, einer unter euch (oder ein Mensch) kann die Taten der Menschen des Feuers tun, bis er nur noch um eine Elle oder Armesbreite vom [ewigen] Feuer entfernt ist, doch dann tritt die Schrift (die Allah den Engel schreiben ließ) dazwischen, und er tut die Taten der Menschen des Paradieses und geht in dieses hinein. Und ein Mensch kann die Taten der Menschen des Paradieses tun, bis nur noch ein oder zwei Ellen ihn vom Paradies trennen, und dann tritt jene Schrift dazwischen, und er tut die Taten der Menschen des Feuers und geht in es hinein.‹«[21]

---

20 Abdiyah Akbar Abdul-Haqq: Dictionary of Islam, Minneapolis 1980, S. 147
21 Sahih al-Bukhari: The Translation of the Meanings of Sahih al-Bukhari, trans. Muhammed Muhsin Khan, Medina o. J., 8.387

Glauben die Muslime, dass Qadar Prädestination bedeutet?

Einige Muslime halten diese Prädestinationslehre für überzogen. Fazul Rahman räumt dem freien Willen einen Platz ein, wenn er schreibt: »Zu glauben, dass der Koran an die absolute Vorherbestimmung des menschlichen Verhaltens glaubt und dem Menschen keine freie Entscheidung zubilligt, heißt nicht nur, fast den gesamten Inhalt des Korans zu leugnen, sondern ihm sein Fundament zu nehmen, denn der Koran ist nach seiner eigenen Aussage eine Einladung an den Menschen, den richtigen Weg zu betreten.«[22]

Selbst von muslimischen *Ulama* (Gelehrten) verfasste Islam-Wörterbücher für den allgemeinen Leser lassen hier Auslegungsspielräume:

> »QADAR [wird] oft übersetzt mit ›Schicksal‹, ›Los‹, ›göttliche Vorherbestimmung‹.
> Nach der gängigsten Auslegung meint Qadar im engeren Sinne die Ausführung des göttlichen Ratschlusses (qada) im zeitlichen Geschehen.«[23]

Letztlich bleibt dieses Thema in beiden Religionen ein ebenso dunkles wie kontroverses Thema, bei dem die Positionen je nach Auslegung der biblischen Stellen bzw. Korantexte variieren. Für sinnvolle Diskussionen ist es wenig fruchtbar.

---

22 Fazul Rahman: Major Themes of the Qur'an, Chicago 1980, S. 20; zitiert bei Geisler und Saleeb, S. 140
23 Ian Richard Netton: A Popular Dictionary of Islam, Chicago 1992, S. 200

Ist der Heilige Geist im Islam der Engel Gabriel?

Da der Islam die Dreieinigkeit leugnet, tut er sich mit dem Heiligen Geist logischerweise schwer. Mohammed glaubte, dass Teile der Evangelien von Allah herabgesandt worden waren. Die Evangelien aber erwähnen immer wieder den Heiligen Geist. Wie ist Mohammed mit diesem Problem umgegangen?

Der Koran lehrt, dass der Heilige Geist eigentlich der Engel Gabriel ist. Es war Gabriel, der den Koran zu Mohammed brachte, als dieser mit 40 Jahren seine angeblichen Offenbarungen bekam. In Sure 2,97-98 heißt es:

>»Sprich: ›Wer Gabriels Feind ist‹, – denn er ist's, der deinem Herzen mit Allahs Erlaubnis den Koran offenbarte, als eine Bestätigung des Früheren und eine Leitung und eine Heilsbotschaft für die Gläubigen: Wer ein Feind ist Allahs und Seiner Engel und Seiner Gesandten und Gabriels und Michaels (den trifft Allahs Zorn), denn siehe, Allah ist ein Feind der Ungläubigen.«

Noch deutlicher ist Sure 16,102:

>»Sprich: ›Herabgesandt hat ihn [den Koran] der Heilige Geist von deinem Herrn in Wahrheit, um die Gläubigen mit ihm zu stärken, und als eine Leitung und Heilsbotschaft für die Muslime.‹«

Die muslimischen Kommentatoren beeilen sich, klarzustellen, dass der Heilige Geist hier »der Titel des Engels Gabriel« ist, »durch welchen die Offenbarung herabkommt.«[24] Die arabische Schreibweise für *Gabriel* ist *Jibril*. Ian Richard Netton schreibt im *Popular Dictionary of Islam*:

---

24 Ali: The Meaning of the Holy Qur'an, n. 2141

»[Jibril] ist einer der größten der islamischen Engel, weil er der Kanal war, durch den Gott den heiligen Koran dem Propheten Mohammed offenbarte. Im Koran wird er dreimal namentlich erwähnt [...], an anderen Stellen wird er mit Namen wie »der Geist« umschrieben. Um die Gestalt Gabriels ranken sich viele islamische Überlieferungen. So soll er Nuh [Noah] gezeigt haben, wie er die Arche zu bauen hatte, und die Armee des Pharaos in das Rote Meer gelockt haben. Er trat auch vor Gott für Ibrahim [Abraham] ein und versuchte ihn zu retten, als er im Begriff stand, von Namrud [Nimrod] verbrannt zu werden.«[25]

Die Gleichsetzung mit Gabriel erklärt indes nicht Jesu Hinweis auf den »Tröster« in Johannes 14,16, der nach Jesu Himmelfahrt zu den Jüngern kommen sollte.

Wie wir in Kapitel 5 (Fragen zum Neuen Testament) noch sehen werden, glauben die Muslime, dass dieser Tröster Mohammed war.

Wenn der Heilige Geist im Koran Gabriel ist, sind Djinn dann dasselbe wie Engel?

Die im Koran erwähnten Djinn sind nicht dasselbe wie Engel. Die Djinn sind unsichtbare, aus Feuer erschaffene Wesen, die gut oder böse sein können; Letztere befinden sich zum Teil in der islamischen Hölle (Sure 14,49-50). In Sure 51,56 heißt es von Allah: »Und die Dschinn [Djinn] und die Menschen habe Ich nur dazu erschaffen, dass sie Mir dienen.« In Sure 55,15 sagt Mohammed: »Und erschaffen hat Er die Dschann [Djinn] aus rauchlosem Feuer.« Ein muslimischer Gelehrter kommentiert: »Sie sind Geister und daher so fein wie eine Feuerflamme. Dass

25 Netton: Popular Dictionary, S. 136

sie frei von Rauch sind, bedeutet, dass sie frei von allem Groben, Schweren sind, denn Rauch ist gröber als Feuer.«[26]

In der koranischen Schilderung des Falls des Satans (Iblis) wird dieser ein Engel genannt, aber die muslimischen Ausleger sehen hier einen Djinn. Sure 2,34 erklärt: »Und als Wir zu den Engeln sprachen: ›Werfet euch nieder vor Adam‹, da warfen sie sich nieder bis auf Iblis, der sich in Hoffart weigerte und einer der Ungläubigen ward.« Ali kommentiert, dass es in der muslimischen Theologie keine gefallenen Engel gibt; Iblis sei daher als ein Djinn zu verstehen. Sure 18,50 bestätigt dies:

»Und da Wir zu den Engeln sprachen: ›Werfet euch nieder vor Adam‹, da warfen sie sich nieder außer Iblis, welcher von den Dschinn [Djinn] war und wider seines Herrn Befehl frevelte. Und wollet ihr denn ihn und seine Nachkommenschaft eher denn Mich zu Beschützern nehmen, die euch Feind sind? Ein schlimmer Tausch für die Sünder!«

---

26 Ali: The Meaning of the Holy Qur'an, n. 5182

Kapitel 2

Fragen über das Wesen Jesu Christi (Isa)

Auf dem Zweiten Vatikanischen Konzil (1962 – 65) nahmen die dort versammelten Vertreter der römisch-katholischen Kirche eine »Erklärung über das Verhältnis der Kirche zu den nichtchristlichen Religionen« an, in der es unter anderem heißt:

> »Mit Hochachtung betrachtet die Kirche auch die Muslime, die den alleinigen Gott anbeten, den lebendigen und in sich seienden, barmherzigen und allmächtigen, den Schöpfer Himmels und der Erde, der zu den Menschen gesprochen hat. Sie mühen sich, auch seinen verborgenen Ratschlüssen sich mit ganzer Seele zu unterwerfen, so wie Abraham sich Gott unterworfen hat, auf den der islamische Glaube sich gerne beruft. Jesus, den sie allerdings nicht als Gott anerkennen, verehren sie doch als Propheten, und sie ehren seine jungfräuliche Mutter Maria, die sie bisweilen auch in Frömmigkeit anrufen. Überdies erwarten sie den Tag des Gerichtes, an dem Gott alle Menschen auferweckt und ihnen vergilt. Deshalb legen sie Wert auf sittliche Lebenshaltung und verehren Gott besonders durch Gebet, Almosen und Fasten.«[27]

Was sollen diese Worte bedeuten? Dass die über eine Milliarde Muslime eigentlich in die Kategorie der »getrennten Brüder« gehören? Reicht ihre Anerkennung Jesu als Prophet aus, um das Heil zu verdienen?

---

27 »Erklärung über das Verhältnis der Kirche zu den nichtchristlichen Religionen« (»Nostra aetate«), in: Dekrete der ökumenischen Konzilien, Bd. 3: Konzilien der Neuzeit, hg. von Josef Wohlmuth, Paderborn 2002, S. 969

Dies sind heute häufige Fragen in der Weltchristenheit. Große Gruppierungen in den Kirchen sind bereit, die Muslime als gleichsam heimliche, wenn auch etwas unorthodoxe Christen anzuerkennen; schließlich gehören sie zum breiten Strom der monotheistischen Religionen. Aber selbst sehr gemäßigte islamische Theologen widersetzen sich einer solchen Einstufung entschieden. Für sie sind eher die Christen abtrünnige Muslime, die die Wahrheit der absoluten Einheit Allahs (*Tawhid*) verlassen haben. Sie glauben fest, dass ein Christ, der nicht Buße tut und auf den geraden Weg des Islam tritt, in der *Laza*, der fünften Stufe der Hölle, enden wird.[28]

In diesem Abschnitt möchten wir die Unterschiede zwischen dem biblischen Jesus Christus als Herr und Gott und dem islamischen Jesus (Isa) als Prophet und Bote Allahs herausarbeiten.

Erkennen die Muslime Jesus als Propheten an?

Die Antwort ist eindeutig: Die Muslime halten Jesus als Propheten Allahs hoch in Ehren. Ian Richard Netton verteidigt das islamische Bild von Isa mit diesen Worten:

> »Er ist für die Muslime einer der größten Propheten und hat einen Ehrenplatz im Koran. Der Islam betrachtet Jesus als Menschen und nicht als Sohn Gottes; eine Heilsgeschichte mit Jesus ist ihm daher fremd. [...] Der Koran nennt Jesus oft ›Sohn der Maria‹ [...] eschatologische Hadith-Texte schildern, wie Jesus zum Ende der Zeiten wiederkommt, um al-Dajjal (den Antichristen) zu vernichten.«[29]

Islamische Theologen haben keine Probleme damit, biblische Ausdrücke zu benutzen, solange sie sie nach ihrem System deuten

---

28 S. u. Kapitel 7 für eine Beschreibung der sieben Stufen der Hölle.
29 Netton: Popular Dictionary, S. 124 – 125

können. So nennen sie Jesus das »Wort«, aber im Islam bedeutet »Wort« (*kalam*) einfach »Kommunikation«; Jesus hat den Menschen Allahs Wort mitgeteilt – mehr nicht. Und in Sure 3,45 sagen die Engel, die Maria die Geburt Jesu ankündigen: »O Maria, siehe, Allah verkündet dir ein Wort von Ihm; sein Name ist der Messias Jesus.« Hier bedeutet »Messias« (oder »Christus«) einfach »der Gesalbte« und ist nicht der Titel des Sohnes Gottes. Ali kommentiert diesen Vers so: »*Christos* = gesalbt: Könige und Priester wurden bei ihrer Amtseinführung gesalbt. Die hebräische und arabische Form ist *Masih* (Messias).«[30] Jesus wurde also »gesalbt«, um Allahs Wahrheit zu verkündigen.

Auch wenn sie ihn nur als großen Propheten sehen – fromme Muslime haben eine höhere Achtung vor Jesus als die meisten liberalen »Christen«. Sie glauben, wenn auch nicht ganz im biblischen Sinne, an seine Jungfrauengeburt; in der modernen Theologie ist die Ablehnung der Jungfrauengeburt Routine. Die Muslime glauben, dass Jesus tatsächlich in Raum und Zeit lebte; viele Liberale sagen, dass wir nichts Genaues über den Menschen Jesus von Nazareth wissen können. Die Muslime glauben, dass Jesus Wunder tat (vgl. Sure 5); die Liberalen können über die Wunderberichte nur lachen. Die Muslime glauben, dass Jesus ein Diener des ewigen, einen wahren Gottes war; die modernen Theologen gehen davon aus, dass der Monotheismus eine Spätentwicklung in der Geschichte der Religionen ist. Traurig, aber wahr: In den Moscheen wird Jesus oft höher geachtet als auf vielen angeblich christlichen Kanzeln und Lehrstühlen.

Der islamische Jesus (Isa) ist nicht der Christus der Bibel, aber er wird als Prophet, durch den Allah große Dinge tat, hoch geachtet.

---

30 Ali: The Meaning of the Holy Qur'an, n. 386

Glauben die Muslime, dass Jesus Wunder tat?

Berichte über Wunder Jesu gibt es durchaus auch im Koran. Sure 5,112-115 beschreibt folgendes Wunder:

> »Und als die Jünger sprachen: ›O Jesus, Sohn der Maria, ist dein Herr imstande, zu uns einen *Tisch* vom Himmel herabzusenden?‹ Er sprach: ›Fürchtet Allah, so ihr gläubig seid.‹ Sie sprachen: ›Wir wollen von ihm essen und unsre Herzen sollen in Frieden sein, und wissen wollen wir, dass du uns tatsächlich die Wahrheit gesagt hast, und wollen ihre Zeugen sein.‹ Da sprach Jesus, der Sohn der Maria: ›O Allah, unser Herr, sende zu uns einen Tisch vom Himmel herab, dass es ein Festtag für uns werde, für den Ersten und Letzten von uns, und ein Zeichen von Dir; und versorge uns, denn Du bist der beste Versorger.‹ Da sprach Allah: ›Siehe, Ich sende ihn zu euch hinab, und wer hernach von euch ungläubig ist, siehe, den werde Ich strafen mit einer Strafe, wie Ich keinen von aller Welt strafen werde.‹«

Ali sieht in seinem Kommentar zu dieser Koranstelle in den Worten der Jünger interessanterweise einen Hinweis auf das Abendmahl.[31] Die Muslime bestreiten nicht, dass Jesus sich am Abend vor seiner Gefangennahme mit seinen Jüngern zu einem letzten Mahl traf, auch nicht, dass er Wunder tat oder dass er verraten und verhaftet wurde. Dagegen leugnen sie, wie wir noch sehen werden, seine Kreuzigung, Auferstehung und Himmelfahrt als unser Hohepriester, und vor allem seinen stellvertretenden Opfertod zur Sühnung der Sünden aller Menschen.

---

31 a. a. O., n. 826

Wurde Jesus nach dem Koran von einer Jungfrau geboren?

Die Lehre des Korans über die Geburt Jesu findet sich in der 3. Sure. Sie bejaht grundsätzlich die Jungfrauengeburt, versteht diese allerdings anders als der biblische Bericht.

Nach dem Koran ging der Geburt Jesu kein übernatürliches Eingreifen des Heiligen Geistes voraus, bei dem dieser den Fleisch gewordenen Herrn in den Leib Marias hineinlegte. Jesus wurde vielmehr von Allah aus Staub erschaffen: »Siehe, Jesus ist vor Allah gleich Adam; Er erschuf ihn aus Erde, alsdann sprach Er zu ihm: ›Sei!‹, und er ward« (Sure 3,59). Die Muslime haben damit die arianische Lehre von dem »erschaffenen« Christus übernommen, die in der Kirche des 4. Jahrhunderts stark vertreten wurde. Sie glauben an die arianische Theologie, dass »es eine Zeit gab, wo Christus nicht war«.

Ein Blick in den biblischen Bericht in Lukas 1,26-35 kann helfen, den Unterschied zwischen der Jungfrauengeburt in der Bibel und der im Koran besser zu verstehen:

»Und im sechsten Monat wurde der Engel Gabriel von Gott gesandt in eine Stadt in Galiläa, die heißt Nazareth, zu einer Jungfrau, die vertraut war einem Mann mit Namen Josef vom Hause David; und die Jungfrau hieß Maria. Und der Engel kam zu ihr hinein und sprach: Sei gegrüßt, du Begnadete! Der Herr ist mit dir! Sie aber erschrak über die Rede und dachte: Welch ein Gruß ist das? Und der Engel sprach zu ihr: Fürchte dich nicht, Maria, du hast Gnade bei Gott gefunden. Siehe, du wirst schwanger werden und einen Sohn gebären, und du sollst ihm den Namen Jesus geben. Der wird groß sein und Sohn des Höchsten genannt werden; und Gott der Herr wird ihm den Thron seines Vaters David geben, und er wird König sein über das Haus Jakob in Ewigkeit, und sein Reich wird kein Ende haben. Da sprach Maria zu dem Engel: Wie soll das zugehen, da ich doch von keinem Mann weiß? Der Engel antwortete und sprach zu ihr: Der Heilige Geist wird über dich kommen, und die Kraft des Höchsten wird dich überschatten; darum wird auch das Heilige, das geboren wird, Gottes Sohn genannt werden.«

Der Islam erkennt diesen Bericht aus zwei Gründen nicht an. Erstens ist dort vom inneren Wirken des Heiligen Geistes die Rede. Der Islam kennt aber keinen Heiligen Geist als Person der Gottheit, sondern setzt ihn mit dem Engel Gabriel gleich. Wenn Gabriel aber selber der Heilige Geist ist, braucht er nicht dessen Werk zu erwähnen. Und zweitens kann der Islam die Worte »Der wird groß sein und Sohn des Höchsten genannt werden« niemals akzeptieren. (Vgl. die Einwände des Islam gegen die Dreieinigkeit.)

Der Bericht des Korans über die Geburt Jesu konzentriert sich auf den Beschluss Allahs, nicht auf den Vorgang der Inkarnation. In Sure 3,45-47 heißt es:

»Gedenke, da die Engel sprachen: ›O Maria, siehe, Allah verkündet dir ein Wort von Ihm; sein Name ist der Messias Jesus, der Sohn der Maria, angesehen hinieden und im Jenseits und einer der (Allah) Nahen. Und reden wird er mit den Menschen in der Wiege und in der Vollkraft, und er wird einer der Rechtschaffenen sein.‹ Sie sprach: ›Mein Herr, woher soll mir ein Sohn werden, wo mich kein Mann berührte?‹ Er sprach: ›Also schafft Allah, was Er will; wenn Er ein Ding beschlossen hat, spricht Er nur zu ihm: ›Sei!‹ und es ist.‹«

Die Muslime sagen oft: »Wir achten Maria mehr, als ihr Christen das tut. Wir haben im Koran ein ganzes Kapitel, das nach ihr benannt ist.« Gemeint ist die 19. Sure, die *Maryam* (Mirjam, Maria) überschrieben ist. Ihre 98 Verse enthalten zahlreiche Details, die sich in der Bibel nicht finden. Die Sure beginnt mit der Geschichte des Zacharias (*ar-Zakariya*, Vers 1-15). Zacharias wird drei Tage lang mit Stummheit geschlagen, bis zur Geburt seines Sohnes Yahya (Johannes der Täufer). Es folgt die Geschichte der Empfängnis der Maria und der Geburt Jesu, die uns an Marias Angst und Schmerzen bei der Geburt teilhaben lässt:

>»Da sie sich von ihren Angehörigen an einen Ort gen Aufgang zurückzog und sich vor ihnen verschleierte, da sandten Wir Unsern Geist [Engel] zu ihr, und er erschien ihr als vollkommener Mann. [...] Und so empfing sie ihn [Jesus] und zog sich mit ihm an einen entlegenen Ort zurück. Und es überkamen sie die Wehen an dem Stamm einer Palme. Sie sprach: ›O dass ich doch zuvor gestorben und vergessen und verschollen wäre!‹« (Sure 19,16-17,22-23)

Im Vergleich zu den detaillierten Berichten über Maria betont der biblische Bericht, dass hier der Messias geboren wird. Auch in dem oben zitierten Auszug aus Lukas 1 liegt der Schwerpunkt nicht auf dem Werkzeug, das Gott gebrauchte (Maria), sondern auf der Inkarnation des »Gott mit uns« (Jesus Christus). Jesaja prophezeite: »Siehe, eine Jungfrau ist schwanger und wird einen Sohn gebären, den wird sie nennen Immanuel [Gott mit uns]« (Jes 7,14). Matthäus 1,23 zitiert diese Prophezeiung und stellt fest, dass sie sich in der Geburt Jesu erfüllt hat.

Sprach schon der neugeborene Jesus?

In den vier Evangelien findet sich kein Hinweis darauf, dass bereits das neugeborene Jesuskind sprach. Die frühesten in der Bibel von Jesus überlieferten Worte sind die des 12-jährigen Jesus im Tempel (Lk 2,41-50). Doch im Koran verkündet bereits der neugeborene Isa, dass er Allahs Prophet sei (Sure 19,27-33):

»Und sie [Maria] brachte ihn [Jesus] zu ihrem Volk, ihn tragend. Sie sprachen: »O Maria, fürwahr, du hast ein sonderbares Ding getan! O Schwester Aarons, dein Vater war kein Bösewicht und deine Mutter keine Dirne.« Und sie deutete auf ihn [Jesus]. Sie sprachen: »Wie sollen wir mit ihm, einem Kind in der Wiege, reden?« Er sprach: »Siehe, ich bin Allahs Diener. Gegeben hat Er mir das Buch, und Er machte mich zum Propheten. Und Er machte mich gesegnet, wo immer ich bin, und befahl mir Gebet und Almosen, solange ich lebe, und Liebe zu meiner Mutter; und nicht machte Er mich hoffärtig und unselig. Und Frieden auf den Tag meiner Geburt und den Tag, da ich sterbe, und den Tag, da ich erweckt werde zum Leben!«

Dass der Jesus des Korans schon in der Wiege spricht, hat unseres Erachtens seinen Grund. Seine allerersten Worte leugnen nämlich die christliche Lehre von seiner Göttlichkeit.

Tut der Jesus des Korans Wunder, die sich nicht in der Bibel finden?

Sure 3,49 erwähnt ein Wunder des Kindes Jesus, das Anlass zu Spekulationen gegeben hat:

»Und [Allah] wird ihn entsenden zu den Kindern Israel. (Sprechen wird er:) ›Siehe, ich komme zu euch mit einem Zeichen von euerm Herrn. Siehe, ich will euch erschaffen aus Ton die Gestalt eines Vogels und will in sie hauchen, und sie soll werden ein Vogel mit Allahs Erlaubnis; und ich will heilen den Mutterblinden und Aussätzigen und will die Toten lebendig machen mit Allahs Erlaubnis, und ich will euch verkünden, was ihr essen und was ihr aufspeichern sollt in euern Häusern. Siehe, hierin ist wahrlich ein Zeichen für euch, so ihr gläubig seid.‹«

Diese Geschichte findet sich nicht nur im Koran. Sie stammt aus gewissen gnostischen Schriften, die zur Zeit Mohammeds in der arabischen Welt kursierten. Diese Werke, zu denen u. a. das *Kindheitsevangelium des Thomas* und das *Petrusevangelium* gehörten, wurden außerhalb der von den Gnostikern dominierten Regionen als Irrlehre verurteilt. Bereits 367, zwei Jahrhunderte vor Mohammeds Geburt, wurden sie von dem Kirchenvater Athanasius in seinen *Festbriefen* für nichtkanonisch erklärt. Doch noch heute erfreuen sich Werke wie etwa das *Barnabasevangelium* unter Muslimen wie in manchen modernen christlichen Bewegungen einer gewissen Beliebtheit, da sie nicht die Göttlichkeit Christi lehren.

Hat Christus von Mohammed gesprochen?

Johannes berichtet ausführlich, wie Jesus seine Jünger auf sein bevorstehendes Leiden und Sterben, seine Auferstehung und Himmelfahrt vorbereitete und ihnen dabei einen »Tröster« versprach, den er ihnen schicken würde. In Johannes 16,5-15 lesen wir:

> »Jetzt aber gehe ich hin zu dem, der mich gesandt hat; und niemand von euch fragt mich: Wo gehst du hin? Doch weil ich das zu euch geredet habe, ist euer Herz voll Trauer. Aber ich sage euch die Wahrheit: Es ist gut für euch, dass ich weggehe. Denn wenn ich nicht weggehe, kommt der Tröster nicht zu euch. Wenn ich aber gehe, will ich ihn zu euch senden. Und wenn er kommt, wird er der Welt die Augen auftun über die Sünde und über die Gerechtigkeit und über das Gericht; über die Sünde: dass sie nicht an mich glauben; über die Gerechtigkeit: dass ich zum Vater gehe und ihr mich hinfort nicht seht; über das Gericht: dass der Fürst dieser Welt gerichtet ist. Ich habe euch noch viel zu sagen;

aber ihr könnt es jetzt nicht ertragen. Wenn aber jener, der Geist der Wahrheit, kommen wird, wird er euch in alle Wahrheit leiten. Denn er wird nicht aus sich selber reden; sondern was er hören wird, das wird er reden, und was zukünftig ist, wird er euch verkündigen. Er wird mich verherrlichen; denn von dem Meinen wird er's nehmen und euch verkündigen. Alles, was der Vater hat, das ist mein. Darum habe ich gesagt: Er wird's von dem Meinen nehmen und euch verkündigen.«

Die Christen haben unter diesem »Tröster« oder »Beistand« stets den Heiligen Geist verstanden, die dritte Person der Dreieinigkeit. Doch Mohammed bezieht im Koran (Sure 61,6) diese Verheißung Jesu auf sich selber:

»Und da Jesus, der Sohn der Maria, sprach: ›O ihr Kinder Israel, siehe, ich bin Allahs Gesandter an euch, bestätigend die Thora, die vor mir war, und einen Gesandten verkündigend, der nach mir kommen soll, des Name Ahmad ist.‹ Doch da er zu ihnen mit den deutlichen Zeichen kam, sprachen sie: ›Das ist ein offenkundiger Zauberer.‹«

Diese Umdeutung des Textes in Johannes 16 ist möglicherweise die Folge einer Ähnlichkeit bzw. Verwechslung bestimmter griechischer und arabischer Ausdrücke. Das mit »Tröster« übersetzte griechische Wort ist *parakletos* (wörtlich: »der, der jemandem zur Seite tritt«) und das ähnlich klingende griechische Wort, *periklytos*, das »der Gepriesene« bedeutet. Das arabische Wort für »der Gepriesene« lautet *Ahmad*, was wiederum ähnlich zu *Ahamad* ist, einer Variante von *Muhammad* (Mohammed). Ein muslimischer Gelehrter merkt an, dass *Ahmad* »fast eine Übersetzung des griechischen Wortes *parakletos* ist. Im Johannesevangelium [...] steht das Wort ›Tröster‹ für das griechische *parakletos*, das ›Beistand‹ bedeutet. [...] Unsere Gelehrten glauben, dass *parak-*

letos eine verfälschte Wiedergabe von *periklytos* ist und dass der Ausspruch Jesu ursprünglich eine namentliche Verheißung unseres heiligen Propheten Ahmad war.«[32]

Zur Bedeutung dieser Lehre vgl. unten Kapitel 5.

Hat Jesus je gesagt: »Betet mich an, denn ich bin Gott«?

In einem Buch über den christlich-islamischen Dialog schreibt Sheikh Ahmed Zaki Yamani ganz offen und politisch unkorrekt:

>»In der großen Debatte zwischen Christen und Muslimen [...] gibt es Gebiete, die fundamentale Prinzipien berühren und wo noch so viel logisches Argumentieren die beiden Seiten nicht einander näher bringen kann und man daher vor einer Sackgasse steht [...] Solche für den christlichen Glauben so zentralen Dinge wie die Trinität, die Göttlichkeit Christi und die Kreuzigung werden vom Koran kategorisch abgelehnt und haben keinen Platz im Islam.«[33]

Dass Jesus sich je selber als »Sohn Gottes«, geschweige denn »Gott, der Sohn« bezeichnet hat, ist für muslimische Theologen unvorstellbar, und die spöttische Frage, ob Jesus denn je gesagt habe, dass er Gott sei, ist typisch für ihre Argumentation. Das Zeugnis der Bibel ist gerade umgekehrt, und wir möchten im Folgenden dafür einige Beispiele geben, die wir mit ihrem Kontext zitieren. Wir beginnen mit einer Auseinandersetzung Jesu mit Juden, die sich ihm eigentlich anschließen wollten, die wir in Johannes 8,49-59 finden:

---

32 a. a. O., n. 5438
33 Ahmed Zaki Yamani, in: W. Montgomery Watt, Islam and Christianity Today: A Contribution to Dialogue, London 1983, S. IX-X; zitiert in Norman Geisler und Abdul Saleeb, Answering Islam, Grand Rapids 1993, S. 273

»Jesus antwortete: Ich habe keinen bösen Geist, sondern ich ehre meinen Vater, aber ihr nehmt mir die Ehre. Ich suche nicht meine Ehre; es ist aber einer, der sie sucht, und er richtet. Wahrlich, wahrlich, ich sage euch: Wer mein Wort hält, der wird den Tod nicht sehen in Ewigkeit. Da sprachen die Juden zu ihm: Nun erkennen wir, dass du einen bösen Geist hast. Abraham ist gestorben und die Propheten, und du sprichst: Wer mein Wort hält, der wird den Tod nicht schmecken in Ewigkeit. Bist du mehr als unser Vater Abraham, der gestorben ist? Und die Propheten sind gestorben. Was machst du aus dir selbst? Jesus antwortete: Wenn ich mich selber ehre, so ist meine Ehre nichts. Es ist aber mein Vater, der mich ehrt, von dem ihr sagt: Er ist unser Gott; und ihr kennt ihn nicht; ich aber kenne ihn. Und wenn ich sagen wollte: Ich kenne ihn nicht, so würde ich ein Lügner, wie ihr seid. Aber ich kenne ihn und halte sein Wort. Abraham, euer Vater, wurde froh, dass er meinen Tag sehen sollte, und er sah ihn und freute sich. Da sprachen die Juden zu ihm: Du bist noch nicht fünfzig Jahre alt und hast Abraham gesehen? Jesus sprach zu ihnen: Wahrlich, wahrlich, ich sage euch: Ehe Abraham wurde, bin ich. Da hoben sie Steine auf, um auf ihn zu werfen. Aber Jesus verbarg sich und ging zum Tempel hinaus.«

Die Juden berufen sich auf ihr religiöses Erbe in Abraham. Als Jesus ihnen vorhält, dass ihr wirklicher Vater der Teufel ist, beschuldigen sie ihn, von einem Dämon besessen zu sein. Jesus antwortet, dass jeder, der seine Botschaft annimmt, nicht sterben wird. Das bringt seine Widersacher noch mehr auf: Was bildet dieser Zimmermannssohn sich ein? Will er mehr sein als Abraham? Jesus erwidert ruhig, dass Abraham von seinem Kommen wusste. Und dann, in Vers 57, kommt der Höhepunkt: »Du bist noch nicht fünfzig Jahre alt und hast Abraham gesehen?« Eine berechtigte Frage, denn Abraham hatte vor zweitausend Jahren gelebt! Jesu Antwort ließ seine Gegner erstarren: »Ehe Abraham wurde, *bin ich*.«

Dies war für einen frommen Juden höchste Gotteslästerung. Erstens behauptet Jesus hier, dass er bereits vor dem Vater der jüdischen Nation, dem Mann, mit dem Gott in 1. Mose 12,1-3 seinen Bund geschlossen hatte, existiert hat.

Zweitens benutzt Jesus hier die Formulierung »ich bin«. Es handelte sich hier um nichts weniger als die Übersetzung des heiligen Gottesnamens, *Jahwe*, den Gott Mose im brennenden Busch offenbarte, als dieser ihn nach seinem Namen fragte (vgl. 2. Mose 3,13-14). Dieser Name, der auch »Tetragramm« genannt wird, da er im Hebräischen aus vier Buchstaben (*JHWH*) besteht, war so heilig, dass kein Jude ihn je aussprach. Die Schriftgelehrten, die die heiligen Schriften abschrieben, legten jedes Mal, wenn sie zu diesem Gottesnamen kamen, ihr Schreibwerkzeug beiseite, nahmen ein neues, schrieben mit diesem nur diese vier Buchstaben und warfen es darauf fort. Beim Vorlesen benutzte man statt *Jahwe* den Ausdruck »Herr«. Und hier also sprach dieser Rabbi Jesus das unaussprechliche Wort nicht nur offen aus, er wandte es sogar auf sich selber an, und das auch noch im Tempel! Die Reaktion der Hörenden – sie wollten Jesus steinigen – war ebenso prompt wie unausweichlich. Selbst muslimische Gelehrte geben zu, dass Jesu Gegner ihm vorwarfen, sich selbst zu Gott zu machen; später hätten dann seine Jünger diese Behauptung übernommen, doch sei sie eine Lüge gewesen. Ali kommentiert:

> »Die Juden beschuldigten Jesus der Gotteslästerung, weil er behauptet habe, Gott oder der Sohn Gottes zu sein. Die Christen [...] machten sich diese Behauptung später zu Eigen und zum Eckstein ihres Glaubens. Doch Allah spricht Jesus von dieser Behauptung frei.«[34]

---

34 Ali: The Meaning of the Holy Qur'an, n. 395

Dies ist ein erstaunlicher Satz. Ein muslimischer Gelehrter, der einen Kommentar für eine englische Koran-Übersetzung schreibt, gibt zu, dass Jesu Gegner ihm vorwarfen, er habe behauptet, Gott zu sein. Wohlgemerkt: Die Muslime glauben nicht, dass Jesus dies wirklich tat; aber sie bestreiten nicht, dass ihm eine solche Behauptung zur Last gelegt wurde.

Wenn Jesus tatsächlich behauptet hat, Gott zu sein, dann kann niemand ihn einfach als großen Lehrer »achten«. Seine Jünger, der jüdische Hohe Rat und das jüdische oberste Gericht bezeugen einstimmig, dass er diese Behauptung gemacht hat; sie ist so gut bezeugt wie irgendein anderes Ereignis aus der Antike, das in die Geschichtsbücher eingegangen ist. Das lässt uns aber nur zwei Möglichkeiten übrig, mit der Frage nach der Göttlichkeit Jesu umzugehen: Entweder wir verwerfen die Behauptung, Jesus sei Gottes Sohn und damit Gott, und halten Jesus für einen Gotteslästerer und Betrüger oder wir verehren ihn als Gott. Ihn einfach als Lehrer oder Propheten zu »achten«, ist nicht möglich. Wenn er behauptet hat, Gott zu sein, aber gar nicht Gott ist, hat er diese Achtung nicht verdient; wenn er aber Gott ist, reicht Achtung als Reaktion nicht aus.

Im 4. Kapitel des Johannesevangeliums spricht Jesus an einem Brunnen mit einer samaritischen Frau. Sie ist überrascht, einen Juden an diesem Brunnen zu sehen, denn die Juden verachteten die Samariter und machten gewöhnlich einen großen Bogen um ihre Dörfer. Ihre Überraschung steigert sich noch, als sie merkt, dass dieser Jude bestens über ihr Leben Bescheid zu wissen scheint. Wir steigen bei Vers 19 in das Gespräch ein:

>»Die Frau spricht zu ihm: Herr, ich sehe, dass du ein Prophet
>bist. Unsere Väter haben auf diesem Berge angebetet, und ihr
>sagt, in Jerusalem sei die Stätte, wo man anbeten soll. Jesus
>spricht zu ihr: Glaube mir, Frau, es kommt die Zeit, dass ihr
>weder auf diesem Berge noch in Jerusalem den Vater anbeten
>werdet. Ihr wisst nicht, was ihr anbetet; wir wissen aber, was

wir anbeten; denn das Heil kommt von den Juden. Aber es kommt die Zeit und ist schon jetzt, in der die wahren Anbeter den Vater anbeten werden im Geist und in der Wahrheit; denn auch der Vater will solche Anbeter haben. Gott ist Geist, und die ihn anbeten, die müssen ihn im Geist und in der Wahrheit anbeten. Spricht die Frau zu ihm: Ich weiß, dass der Messias kommt, der da Christus heißt. Wenn dieser kommt, wird er uns alles verkündigen. Jesus spricht zu ihr: Ich bin's, der mit dir redet.«

Die Frau verstand genau, was Jesus meinte. Sie hielt ihn nicht für einen Schwindler. In Vers 28-30 lesen wir:

»Da ließ die Frau ihren Krug stehen und ging in die Stadt und spricht zu den Leuten: Kommt, seht einen Menschen, der mir alles gesagt hat, was ich getan habe, ob er nicht der Christus sei! Da gingen sie aus der Stadt heraus und kamen zu ihm.«

Die Frage, »ob er nicht der Christus (Messias) sei«, ist eine rein rhetorische Frage. So scheinen sie zumindest die Bewohner der Stadt verstanden zu haben; für sie war sehr klar, wer Jesus war:

»Es glaubten aber an ihn viele der Samariter aus dieser Stadt um der Rede der Frau willen, die bezeugte: Er hat mir alles gesagt, was ich getan habe. Als nun die Samariter zu ihm kamen, baten sie ihn, bei ihnen zu bleiben; und er blieb zwei Tage da. Und noch viel mehr glaubten um seines Wortes willen und sprachen zu der Frau: Von nun an glauben wir nicht mehr um deiner Rede willen; denn wir haben selber gehört und erkannt: Dieser ist wahrlich der Welt Heiland.« (Joh 4,39-42)

Diese Menschen begriffen, dass Jesus der Messias war, und sie verstanden unter diesem Titel mehr als ein bloßes allgemeines

Gesalbtsein durch Gott. Als Messias wollte Jesus von den Menschen als der »Heiland« (Retter) der Welt verstanden werden. Im Gesamtzusammenhang des Johannesevangeliums kann dies nur bedeuten, dass Jesus der *göttliche* Messias war, der der Anbetung würdig war.

Hat Jesus sich nicht wiederholt als der »Menschensohn« bezeichnet?

Das hat er in der Tat. Doch dies ist kein Widerspruch zu seinem Göttlichkeitsanspruch. Der Titel »Menschensohn« bezieht sich vielmehr auf eine sehr spezielle Prophezeiung des jüdischen Propheten Daniel, die dieser während der babylonischen Gefangenschaft der Juden im 6. Jahrhundert v.Chr. machte , und bestätigt gerade die Göttlichkeit Christi. Jesus hat sich in den Evangelien über 80 Mal mit diesem Titel bezeichnet. Hier einige Beispiele aus dem Matthäusevangelium:

> »Jesus sagt zu ihm: Die Füchse haben Gruben, und die Vögel unter dem Himmel haben Nester; aber der Menschensohn hat nichts, wo er sein Haupt hinlege.« (Mt 8,20)

> »Als aber Jesus ihre Gedanken sah, sprach er: Warum denkt ihr so Böses in euren Herzen? Was ist denn leichter, zu sagen: Dir sind deine Sünden vergeben, oder zu sagen: Steh auf und geh umher? Damit ihr aber wisst, dass der Menschensohn Vollmacht hat, auf Erden die Sünden zu vergeben – sprach er zu dem Gelähmten: Steh auf, hebe dein Bett auf und geh heim!« (Mt 9,4-6)

> »Johannes [der Täufer] ist gekommen, er isst nicht und trinkt nicht, und sie sagen: Er ist von einem Dämon besessen. Der Menschensohn ist gekommen, er isst und trinkt; darauf

sagen sie: Dieser Fresser und Säufer, dieser Freund der Zöllner und Sünder! Und doch hat die Weisheit durch die Taten, die sie bewirkt hat, Recht bekommen.« (Mt 11,18-19 Einheitsübers.)

Von schlecht informierten Christen kann man manchmal hören, bei Jesus beziehe sich die Bezeichnung »Sohn Gottes« auf seine Göttlichkeit und der Ausdruck »Menschensohn« auf seine Menschlichkeit. Das klingt plausibel, entspricht aber nicht den Tatsachen. In dem Ausdruck *Menschensohn* schwingt sowohl die Gegenwart des jüdischen Messias mit als auch seine göttliche Vollmacht. Man beachte, was Jesus in Matthäus 12,3-8 den Pharisäern antwortet, die sich gerade darüber beschwert haben, dass seine Jünger ein Sabbatgebot gebrochen haben:

»Da sagte er zu ihnen: Habt ihr nicht gelesen, was David getan hat, als er und seine Begleiter hungrig waren – wie er in das Haus Gottes ging und wie sie die heiligen Brote aßen, die weder er noch seine Begleiter, sondern nur die Priester essen durften? Oder habt ihr nicht im Gesetz gelesen, dass am Sabbat die Priester im Tempel den Sabbat entweihen, ohne sich schuldig zu machen? Ich sage euch: Hier ist einer, der größer ist als der Tempel. Wenn ihr begriffen hättet, was das heißt: »Barmherzigkeit will ich, nicht Opfer«, dann hättet ihr nicht Unschuldige verurteilt; denn der Menschensohn ist Herr über den Sabbat.« (Einheitsübers.)

Jesus hat also erklärt, dass er als der Menschensohn der Herr über den Sabbat ist. Er hat auch erklärt, dass er als der Menschensohn Sünden gegen Gott vergeben kann. Wie ist das möglich? Es wird uns klar, wenn wir uns die spezielle messianische und göttliche Bedeutung ansehen, die der Prophet Daniel dem Titel *Menschensohn* beilegt:

»Ich sah in diesem Gesicht in der Nacht, und siehe, es kam einer mit den Wolken des Himmels wie eines Menschen Sohn und gelangte zu dem, der uralt war, und wurde vor ihn gebracht. Der gab ihm Macht, Ehre und Reich, dass ihm alle Völker und Leute aus so vielen verschiedenen Sprachen dienen sollten. Seine Macht ist ewig und vergeht nicht, und sein Reich hat kein Ende.« (Dan 7,13-14)

Hier hat der Menschensohn erhebliche Macht und Vollmacht:

1. Er wird vor den »Uralten« gebracht. Vor den Allah des Islam kann niemand treten.
2. Ihm wird die Vollmacht Gottes gegeben.
3. Er bekommt Ehre. Im Islam darf allein Allah verehrt werden. Aber wenn Christus der Menschensohn ist, dann ist er anbetungswürdig.
4. Er bekommt Macht und ein ewiges Reich. Im Islam ist allein Allah allmächtig. Doch wenn Christus Macht und ein ewiges Reich bekommt, ist er anbetungswürdig.
5. Alle Völker dienen dem Menschensohn. Jesus selber hat die Menschen aufgerufen, ihn als den Menschensohn zu verehren.

Ist Jesus wirklich gekreuzigt worden?

Nach der Lehre des Islam wurde Jesus nicht gekreuzigt und starb auch nicht später eines natürlichen Todes. In Sure 4,157 heißt es:

»Und weil sie sprachen: ›Siehe, wir haben den Messias Jesus, den Sohn der Maria, den Gesandten Allahs, ermordet‹ – doch ermordeten sie ihn nicht und kreuzigten ihn nicht, sondern einen ihm Ähnlichen […] Und siehe, diejenigen, die über ihn uneins sind, sind wahrlich im Zweifel in Betreff seiner. Sie wissen nichts von ihm, sondern folgen nur Meinungen; und nicht töteten sie ihn in Wirklichkeit.«

Die islamischen Theologen kennen die zentrale Bedeutung der Kreuzigung Christi im Christentum. Ali bemerkt in seinem Kommentar:

»Die christlichen Kirchen machen es zu einem Angelpunkt ihrer Lehre, dass er sein Leben am Kreuz verlor, dass er starb und begraben wurde, dass er am dritten Tage leiblich und mit seinen sichtbaren Wundmalen auferstand und umherging und mit seinen Jüngern sprach und aß und dass er danach leiblich in den Himmel aufgenommen wurde. Dies ist notwendig für die theologische Lehre vom Blutopfer und von der stellvertretenden Sühne der Sünden, die vom Islam verworfen wird.«[35]

Wenn Jesus nicht am Kreuz hing, wer dann? Manche Muslime glauben, dass es der Verräter Judas war, andere, dass es Simon von Kyrene war, der Jesu Kreuz tragen musste (Mt 27,32). Aber was ist mit Jesus geschehen, wenn er nicht gekreuzigt wurde? Die meisten Muslime glauben, dass er von Allah ins Paradies entrückt wurde: »Sondern es erhöhte ihn Allah zu Sich; und Allah ist mächtig und weise« (Sure 4,158). Eine Minderheit glaubt, dass Jesus tatsächlich starb, jedoch nicht zu der Zeit und auf die Art, wie dies die Bibel berichtet. Die »Schande« des Kreuzes[36] wird als eines Propheten Allahs unwürdig betrachtet.

Wie kann der Tod eines Menschen die Sünden der Welt wegnehmen?

Der Islam glaubt, dass jeder Mensch seine bösen Taten durch gute aufwiegen muss. Vor diesem Verständnis von Sünde und

---

35 a. a. O., n. 663
36 a. a. O., n. 664

Vergebung muss der Gedanke, dass Christus für uns einspringen kann und dass seine Gerechtigkeit ausreicht, um alle Sünden der Menschen zu sühnen, absurd erscheinen; wie soll ein einziger Mensch so viele gute Taten tun, dass er die Sünden von Milliarden von Menschen aufwiegen kann? Die Muslime sind nicht die Einzigen, die hier ins Stolpern kommen. Nicht wenige Christen haben eine ganz ähnliche »Theologie der guten Werke«. Wie viele der Kreuzfahrer mögen ins Heilige Land gezogen sein, um durch das Töten der Muslime dem Sühnetod Christi nachzuhelfen und ihre persönliche Bilanz der Sünden und der guten Werke zu verbessern? Derartige falsche Vorstellungen und Eindrücke können den Dialog zwischen Christen und Muslimen nur belasten.

Um das, was die Bibel Christi »Sühnetod« oder »Sühneopfer« nennt, wirklich zu verstehen, muss man mit der Tatsache der radikalen Verderbtheit und Verlorenheit des Menschen beginnen, der sich von Geburt an in einem Zustand der Sünde und der Rebellion gegen seinen Schöpfer befindet. Jede einzelne Sünde ist nur eine erneute Bestätigung dieser Grundtatsache. Der Tod Christi musste einen schier unendlichen Wert haben, um der Strafe für unseren Aufstand gegen Gottes unendliche Heiligkeit begegnen zu können.

Der islamisch-christliche Dialog kommt nicht um die biblische Lehre von der *Erbsünde* herum. Diese Lehre wird, so scheint uns, von der alltäglichen Erfahrung der Menschen in aller Welt bestätigt; es tobt eine Art Krieg, ein Machtkampf zwischen Mensch und Gott. Was ist denn eine »Sünde«, wenn nicht das Aufbegehren des Einzelnen gegen Gott? Jedes Vergehen gegen den Schöpfer des Universums, wie klein es uns auch erscheinen mag, ist ein Akt des Verrats. Der Mensch reckt gleichsam seine Faust hoch und schreit: »Gott, ich lasse mir von dir nichts sagen!« Der Muslim hört es nicht gerne, wenn man ihm sagt, dass sein Verständnis der Heiligkeit Gottes weniger radikal ist als das des Christen, aber wenn Allah auf einer Art himmlischem Konto Böse mit Gut verrechnen kann, ist Heiligkeit bei ihm kein absoluter Wert. In den Himmel kommt, wer im Gericht die Waagschale des Guten durch genug gute Taten genügend schwer macht; die Punktezahl zählt, nicht die innere Veränderung des Herzens:

> »Und die, deren Waage schwer ist, ihnen wird's wohl ergehen. Deren Waage jedoch leicht ist, die werden ihre Seelen verlieren in Dschahannam für immerdar.« (Sure 23,102-103)

Die Muslime glauben zwar, dass es im Garten Eden zu einem Fall des Menschen kam, aber die islamische Sicht von der Verantwortung des Menschen für sein Verhalten verlangt, dass dieser Fall allein Adam und Eva betraf. In Sure 2,35-36 lesen wir:

> »Und wir sprachen: ›O Adam, bewohne du und dein Weib den Garten und esset von ihm in Hülle und Fülle, wo immer ihr wollt; aber nahet nicht jenem Baume, sonst seid ihr Ungerechte.‹ Aber der Satan ließ sie aus ihm [dem Garten] straucheln und vertrieb sie aus der Stätte, in der sie weilten.«

Man vergleiche diesen »halben Sündenfall« mit den fundamentalen Auswirkungen des biblischen Sündenfalls, wie die Bibel sie in Römer 5,12-21 beschreibt:

> »Durch einen einzigen Menschen ist die Sünde in die Welt gekommen und als Folge davon der Tod. Weil nun alle Menschen gesündigt haben, sind sie alle dem Tod ausgeliefert. Demnach war die Sünde schon da, lange bevor Gott durch Mose das Gesetz gab. Aber wo kein Gesetz ist, kann auch keine Schuld angerechnet werden. Dennoch waren alle Menschen von Adam bis zu Mose ebenfalls dem Tod verfallen, auch wenn sie nicht wie Adam bewusst gegen Gottes Willen handelten. Adams Schuld hatte Folgen für alle Menschen.

Insofern ist er das genaue Gegenbild zu Christus, der uns erlöst hat.

Freilich lässt sich die Erlösung, die uns Christus geschenkt hat, nicht mit der Sünde Adams vergleichen. Denn durch die Sünde des einen wurde die gesamte Menschheit dem Tod ausgeliefert; durch Jesus Christus aber erfuhren wir in überreichem Maß Gottes Barmherzigkeit und Liebe. Man kann also die Erlösung durch Christus und die Sünde Adams nicht auf eine Stufe stellen. Gottes Urteilsspruch brachte wegen der einen Sünde Adams die Verdammnis; was Christus getan hat, brachte trotz unzähliger Sünden den Freispruch.

Hat aber der Ungehorsam eines einzigen Menschen zur Herrschaft des Todes geführt, um wie viel mehr werden dann alle, die Gottes überreiche Barmherzigkeit und seine Vergebung erfahren haben, durch Jesus Christus leben und einmal mit ihm herrschen.

Es steht also fest: Durch die Sünde *eines* Menschen sind alle Menschen in Tod und Verderben geraten. Aber durch die Erlösungstat *eines* Menschen sind alle mit Gott versöhnt und bekommen neues Leben. Oder anders gesagt: Durch Adams Ungehorsam wurden alle Menschen vor Gott schuldig; aber weil Jesus Christus gehorsam war, werden sie von Gott freigesprochen.

Das Gesetz aber kam später hinzu, um die Wirkung der Sünde zu vergrößern. Denn wo sich die ganze Macht der Sünde zeigte, da erwies sich auch Gottes Barmherzigkeit in ihrer ganzen Größe. Wo bisher die Sünde über alle Menschen herrschte und ihnen den Tod brachte, dort herrscht jetzt Gottes Gnade. Gott spricht uns von unserer Schuld frei und schenkt uns ewiges Leben durch Jesus Christus, unseren Herrn.« (Hoffnung für alle 2003)

Es ist offensichtlich, dass noch keinem Menschen die Rückkehr in den Garten Eden gelungen ist, obwohl das im Islam doch möglich sein müsste, wenn man nur hinreichend auf dem rechten Weg bliebe. Nein, unsere Lebenswirklichkeit bestätigt das, was Paulus im Römerbrief sagt, wenn er schreibt, dass die eine Sünde Adams das ganze Handeln und Denken der Menschen verderbt machte (Röm 5,12). Paulus ist Realist, wenn er zeigt, dass jede Faser jedes Menschen, der je geboren worden ist, von diesem zum Tod führenden sündigen Wesen bestimmt ist. Dieses Aufbegehren gegen Gott kann durch noch so viele gute Taten nicht aufgewogen werden. Dies ist die Achillesferse jedes Erlösungskonzepts, das darauf beruht, Böses mit Gutem aufzuwiegen. Selbst die kleinste Sünde ist ein solches Vergehen gegen Gott, dass er es nicht übergehen und trotzdem ein heiliger Gott bleiben kann. Es reicht nicht, Sünde zu ignorieren; sie muss ausgelöscht werden.

Niemand von uns kann aus eigener Kraft vor Gott gerecht dastehen. Was wir brauchen, um vor Gott bestehen zu können, ist seine Heiligkeit und ein Leben ohne Sünde, was wir von Natur aus nicht haben. Das Problem ist ein doppeltes: Es geht darum, Gottes Zorn zu stillen durch einen Menschen, der vollkommen gerecht und heilig ist – so unendlich heilig, dass er vor Gott bestehen kann und die unendliche Strafe für unsere Rebellion gegen Gott bezahlen kann.

Das schafft kein Mensch. Es brauchte einen Vermittler zwischen Gott und den Menschen. Die einzige Möglichkeit, der unendlichen Schuld eine unendliche Bezahlung gegenüberzustellen, war, dass jemand auf die Erde kam, der gleichzeitig Gott und Mensch war. Jesus, der Gottessohn, der ohne jede Sünde war, kam durch die Jungfrauengeburt als Mensch in die gefallene Welt. Er war der Erste seit Adam, der aus freien Stücken den Gehorsam zu Gott wählen und vollkommen gerecht bleiben konnte. Adam hätte die Möglichkeit gehabt, nicht zu sündigen, aber er entschied sich für die Sünde. Christus, der freiwillig auf seine göttlichen Vorrechte verzichtete und Mensch wurde (vgl. Phil 2,5-11), hatte die Möglichkeit, zu sündigen, aber er sündigte nicht. Der sündlose Christus, der ganz Mensch und ganz Gott war, brachte einen unendlichen Wert und vollkommene Heiligkeit vor den göttlichen Richterthron (Joh 1,29). Der Gegensatz könnte nicht größer sein: Adam wurde geboren, um in dem Garten Eden zu leben; Christus wurde Mensch, um auf einem kahlen Hügel vor den Toren Jerusalems zu sterben.

Man mag einwenden, dass es doch »unfair« sei, dass Adam die ganze Menschheit vertrat, so dass sein Sündenfall uns alle betrifft. Aber dann wäre es auch unfair, dass ein anderer, ein zweiter Adam, die Strafe für die Sünden der ganzen Menschheit zahlen sollte. Aber so wie durch einen Menschen die Sünde in die Welt kam, öffnete Gott durch einen anderen den Weg ins ewige Leben. Christus hat am Kreuz den Platz des Sünders eingenommen. Er hat uns dort nicht nur die Vergebung unserer Sünden erkauft. Christus hat es Gott nicht nur ermöglicht, uns zu begnadigen; er hat nicht nur den Schuldspruch über uns umgewandelt; nein, das Sühneopfer Christi am Kreuz hat den vollen Preis für unsere Sünde gezahlt, den ein gerechter und heiliger Gott verlangte. Am Kreuz nahm Jesus Christus den ganzen, unverdünnten Zorn Gottes des Vaters über die Sünde auf sich. Der gekreuzigte, begrabene und auferstandene Jesus Christus war und ist der Eine – das Lamm Gottes:

»Ich erinnere euch aber, liebe Brüder, an das Evangelium, das ich euch verkündigt habe, das ihr auch angenommen habt, in dem ihr auch fest steht, durch das ihr auch selig werdet, wenn ihr's festhaltet in der Gestalt, in der ich es euch verkündigt habe; es sei denn, dass ihr umsonst gläubig geworden wärt. Denn als Erstes habe ich euch weitergegeben, was ich auch empfangen habe: dass Christus gestorben ist für unsre Sünden nach der Schrift; und dass er begraben worden ist; und dass er auferstanden ist am dritten Tage nach der Schrift; und dass er gesehen worden ist von Kephas, danach von den Zwölfen. Danach ist er gesehen worden von mehr als fünfhundert Brüdern auf einmal, von denen die meisten noch heute leben, einige aber sind entschlafen. Danach ist er gesehen worden von Jakobus, danach von allen Aposteln. Zuletzt von allen ist er auch von mir als einer unzeitigen Geburt gesehen worden.« (1Kor 15,1-8)

Kapitel 3

Fragen über den Koran und die Bibel

Viele Christen haben Hemmungen, den Koran zu lesen. Wenn wir ihnen auf unseren Vorträgen Mut machen, sich ein Exemplar zu kaufen, machen manche ein bedenkliches Gesicht, gerade so, als ob wir sie zum Götzendienst aufforderten. Doch wir glauben, dass ein Christ, der mitreden möchte, den Koran lesen sollte – erst recht dann, wenn er seine muslimischen Freunde bittet, doch einmal die Bibel zu lesen. Wir brauchen keine Angst vor den anderen Religionen und ihren Schriften zu haben, und es ist wichtig, dass wir uns genau darüber informieren, was die Menschen glauben, damit wir sie verstehen und ihre Fragen beantworten können.

Ist der Koran perfekt überliefert?

Der Koran sieht sich selber als ein perfektes, ohne jeden Fehler bewahrtes Buch. Sure 15,9 erklärt: »Siehe, Wir sandten die Warnung herab, und siehe, Wir wollen sie hüten.« Die Muslime glauben, dass der Koran die letztgültige Offenbarungsquelle ist, während die Bibel von den Juden und Christen verfälscht worden sei. Der Koran ist das große Geschenk Allahs, das keine Irrtümer und Fehler enthält und seinesgleichen sucht. Allah hat ihn inspiriert, und Allah wird ihn unverfälscht bewahren.

Diese Behauptung hält einer Untersuchung des Korans und seiner Entstehung nicht stand. Erstens entspricht die Standardbehauptung, dass es nur eine Version des Korans gebe, nicht den Tatsachen. Der (arabische) heutige Text des Korans ist das Ergebnis einer Redaktionsarbeit, die unter dem dritten muslimischen Kalifen, Uthman (644–656), abgeschlossen wurde. Erst nach Mohammeds Tod war der Koran überhaupt zusammengestellt worden, auf Befehl seines Nachfolgers, Abu Bakr. Bald gab es in Medina, Mekka, Basra, Kufa, Damaskus und anderen Zentren unterschiedliche Versionen der Schriften Mohammeds, die zum Teil stark voneinander abwichen. In seinem monumentalen Werk *Materials for the History of the Text of the Qur'an* zeigt der Archäologe Arthur Jeffery, dass Uthman offenbar die Koranversion von Medina zur allein verbindlichen erklärte.[37] Alle anderen Versionen des Korans ließ Uthman vernichten; darum gibt es heute nur eine Version.

Selbst zu Mohammeds Lebzeiten war der Korantext nicht sicher vor Verfälschungen, wie die alte Kontroverse über die so genannten »Satanischen Verse« (Sure 53,21-23) zeigt. Ursprünglich hatte Mohammed hier öffentlich erklärt, dass die drei in Vers 19 und 20 erwähnten Göttinnen al-Lat, al-Uzza und Manat für die Muslime bei Allah Fürbitte einlegen könnten. Er hatte dies alsbald wieder zurückgezogen, als Einflüsterung des Satans, der diesen Text als heidnische Verfälschung in die Botschaft Allahs hineingeschmuggelt hatte. Allah hatte eingegriffen und die »Satanischen Verse« durch eine eigene Botschaft ersetzt (vgl. Sure 22,52-53).

Doch selbst wenn man davon ausginge, dass der Koran unverfälscht überliefert wurde, wäre damit noch nicht bewiesen, dass er tatsächlich das direkte Wort Gottes ist. Der zuverlässigste Test, ob eine heilige Schrift Gottes Wort ist, ist die Frage, ob sie erfüllte Prophetien enthält. In 5. Mose 18,22 lesen wir: »Wenn der Prophet redet in dem Namen des HERRN und es wird nichts

---

37 Siehe Arthur Jeffery (Hg.): Materials for the History of the Text of the Qur'an, Leiden 1937. Der volle Text dieses Werkes ist im Internet unter http://www.bible.ca/islam/library/Jeffery/Materials einzusehen. Eine kurze islamische Antwort auf Jefferys Arbeit durch Abu Ammaar Yasir Qadhi findet sich im Internet unter http://bismikaallahuma.org/Quran/Q_Studies/jeffery.htm.

daraus und es tritt nicht ein, dann ist das ein Wort, das der HERR nicht geredet hat. Der Prophet hat's aus Vermessenheit geredet; darum scheue dich nicht vor ihm.«

Die einzige erwähnenswerte Prophezeiung im Koran ist die Vorhersage eines Sieges der Byzantiner über die Perser in Sure 30,2-4, der »wenige Jahre« nach der (614 oder 615 erfolgten) Eroberung Jerusalems durch die Perser kommen sollte. Dies war ein leicht vorhersehbares Ereignis, das keinen zeitgenössischen Beobachter überraschte, und in der Tat im Jahre 625 stattfand. Man kann darüber streiten, ob man dies wirklich als erfüllte Prophezeiung betrachten soll oder eher als einen ziemlich wahrscheinlichen und zu erwartenden politischen Ablauf; dagegen enthält die Bibel eine große Zahl erfüllter Prophetien.

Während der Koran für den gläubigen Muslim vor jeder Verfälschung bewahrt worden ist, sind die Thora, die Psalmen und die Evangelien (*Indjil;* der Ausdruck steht auch für das ganze Neue Testament) angeblich verfälscht. Im Einzelnen ergibt sich folgendes Szenario: Allah inspirierte zunächst die Thora und die Psalmen. Diese Dokumente wurden von den Juden verfälscht. Darauf inspirierte Allah das Evangelium Jesu Christi, aber dieses wurde von den Christen verbogen. Zum Schluss konnte Allah seine wirklichen Worte im Koran niederlegen, der darauf vor jeder Verfälschung bewahrt wurde. Diese Theorie beinhaltet (sieht man einmal davon ab, dass die Untersuchung der biblischen Überlieferung keinerlei Veränderungen im Inhalt der Texte ergeben hat) zwei Probleme:

Erstens nimmt sie an, dass Gott nicht in der Lage ist, seine Botschaft vor Verfälschungen zu bewahren, so dass hier das Geschöpf mächtiger wird als der Schöpfer. Zweitens geht sie davon aus, dass es Allah gewissermaßen erst im dritten Anlauf (nach dem Alten und Neuen Testament) gelang, seine Botschaft endgültig zu den Menschen zu bringen – ein wackliges Fundament für eine Offenbarungslehre.

Was sagt der Koran über die Bibel?

Die meisten Muslime glauben, dass der Text der Bibel verfälscht und es daher nicht wert ist, dass man eine Bibel besitzt oder liest. Dabei sagte Mohammed etwas ganz anderes. In Sure 29,46 weist er die Gläubigen an, den Juden und Christen zu sagen: »Wir glauben an das, was zu uns herabgesandt ward und herabgesandt ward zu euch; und unser Gott und euer Gott ist ein einiger Gott, und Ihm sind wir ergeben.« Und in Sure 10,94 heißt es, an die Adresse der Juden und Christen gerichtet: »Und so du in Zweifel bist über das, was Wir zu dir hinabsandten, so frage diejenigen, welche die Schrift vor dir lasen. Wahrlich, gekommen ist zu dir die Wahrheit von deinem Herrn; drum sei keiner der Zweifler.«

Mohammed hielt den Koran also nicht für eine *neue* Offenbarung, sondern für die *endgültige* Offenbarung, die den vollkommenen Willen Allahs bestätigt. Der Koran ist geradezu ein Wächter über die früheren Schriften, die Mose und Jesus geoffenbart wurden. Sure 5,48 stellt fest: »Und Wir sandten hinab zu dir das Buch in Wahrheit, bestätigend, was ihm an Schriften vorausging, und es schützend.« Viele muslimische Ausleger glauben, dass dies bedeutet, dass die von Allah bewahrte ältere Offenbarung *im* Koran ist. Doch widerspricht diese Deutung der Aussage Mohammeds, der die Thora (die fünf Bücher Mose) und die Evangelien als »Wahrheit« bezeichnete.

Dies aber bedeutet, dass die jüdischen und christlichen heiligen Schriften vertrauenswürdig und verlässlich sein müssen – einschließlich dem, was in den vier Evangelien über Jesus steht. Mohammed weist Christen und Juden an, diejenigen zu fragen, »welche die Schrift *vor dir* lasen«, und behauptet sodann, dass die Offenbarung »Wahrheit von deinem Herrn« ist. In diesen beiden Aussagen liegt ein Prinzip: dass die Bibel, wie sie im 7. Jahrhundert vorlag, dem, der sie las, zuverlässige Auskunft über Gottes Botschaft gab. Es gibt keine halben Wahrheiten; entweder ist die Bibel ganz wahr und von Gott, oder sie ist falsch und bloße Menschenworte. Die zur Zeit Mohammeds gültige Bibel aber war die gleiche, die heute von Christen und von Juden (hier allerdings nur das Alte Testament) gelesen wird.

Die Bibel wird von den muslimischen Gelehrten unterschiedlich bewertet. Die einen sagen, dass sie verfälscht ist (*tahrif*), andere behaupten lediglich, dass sie falsch ausgelegt worden ist. Dass Mohammed die Muslime anweist, die Thora (*Taurat*), die Psalmen (*Zabur*) und die Evangelien (*Indjil*) zu achten und zu ehren (Sure 5,68-69), spricht eher für die zweite Position.

Bleibt natürlich die Frage: Wenn der Koran die Thora und die Evangelien bestätigt, warum widerspricht er diesen Büchern dann so häufig?

Schöpft der Koran in seinem Inhalt aus anderen Quellen?

Im Arabien Mohammeds gab es eine bunte religiöse Szene, die sich aus Christen, Juden und Heiden (Polytheisten) zusammensetzte. Es überrascht daher nicht, dass Mohammed gewisse Kenntnisse des Alten und Neuen Testaments hatte, des jüdischen Talmuds und verschiedener pseudoepigraphischer und apokrypher Schriften von Gnostikern und anderen, die sich mehr oder weniger lose dem Christentum zurechneten. William Saint Clair Tisdall hat in seinem Buch *The Sources of Islam* viele der von Mohammed benutzten Quellen identifiziert. Die zu dieser Zeit kursierenden Schriften, die zusätzlich zum Alten und Neuen Testament im Umlauf waren, dienten ebenso als Quellen für den Koran wie Teile aus dem Alten und Neuen Testament. Tisdall weist zum Beispiel darauf hin, dass die auf der arabischen Halbinsel lebenden Juden häufig weder Hebräisch konnten noch ihre eigenen heiligen Schriften kannten, sondern sich vor allem auf mündliche Überlieferungen stützten, die sie für heilig und autoritativ hielten. Teile dieser Überlieferung finden sich auch im Koran wieder.

Eine der berühmtesten von Mohammed im Koran erzählten Geschichten ist die Begegnung zwischen König Salomo und der Königin von Saba (Sure 27,17-44). Die Geschichte basiert auf dem *Targum*, einer Sammlung aramäischer, ursprünglich mündlich tradierter, später schriftlich fixierter zusätzlicher Geschichten und Auslegungen zum Alten Testament. Die Übereinstimmung zwischen dem Targum und der im Koran niedergeschriebenen Geschichte lässt klare Rückschlüsse auf die Quelle (Targum) zu.

Die Königin prüft Salomo, bis sie, von seiner Weisheit tief beeindruckt, ihn mit Geschenken überhäuft. Hier einige der Parallelen zwischen der Darstellung im Koran und der in einem fast tausend Jahre vorher niedergeschriebenen Targum:

1. Ein Vogel spricht zu Salomo, und der König versteht ihn.
2. Der Vogel berichtet Salomo von einer Frau, die über ein prächtiges Land herrscht.
3. Der König schickt der Frau über den Vogel einen Brief. Die Königin bekommt ihn und ist überrascht, dass Salomo ihr geschrieben hat.
4. Sie spricht ein Gebet (im Koran verändert).
5. Salomo befiehlt der Königin, sich zu unterwerfen, und mobilisiert eine Streitmacht aus Tieren, Vögeln, Geistern und Dämonen.
6. Die Königin schickt Salomo ein kostbares Geschenk.
7. Sie reist zu Salomo und besucht ihn in einem Gebäude, dessen Boden sie für Wasser hält. Sie schürzt ihre Kleider und enthüllt Salomo so ihre Beine.
8. Nach der Begegnung mit Salomo preist sie Gott.[38]

---

38 Jameel: »King Solomon and the Queen of Sheba: A Comparison Between Targum and Qur'an«, http://answering-islam.org/Quran/Sources/sheba.htm (20. Dezember 2002)

Auch christliche Schriften, die zusätzlich zum Neuen Testament entstanden und damit jeglicher Autorität entbehren, waren zu dieser Zeit bereits im Umlauf und allgemein bekannt. Mohammed vertraute diesen so genannten *apokryphen Evangelien* mehr als dem authentischen neutestamentlichen Kanon. Noch heute berufen sich muslimische Theologen auf diese Geschichten, die von der Kirche nicht akzeptiert, sondern als den echten Evangelien nicht entsprechend verworfen wurden. Die apokryphen Schriften wurden oft erst Jahrhunderte nach den Lebzeiten der Apostel geschrieben, um häretische theologische Lehren zu propagieren.

Noch eine weitere mögliche Quelle für Mohammeds Offenbarungen muss hier erwähnt werden. Mohammed selber hatte zunächst Angst, dass einige seiner Visionen möglicherweise von einem Dämonen und nicht von Gott kamen. Als die Visionen begannen, vertraute er seiner Frau Chadidja an, dass er nicht sicher sei, ob sie wirklich von Allah stammten oder nicht von einem bösen Geist oder Djinn. Der angesehene muslimische Mohammed-Biograf Haykal schreibt, dass Mohammed die Versicherung Chadidjas und ihrer Kusine Waraqah brauchte, um seine Zweifel zu überwinden.[39]

Ist die Bibel von Gott inspiriert?

Die Frage, ob die Bibel von Gott direkt inspiriert wurde, weist auf ein grundlegendes Verständnis für die Autorität der Bibel hin. Wenn Gott selbst Auftraggeber, Autor und Initiator dieser Schrift war, besteht selbstverständlich ein vollkommen anderer Anspruch an den Wahrheitsgehalt und die Verbindlichkeit dieses Buches.

Die islamische Theologie beschränkt den Anspruch der

---

39 M. H. Haykal: Life of Muhammad, Plainfield, Ind. 1976, S. 80

Inspiration der Bibel durch Gott lediglich auf die Thora (die fünf Bücher Mose), die Psalmen und die Evangelien, und auch nur auf die »ursprünglichen« (und später »verfälschten«) Versionen dieser Bücher. Doch es gibt in der Bibel selber zahlreiche Hinweise für die göttliche Inspiration der *ganzen* Bibel. Jesus hat klar gesagt, dass die Bibel autoritativ, ohne Fehler und Irrtümer und gänzlich von Gott eingegeben ist. Gott hat sich durch die Bibel hinreichend geoffenbart.

Jesus hat immer wieder aus der jüdischen Bibel (dem Alten Testament) zitiert und sich auf sie berufen. In seinem Handbuch über christliche Apologetik zeigt Norman Geisler unter anderem, wie Jesus den Versuchungen des Teufels mit Bibelworten begegnete (Mt 4,1-11). Für Jesus, so Geisler, war das Alte Testament unter anderem: ein Buch der Vollmacht Gottes (Mt 4,1-11), unvergänglich (Mt 5,17-18), vom Geist Gottes inspiriert (Mt 22,43), unumstößlich wahr (Joh 10,35), einzig gegründet auf Gott (Mt 15,3.6), über Menschengeboten stehend (Mt 15,1-9), unfehlbar (Mt 22,29; Joh 17,17), historisch (Mt 24,37-39 bestätigt z. B. die Sintflut) und wissenschaftlich exakt (z. B. die Erwähnung der Erschaffung von Mann und Frau in Mt 19,4-5).[40]

Mit seinen Zitaten aus der Thora, den Propheten und den Schriften (also allen drei Teilen des hebräischen Alten Testaments) erklärte Jesus das gesamte Alte Testament für autoritativ. Seine Worte in Johannes 14,26 können als Verheißung verstanden werden, dass auch das damals noch nicht existierende Neue Tes-tament vom Heiligen Geist inspiriert sein würde. Jesus sagt hier, dass der »Tröster«, der Heilige Geist, die Jünger »alles lehren« und »an alles erinnern« wird, was er ihnen gesagt hat. Die Inspi-ration des Neuen Testaments leugnen und den Heiligen Geist leugnen gehören also zusammen (vgl. die Ausführungen zum Heiligen Geist oben in Kap. 1). Die Jünger Jesu hielten sich

---

40 Norman L. Geisler: Baker Encyclopedia of Christian Apologetics, Grand Rapids, 1999

an diese Verheißung und betrachteten nicht nur das Alte Testament, sondern auch diejenigen ihrer eigenen Schriften, die später das Neue Testament bildeten, als Wort Gottes (2Petr 1,19-21); Petrus bezieht hier ausdrücklich auch die Schriften des Paulus mit ein (2Petr 3,15-16).

Das Wesen der Bibel ist mithin untrennbar mit dem Christi verbunden. Wer die Autorität der Bibel leugnet, muss auch die Autorität Christi leugnen. Wenn wir irgendetwas über die Lehren Christi wissen, dann das , dass er die Bibel unumstößlich als bindend und wahr anerkannte.

Warum gibt es so viele Bibelübersetzungen?

Die zahlreichen Übersetzungen des Alten und Neuen Testaments sind für manche islamischen Gelehrten ein sicheres Zeichen ihrer Verfälschung. Zwar wurde auch der Koran in zahlreiche Sprachen übersetzt, aber offiziell gelten diese Übersetzungen lediglich als Auslegungen des eigentlichen Textes, der nur auf Arabisch existiert, der Sprache, in der Mohammed ihn niederschrieb.

Die christlich-muslimische Debatte über das Wesen göttlicher Offenbarung ist alt. Kann ein Text noch Gottes Wort sein, wenn er zwar den gleichen Inhalt hat, aber nicht mehr die identische Formulierung und die gleiche Sprache, in der er ursprünglich fixiert wurde? Die Christen sagen, dass die von den biblischen Autoren niedergeschriebenen Gedanken und Begriffe Gottes Offenbarung ausmachen, und nicht der Vorgang des Niederschreibens selber. Aber die Grundfrage ist natürlich, ob wir sicher sein können, dass in den biblischen Texten Gott zu uns spricht, und ob das, was dort über ihn gesagt wird, wahr ist. Wer die Bibel und ihre Überlieferung unvoreingenommen studiert, wird keine Verfälschung ihrer Botschaft feststellen.

Wer die Existenz der vielen heutigen Übersetzungen als

Argument gegen die Wahrheit der Bibel benutzt, zäumt das Pferd von hinten auf. Die direkte göttliche Inspiration gilt natürlich nur für die Originalmanuskripte. An ihnen muss die Exaktheit jeder Übersetzung gemessen werden – und die Aufgabe eines Bibelübersetzers ist nicht einfach; es kann Schwerarbeit sein, eine über tausend Jahre vor Christus auf Hebräisch niedergeschriebene Aussage so ins moderne Deutsch zu übersetzen, dass der heutige Leser sie verstehen kann.

Aber ist das Argument mit den Originalmanuskripten nicht eine bloße Ausflucht, da wir doch die Originalschrifttafeln, -schriftrollen und -pergamente nicht mehr haben? Wir haben sie in der Tat nicht mehr, aber wir können bei den Tausenden alten Abschriften, die wir haben, alle noch so geringfügigen Abweichungen und Änderungen prüfen. Die ältesten Manuskripte des Neuen Testaments, die uns erhalten sind, sind nur wenige Jahrzehnte von den Originalen entfernt. Wir können auch den Wortgebrauch in diesen Texten mit dem in zeitgenössischen säkularen Texten vergleichen. Vor allem die Textüberlieferungsforschung des 20. Jahrhunderts hat uns gezeigt, dass wir sehr sicher sein können, dass die Worte, die wir im heutigen Neuen Testament lesen, tatsächlich dem entsprechen, was Jesus sagte oder Matthäus oder Johannes berichtet haben.

Es gibt mehrere Gründe dafür, dass es im Laufe der letzten hundert Jahre (vor allem in Sprachen wie dem Deutschen und Englischen) zu etlichen Neuübersetzungen der Bibel gekommen ist. So haben die Schriftrollen von Qumran und andere archäologische Entdeckungen unser Wissen über die Überlieferung der biblischen Schriften erheblich bereichert. Es stehen uns heute zum Teil ältere Manuskripte zur Verfügung als in vergangenen Jahrhunderten. Die Archäologen haben wertvolle Erkenntnisse über die den biblischen Berichten zugrunde liegende Geschichte, Kultur und Alltagswelt zutage gefördert, die ebenso zum Verständnis und zur Kontrolle der zu übersetzenden Texte herangezogen werden können.

Zudem sind Sprachen lebendige Gebilde, die sich ständig verändern. Die zum Teil starken Veränderungen unserer Sprachen im Laufe des 19. und 20. Jahrhunderts haben dazu geführt, dass alte Übersetzungen wie etwa die Lutherbibel oder die englische King-James-Version dem heutigen Leser oft nicht mehr hinreichend verständlich sind. Formulierungen, die im 17. oder 18. Jahrhundert zur Alltagssprache gehören, können heute missverständlich oder schlicht unverständlich sein. Der moderne Bibelübersetzer steht hier vor der Aufgabe – vor der ganz ähnlich bereits Martin Luther stand –, die Formulierungen des Urtextes so in die heutige Sprache und Kultur zu übersetzen, dass der Bibelleser des 20. bzw. 21. Jahrhunderts verstehen kann, was die Autoren vor 2000 Jahren oder noch früher meinten. Nicht alle modernen Übersetzungen sind gleich gut, und mögliche theologische Voreingenommenheiten der Übersetzer sind eine Gefahr, die es ständig im Auge zu behalten gilt.

Doch es gibt objektive Qualitätsstandards für Bibelübersetzungen. Erstens muss eine gute Übersetzung sich auf die ursprüngliche Bedeutung der Worte des Urtextes stützen. Der Übersetzer muss erforschen, was bestimmte hebräische Begriffe zur Zeit der Entstehung etwa der Mosebücher bedeuteten. Die meisten Christen werden wohl kaum Griechisch, Hebräisch oder Aramäisch lernen, um die Bibel im Urtext lesen zu können, aber sie können erwarten, dass Pastoren und Theologen zumindest Grundkenntnisse in diesen Sprachen haben und ihnen Informationen zur Qualität einer Übersetzung geben können.

Der heutige Bibelleser kann gewiss sein, dass eine gute Bibelübersetzung in jeder Hinsicht das Wort Gottes ist. In ihrem Buch *Wenn Skeptiker fragen* fassen Norman Geisler und Ronald Brooks die Gründe für diese Gewissheit wie folgt zusammen:

1. Von den ca. 10.000 Varianten zwischen den alten Manuskripten des Neuen Testaments sind die meisten Rechtschreibfehler, die nichts an der Bedeutung des Textes ändern.

2. Von den ca. 40 überhaupt echt abweichenden Lesarten ist keine einzige von Belang für die christliche Glaubenslehre. Der Text des Neuen Testaments liegt zu 100 % vor, von denen 99,5 % in Bezug auf die richtige Lesart eindeutig sind.

3. Selbst dann, wenn wir kein einziges altes Exemplar von der Bibel hätten, könnten wir fast das gesamte Neue Testament allein aus Zitaten bei den Kirchenvätern des 2. und 3. Jahrhunderts n.Chr. rekonstruieren.[41]

Die Bibel ist besser überliefert als jede andere religiöse Schrift, ja als jeder andere Text überhaupt, einschließlich des Korans. Während unter Uthman ganze Versionen des Korans verbrannt wurden, womit mögliche authentischere Versionen der Worte Mohammeds für immer verloren gingen, wurde die Bibel mit der größten Sorgfalt abgeschrieben.

Widerspricht die Bibel nicht sich selber?

Jesus hat die vollständige göttliche Inspiration der Bibel gelehrt. Er sagte: »Denn wahrlich, ich sage euch: Bis der Himmel und die Erde vergehen, soll auch nicht ein Jota oder ein Strichlein von dem Gesetz vergehen, bis alles geschehen ist« (Mt 5,18 Elbf.). Mit »Gesetz« meint Jesus hier die Thora, also die fünf Bücher Mose, aber der vorangehende Vers 17, der auch die »Propheten« erwähnt, zeigt, dass Jesus hier an das ganze Alte Testament denkt (»Das Gesetz und die Propheten« war ein gängiger Ausdruck für die ganze damalige Bibel). Die ganze Bibel ist von Gott gegeben und wird von ihm bewahrt.

Wer sagt, dass es Fehler in der Bibel gibt, der muss auch sagen, dass Jesus Fehler machte oder zumindest falsch informiert war –

---

41 Norman L. Geisler und Ronald M. Brooks: Wenn Skeptiker fragen, Dillenburg 1996, S. 212f

aber wie will er dann der Sohn Gottes gewesen sein? Dies ist sogar für die muslimischen Theologen nicht akzeptabel; der Koran ruft die Muslime auf, die Worte Jesu anzunehmen (Sure 4,171; 5,78).

Und doch versuchen viele Muslime, der Bibel Fehler und Widersprüche nachzuweisen. Zum Thema »Fehler in der Bibel« sind ganze Bücher geschrieben worden, und eine eingehende Diskussion dieses Themas würde den Rahmen dieses Buches sprengen. Meist handelt es sich bei den behaupteten Fehlern schlicht um Missverständnisse oder nicht stichhaltige Argumente, die man leicht entkräften kann.

Ein gutes Beispiel wurde in einer Diskussion in Birmingham (England) von dem bekannten muslimischen Apologeten Ahmed Deedat zur Sprache gebracht. Deedat störte sich an den beiden voneinander abweichenden Stammbäumen Jesu in Matthäus 1 und Lukas 3, die doch wohl unmöglich beide stimmen konnten.

Tatsache ist, dass sehr wohl beide Stammbäume stimmen, weil sie für ganz verschiedene Leser gedacht sind. Matthäus schrieb sein Evangelium für Judenchristen, Lukas für Heidenchristen, und Juden und Heiden hatten verschiedene Methoden, Stammbäume zu schreiben. In der jüdischen Kultur war die Abstammung durch ein kompliziertes System von Stämmen, Sippen und Familien festgelegt. Maßgebend war nicht der biologische, sondern der juristische Vater. Matthäus führt die Linie von Josef zurück ins babylonische Exil (wo die jüdischen Genealogien sich oft im Dunkeln verloren) und weiter zurück in die Königszeit und bis zu Abraham. In gutem jüdischem Stil erwähnt er dabei die Vorfahren, die seinen Lesern besonders vertraut waren, darunter mehrere Glaubensheldinnen des Alten Testaments. Er achtet sorgfältig auf die Zahl der Generationen in jedem Teil seiner Liste und nennt nicht sämtliche Personen, sondern nur die wichtigsten Stationen.

Die Heiden bzw. Griechen waren, so wie wir heute auch,

mehr an der *biologischen* Abstammung interessiert; Lukas schreibt denn auch, dass Jesus lediglich für einen (sprich: biologischen) Sohn Josefs *gehalten wurde* (Lk 3,23). Die biologische Abstammungslinie Jesu ist die Marias, und auch die führt zurück zur davidischen Monarchie. Da in den griechischen Stammbäumen Frauen nicht genannt wurden, erwähnt Lukas Maria nicht namentlich. Was die Zeit vor David betrifft, ist es Lukas ein Anliegen, die Verbundenheit Jesu mit der ganzen Menschheit aufzuzeigen, so dass er die Linie bis zu Adam und Gott zurückführt – gewissermaßen das ganz große Bild.

Was Deedat nicht sehen konnte oder wollte, war, dass der Stammbaum bei Matthäus notwendig ist, um Jesus den Juden als den Messias zu zeigen, während Lukas das Gleiche durch Marias Linie leistet, um Jesus vor den Heiden als den Retter zu legitimieren. Zusammen zeigen beide Stammbäume, wie sich in Jesus die Erwartungen der Propheten alle erfüllten. Sie dokumentieren damit die innere Einheit der Schrift und nicht einen Widerspruch.

Andere angebliche Ungereimtheiten verlangen tieferes Nachforschen. So glauben viele Muslime, einen inhaltlichen Widerspruch zu sehen, wenn sie den Römer- mit dem Jakobusbrief vergleichen. Predigt Paulus nicht die Erlösung allein durch den Glauben (z. B. Röm 3,28), während Jakobus die Rolle der Werke betont? (Jak 2,14-26)

Selbst manche Christen geraten hier ins Stolpern – weil sie sich nicht klar gemacht haben, was die unterschiedlichen Anliegen des Römerbriefs und des Jakobusbriefs sind. Der Widerspruch verschwindet nämlich, wenn wir sehen, dass Paulus und Jakobus über zwei verschiedene Aspekte des christlichen Glaubens schreiben und beide jeweils das, was der andere schreibt, als bekannt und wahr voraussetzen. Jakobus will seine Leser daran erinnern, dass ihr Glaube praktisch und lebendig sein muss, wenn ihr Zeugnis in der Welt glaubwürdig sein soll. Menschen, die innerlich neu geworden sind, ändern ihr

Verhalten und zeigen die Früchte des Geistes, die Paulus in Galater 5 beschreibt.

Paulus hat viel über den richtigen Lebenswandel eines Christen zu sagen, aber im Römerbrief gibt er eine systematische Einführung in das Wesen der Erlösung. Die Empfänger des Römerbriefs waren durch Christen von der gesetzlichen Sorte verunsichert, die Erlösung von Ritualen und den »richtigen« Frömmigkeitsakten abhängig machten. Paulus erklärt ihnen die theologische und ewige Realität der Erlösung. Jakobus dagegen geht es um die *Zeichen* im Leben eines Menschen, dass seine Erlösung echt ist; er will sicherstellen, dass seine Leser nicht der Heuchelei und einem bloßen Fassadenchristentum anheim fallen.

Paulus beschreibt im Römerbrief den grundsätzlichen Gnadenstand des Gläubigen, der auf dem vollendeten Erlösungswerk Christi am Kreuz beruht, während es Jakobus um das Alltagsleben des Christen geht. Paulus thematisiert die Rechtfertigung, Jakobus die Heiligung. Wir werden nicht *durch* unsere guten Werke erlöst, aber wir werden *zu* guten Werken erlöst (Eph 2,8-10).

Wir Christen sollten auf jede Kritik an der Bibel mit einer Einstellung des Glaubens und der Demut reagieren. Gott ist unser Vater, wir sind seine Kinder. Kein Christ hat alle Antworten, und jeder von uns kann ins Schwimmen geraten, weil er ein bestimmtes Detail nicht weiß. Wir sollten auch nicht hochmütig reagieren, wenn jemand eine Frage stellt, die uns dumm erscheint. Was wir als Christen wissen, haben wir uns nicht selber erarbeitet, sondern wir haben es von Gott bekommen, der sich in seinem Wort und Geist geoffenbart hat, damit wir ihm die Ehre geben, ihm vertrauen und den Wunsch bekommen, immer mehr über ihn zu erfahren. Letztlich helfen uns die Fragen der Skeptiker, ganz abhängig von Gott zu bleiben.

Gibt es nicht äußere Indizien für die Fehlerhaftigkeit der Bibel?

Die innere Geschlossenheit und Widerspruchsfreiheit der Bibel ist beeindruckend. Doch viele Kritiker versuchen, die Autorität der Bibel von außen anzugreifen. Ihre Argumente fallen in drei Kategorien:
- dass die Texte der Bibel nichts mit der tatsächlichen Historie zu tun haben
- dass sie Prophezeiungen macht, die bloße Phantasie sind
- dass sie schlicht überholt ist.[42]

Erstens: Die Historizität der Bibel untersuchen wir, wenn wir ihre Aussagen mit denen anderer Texte sowie mit archäologischen Funden etc. vergleichen. Noch vor hundert Jahren waren manche Archäologen davon überzeugt, dass die Ergebnisse ihrer Forschungen die Bibel bald als Märchenbuch entlarven würden. Heute sind selbst Archäologen, die keine Christen sind, ein gutes Stück zurückhaltender, denn keine andere Disziplin bestätigt die Angaben der Bibel so häufig wie die Archäologie. An über 25.000 Grabungsstätten wurden bisher keine Funde gemacht, die die Bibel nicht bestätigt hätten. Wo es anders aussah, zeigte sich in der Folge immer, dass nicht die Bibel, sondern der Forscher sich geirrt hatte.

Wie oben schon erwähnt, ist die Bibel das am meisten abgeschriebene und am besten überlieferte Buch der Antike, aber kein Gelehrter hat je eine einzige biblische Lehre gefunden, die aufgrund eines Abschreibfehlers oder einer abweichenden Lesart nicht mehr gültig wäre oder umformuliert werden müsste.

Zweitens: Erfüllte Prophetie ist ein äußerst wichtiges Indiz für die Beurteilung heiliger Schriften jeder Art. Der biblische Stan-

---

42 Norman L. Geisler und William E. Nix: From God to Us: How We Got Our Bible, Chicago 1974, S. 57-61

dard ist hier sehr strikt: hundertprozentige Erfüllung der Prophetie musste erwartet werden können (vgl. 5. Mose 18,22); weniger konnte einen Propheten im alten Israel das Leben kosten. Die Bibel enthält hunderte prophetischer Vorhersagen; viele von ihnen sind sehr detailliert und beziehen sich auf Ereignisse, die erst Jahrhunderte später eintrafen. Ihre Genauigkeit ist so hoch, dass Skeptiker ihr Heil darin gesucht haben, die Prophezeiungen kurzerhand auf eine Zeit zu datieren, die erst nach den vorhergesagten Ereignissen lag.

Dutzende dieser Prophetien über die Inkarnation des kommenden göttlichen Messias sind vollständig von Jesus erfüllt worden. Einige Beispiele:

1. Die Jungfrauengeburt (Jes 7,14), vorhergesagt in der zweiten Hälfte des 8. Jahrhunderts v.Chr.; vgl. Mt 1,23.
2. Die Flucht nach Ägypten (Hos 11,1, ca. 755 v.Chr.); vgl. Mt 2,14-15.
3. Jesus ist Gottes Sohn (Ps 2,7, nicht später als 450 v.Chr.); vgl. Mt 3,17.
4. Jesus wurde für sein Volk geopfert (Jes 53,12, ca. 700 v.Chr.); vgl. Mk 15,27-28.
5. Jesu Hände und Füße werden während der Kreuzigung durchbohrt (Sach 12,10, ca. 520 v.Chr.); vgl. Joh 19,37 (vgl. auch die Prophezeiung in Jes 53,5).

Drittens: Die Bibel hat den Test der Zeit bestanden. Geisler und Nix stellen in ihrer Studie fest: »Es gab eine Zeit, wo Kritiker der Bibel sie zum großen Teil als mythologisch betrachteten; die Archäologie hat gezeigt, dass sie historische Tatsachen berichtet. Ihre Lehren galten als primitiv; heute fordern Ethiker dazu auf, ihre Lehre der Liebe auf die moderne Gesellschaft anzuwenden. Skeptiker haben ihre Authentizität bezweifelt; heute sind mehr Menschen von ihrer Wahrheit überzeugt als je zuvor.«[43]

---

43 a. a. O., S. 60

Die Bibel ist immer wieder auf Herz und Nieren geprüft worden, doch das Ergebnis war stets das gleiche: Sie ist echt, sie ist wahr, sie ist vertrauenswürdig.

Muss die Bibel nicht fehlbar sein, da sie doch von fehlbaren Menschen verfasst wurde?

In der islamischen Offenbarungslehre hat ein Prophet ohne jede Sünde zu sein. Er muss das perfekte Beispiel an Integrität und Weisheit sein, will er, dass seine Botschaft angenommen wird. Die christliche Offenbarungslehre ist anders. Sie weiß, dass alle Menschen, selbst die von Gott eingesetzten Propheten, Sünder sind. Die Heiligkeit einer heiligen Schrift hängt nicht von ihrem Übermittler ab, sondern von ihrer Quelle – Gott selber. Ein allmächtiger Gott kann auch das schwächste Werkzeug richtig leiten. Und gerade die Tatsache, dass wir Sünder sind, erfordert als Maßstab und Korrektur ein perfektes Gotteswort.

Wer das Christentum verstehen will, muss sich über Folgendes im Klaren sein: So wie Christus Gottes Fleisch gewordenes Wort ist, ist die Bibel sein Schrift gewordenes Wort. So wie Jesus nicht fehlbar wurde, nur weil er Menschengestalt annahm, wird die Bibel nicht dadurch fehlbar, dass Gott sie durch gewöhnliche Menschen niederschreiben ließ.

C. S. Lewis schreibt: »Dieselbe göttliche Demut, die Gott einen Säugling an der Brust einer armen Frau vom Lande werden ließ und später einen verhafteten Wanderprediger in den Händen der römischen Polizei, verfügte auch, dass er in einer schlichten, prosaischen, nicht literarischen Sprache gepredigt werden sollte. Wenn wir das Erste verdauen können, können wir auch das Zweite verdauen.«[44] Das Argument, dass die Menschlichkeit, ja die Sünde eines Menschen es Gott unmöglich macht,

---

44 Zitiert in Clark Pinnock: Biblical Revelation, Chicago 1970, S. 175-176

ihn als sein Werkzeug zu gebrauchen, stimmt einfach nicht. Die Propheten waren Menschen, die offen, ehrlich und bußfertig waren. Sie suchten das Gute nicht bei sich selbst, sondern bei Gott. Wenn wir sündlos sein müssten, damit Gott mit uns arbeiten kann, müsste er alles alleine tun.

Stehen in der Bibel nicht Geschichten, die einfach nicht stimmen können?

Wer die Bibel zum ersten Mal liest, wird womöglich manche Geschichten in ihr absurd finden. So spricht im Alten Testament ein Esel (4Mo 22,28-30), Gott verlängert kurzerhand einen Tag (Jos 10,12-15), Simson erschlägt mit dem Kieferknochen eines Esels tausend Männer (Ri 15,15). Und im Neuen Testament stolpern manche Leser über die Stelle, wo beim Tod Christi sich die Gräber öffnen und längst verstorbene Gläubige des Alten Testaments durch die Stadt gehen (Mt 27,52-53).

Zu argumentieren, dass die Erdrotation unmöglich für fast 24 Stunden angehalten werden kann (vgl. Jos 10,12-15), heißt davon auszugehen, dass Gott nicht der Herr über seine eigene Schöpfung ist. Die Skeptiker behaupten, dass ein Anhalten der Erdrotation katastrophale Auswirkungen gehabt hätte. Der biblische Bericht erklärt uns nicht das »Wie«, er bezeugt nur, dass dieser eine Tag verlängert wurde; vielleicht war dies auch ohne ein Stoppen der Erdrotation möglich, zum Beispiel durch eine Änderung der Lage der Pole oder ein Phänomen der Lichtbrechung. W. A. Criswell verteidigt die Historizität dieses Berichtes: »Interessanterweise gibt es in außerbiblischen Quellen Hinweise auf ein ganz ähnliches Phänomen. Der große griechische Geschichtsschreiber Herodot berichtet, dass die ägyptischen Priester ihm Aufzeichnungen über einen besonders langen Tag zeigten, und die chinesische Geschichtsschreibung erwähnt einen solchen Tag während der Regierungszeit eines alten Kaisers. [...]

Es gibt keinerlei triftige Beweise dafür, dass es in der Welt-geschichte kein solches Ereignis gegeben hat.«[45]

Die Geschichte von dem extralangen Tag ist sicher unge-wöhnlich; unmöglich für einen allmächtigen Gott ist sie nicht.

Aber die größte Zumutung für einen Muslimen ist die Kreu-zigung und Auferstehung Jesu. Die Christen sehen darin das größte Eingreifen Gottes in der ganzen Geschichte der Mensch-heit, und wenn Gott seinen Sohn von den Toten auferwecken kann, dann ist es nur plausibel, dass er diese Tat durch die Öff-nung der Gräber anderer verstorbener Heiliger ankündigen ließ. Ein Muslim kann sich nicht recht vorstellen, dass Gott so am Leben der Menschen teilnimmt, dass er Wunder unter ihnen tut. Mohammed hat kein einziges Wunder getan. Die islamische Theologie wird nicht müde, die absolute Transzendenz und Unnahbarkeit Allahs zu betonen. Er ist der ganz »Andere«, mei-lenweit entfernt von seiner Schöpfung und den Menschen. Die Christen dagegen sind daran gewöhnt, dass Gottes Wirken bei-des ist: übernatürlich und persönlich, souverän und ganz nahe, und in der Inkarnation erreicht diese Nähe ihren Höhepunkt.

Ist Offenbaren (rasul/wahy) dasselbe wie Diktieren?

Die islamische Theologie glaubt, dass Allah allein und ganz direkt für die Offenbarung des Korans verantwortlich ist. Sure 10,37 erklärt: »Und dieser Koran konnte nicht ohne Allah erson-nen werden.« Allah hat Mohammed seine Botschaft durch den Engel der Offenbarung, Gabriel, buchstäblich diktiert. Für den Muslim gibt es keine menschliche Beteiligung an der Offenba-rung, außer der Fähigkeit, das Diktierte aufzuschreiben (Sure 39,1-2). Dies erklärt, warum ein Großteil des Korans in der ersten Person geschrieben ist, gleichsam direkt mit der Stimme

---

45 W. A. Criswell: Why I Preach That the Bible Is Literally True, Nashville 1995, S. 79

Allahs. Für die muslimischen Theologen ist diese Verbalinspiration durch Allah der Garant der Göttlichkeit des Korans.

Die christliche Inspirationslehre sieht anders aus. Die Christen glauben, dass Gottes Offenbarung *durch* Menschen gekommen ist, die »getrieben von dem Heiligen Geist« (2Petr 1,21) schrieben, und dass das, was sie schrieben, mit von ihrer Persönlichkeit geprägt war, ohne deswegen irgendwelche »Privatmeinungen« zu enthalten. Dichter schrieben Dichtung, Geschichtsschreiber Chroniken, und manchmal schrieb ein Prophet eine Vision im Detail nieder. Die Bibel ist nicht deswegen ohne Fehler, weil sie diktiert worden wäre, sondern weil ihre Verfasser mit ihrer je eigenen Biografie, ihren Interessen und ihrem Stil vom Heiligen Geist geleitet worden waren.

Gelegentlich kam es auch vor, dass prophetische Autoren Worte Gottes buchstäblich wiedergaben. Ein klassisches Beispiel ist die Aufzeichnung der Zehn Gebote durch Mose. Es gibt auch prophetische Passagen und Visionen, in denen Gott in der ersten Person spricht (vgl. die Einleitung »So spricht der Herr [...]«). Doch der größte Teil der biblischen Schriften ist durch den »Filter« der menschlichen Persönlichkeit und Erfahrung gelaufen.

Ist damit aber nicht die islamische Inspirationslehre stärker als die christliche? Nein, sie ist nicht stärker, aber sie ist auch nicht gleich. Um Missverständnisse zu vermeiden, sollten Muslime und Christen sich stets vergegenwärtigen, dass sie ähnlichen theologischen Ausdrücken unterschiedliche Bedeutungen beilegen.

Die islamische Verbalinspirationslehre schafft gewisse Probleme. Am Beispiel der »Satanischen Verse« (s. o. S. 78) haben wir bereits gesehen, wie Mohammed den Inhalt einer Offenbarung veränderte. Dazu kommt das allgemeine Problem, dass die angeblich direkt von Allah kommenden Offenbarungen nun einmal das Werkzeug Mohammed benutzten. Die islamische Theologie ist sich dieser Schwierigkeit bewusst; daher ihr Beharren darauf, dass Mohammed sündlos war (s. o. S. 94).

Doch selbst ein vollkommen heiliger Mensch wäre immer noch ein Mensch und damit fähig, Fehler zu machen – zum Beispiel bei der Niederschrift einer Offenbarung. Und die absolute Transzendenz Allahs bedeutet, dass die Offenbarungskette sogar noch um ein Glied verlängert wird, nämlich durch den Engel Gabriel, und wohl niemand wird behaupten, dass Engel, die ja nicht göttlich sind, unfehlbar sind. Alles in allem hängt die Frage der Wahrheit einer Offenbarung oder heiligen Schrift aber nicht von dem menschlichen Element ab, sondern von der Allmacht Gottes, der sehr wohl in der Lage ist, den Menschen durch sein geoffenbartes Wort die Wahrheit zu bringen. Eine absolute Transzendenz erschwert allerdings diese vollkommene Kontrolle über die Vermittlung des Gotteswortes.

Wenn der Koran wirklich unfehlbar wäre, dann nur, weil Allah in seiner Allmacht dafür gesorgt hat. Genau das Gleiche gilt für Gottes Bewahrung der Wahrheit in der Bibel. Es geht nicht um ein wörtliches Diktieren, sondern um die rechte Erkenntnis. (1Joh 3,24-4,6)[46]

---

46 Es gibt in der Bibel vor allem zwei Stellen, wo Gott seine Botschaft den Gläubigen wörtlich diktierte: 2. Mose 20 (die Zehn Gebote) und Jeremia 36.

Kapitel 4

Fragen zum Alten Testament

Bereits eine flüchtige Lektüre des Korans fördert viele Ähnlichkeiten mit dem Alten Testament zutage, aber auch viele Änderungen der biblischen Darstellungen (die von Muslimen als Korrekturen angeblicher jüdischer Verfälschungen des ursprünglichen Alten Testaments verteidigt werden). Das Alte Testament spielte eine große Rolle bei der Entstehung des Korans, und dies ist ein Punkt, an dem der christlich-islamische Dialog anknüpfen kann.

Hat der Islam einen Schöpfungsbericht?

Eine ausführliche Darstellung der Schöpfung wie in 1. Mose 1-2 sucht man im Koran vergebens. Dafür gibt es über den Koran verstreute allgemeinere Anmerkungen über die Weisheit und das Wirken Allahs in Bezug auf seine Geschöpfe. Es lassen sich jedoch punktuelle Ähnlichkeiten zur Bibel ausmachen. So sind auch im Koran Himmel und Erde in sechs Tagen erschaffen worden (Sure 7,54; 50,38). Gott erschafft und erhält das All (Sure 59,24). Der Mensch hat einen Ehrenplatz in der Schöpfung über den übrigen Geschöpfen (Sure 95,4). Und als Adam und Eva im Garten sündigen, erkennen sie anschließend ihre Nacktheit (Sure 7,27).

Doch es gibt auch gravierende Unterschiede zum biblischen Bericht.

Erstens können, da der Koran das Thema der sechs Schöpfungstage nicht weiter ausführt, viele Muslime ihren Glauben ohne weiteres mit der Evolutionslehre vereinbaren. Sie argumentieren, dass der Koran nicht wörtlich von sechs Tagen spricht, da bei Allah ein Tag wie tausend Jahre ist (Sure 22,47). Während im biblischen Schöpfungsbericht die Reihenfolge der Schöpfungsschritte (z. B. die Erde vor der Sonne) die Evolutionstheorie eigentlich ausschließt, lassen die wagen Äußerungen des Korans mehr Raum für die Annahme herrschender wissenschaftlicher Theorien.

Zweitens: Da die Muslime die Göttlichkeit Christi verneinen, leugnen sie auch seine Teilnahme an der Schöpfung (Joh 1,3; Hebr 1,2). Sure 3,59 behauptet: »Siehe, Jesus ist vor Allah gleich Adam; Er [Allah] erschuf ihn aus Erde, alsdann sprach Er zu ihm: ›Sei!‹, und er ward.« Jesus wird auf eine Ebene mit Adam gesetzt, der ebenfalls als Prophet gilt.

Die Folgen des Sündenfalls sind im Koran anders als in der Bibel. Der Koran erklärt, dass Adam wegen seiner Sünde aus dem Paradies hinaus und auf die Erde musste (Sure 7,24). Während in der Bibel die Plage der Arbeit eine Folge der Sünde ist, ist nach dem Koran der Mensch von Anfang an zur Plage geschaffen (Sure 90,4). Und während in der christlichen Theologie der Tod eine Folge der Sünde ist (Röm 6,23), ist er im Islam etwas ganz Natürliches, von Allah von Anfang an Gewolltes (Sure 32,7-11).[47]

Kennt der Islam den Sündenfall und die Erbsünde?

Im Koran ist, ähnlich wie in der Bibel, Adam der erste erschaffene Mensch und somit der Stammvater aller Menschen (vgl. Sure 7,27: »O Kinder Adams [...]«). Eva wird im Koran nicht namentlich erwähnt, während 1. Mose 2,18-25 nicht nur ihre Erschaf-

---

47 Weitere Einzelheiten bei David Catchpole: »The Koran vs. Genesis«, in: Creation 24.2, März–Mai 2002, S. 46–51

fung ausführlich beschreibt, sondern auch ihre Bestimmung als vollkommene Gefährtin Adams. Auch der Glaube, dass der Mensch zu Gottes Bild erschaffen worden ist (1Mo 1,26-27), findet sich im Koran nicht, ja er ist dem frommen Muslim sogar gotteslästerlich; es darf kein wie immer geartetes Gleichsein mit Allah geben, auch nicht als Bild. Der Allah des Islam thront in unerreichbarer Ferne über seiner Schöpfung; der Gott der Bibel ist ihr ganz nahe.

Der Schlüsseltext zum Sündenfall Adams findet sich im Koran in Sure 2,35-39, wo es unter anderem heißt:

»Und Wir sprachen: ›O Adam, bewohne du und dein Weib den Garten und esset von ihm in Hülle und Fülle, wo immer ihr wollt; aber nahet nicht jenem Baume, sonst seid ihr Ungerechte.‹ Aber der Satan ließ sie aus ihm [dem Garten] straucheln und vertrieb sie aus der Stätte, in der sie weilten.«

Wir erkennen den Garten, den Baum, den Sündenfall und den Versucher wieder, aber es gibt auch wesentliche Unterschiede zum biblischen Bericht.

Erstens wird der Teufel hier nicht als Schlange dargestellt. Viele Muslime können es nicht glauben, dass Gott etwas erschaffen könnte, das zu solch Bösem fähig ist. Diese Reaktion ist verständlich, aber wir brauchen Gott hier nicht »in Schutz zu nehmen«.

Wir können dem Muslim beistimmen, dass das Böse nicht zu Gottes guter Schöpfung gehört. Aus irgendeinem Grund benutzte der Teufel die Gestalt der Schlange, um die Menschen zu betrügen, worauf Gott (1Mo 3,14) diese Gestalt verfluchte, als sichtbare Warnung vor dem Bösen der Sünde. Die Schlange an sich war nicht böse; Gott hat alles gut erschaffen und ist für das Böse nicht verantwortlich. Wollte man ihm die Erschaffung der Schlange vorwerfen, müsste man ihm auch vorwerfen, dass er Adam erschuf, der doch die Fähigkeit zum Sündigen hatte. Oder den Satan, der als heiliger Engel erschaffen worden war, sich dann aber gegen Gott auflehnte.

Ein weiterer Unterschied zwischen Koran und Bibel stellt die Reaktion Adams und Evas auf ihre Sünde dar. In der Bibel schiebt Adam Eva die Schuld an dem Sündenfall zu, woraufhin Eva die Schlange verantwortlich macht (1Mo 3,12-13).

Im Koran fehlt dieses Verschiebespiel, stattdessen sagt das reuige Menschenpaar: »Unser Herr, wir haben wider uns selber gesündigt« (Sure 7,23). Die Muslime halten dies für die edlere Version; Adam und Eva beugen sich unter ihre Sünde, anstatt sich die Schuld zuzuschieben. Aber die Darstellung der Bibel ist realistischer, indem sie zeigt, wie Sünde auf eine Beziehung wirkt. Dieser Realismus durchzieht die ganze Bibel. Wenn, wie Kritiker der Bibel dies manchmal monieren, die biblischen Gestalten Fehler und Sünden haben, dann nicht, um diese Sünden zu entschuldigen, sondern damit wir die ganze Wahrheit erfahren.

Aber den größten Unterschied zwischen den beiden Sündenfall-Erzählungen bilden die Folgen des Sündenfalls. In der Bibel sind sie für alle Beteiligten furchtbar. Die Schlange muss künftig auf dem Boden kriechen – nicht als Strafe für das Tier, sondern als Anschauungsunterricht für den Menschen, um ihn an die Schlange Satan zu erinnern. Der Satan selber erfährt, dass ein künftiger Heiland, ein Nachkomme der Frau, ihn vernichten werde. Eva und ihre Töchter werden durch die Schmerzen der Geburt an ihren Verlust erinnert werden, und Adams Söhne werden sich ihr Brot im Schweiße ihres Angesichts verdienen müssen. Und weil die Menschen sich als Rebellen gegen Gott erwiesen haben, werden sie aus seiner Gegenwart ausgeschlossen. Dies ist der innere Tod, und der körperliche wird folgen, für sie und alle künftigen Generationen.

Im Koran finden wir diese dramatischen Folgen nicht. Allah verflucht das erste Menschenpaar nicht so wie in der Bibel, wohl wegen seiner Reue. Der Koran geht ferner davon aus, dass der

Tod schon *vor* dem Sündenfall zum natürlichen Lauf der Dinge gehörte. Nicht die Menschen insgesamt sind gefallen, sondern nur Adam und Eva, und ihre Nachkommen haben die freie Wahl zwischen Gut und Böse.

Wird jeder Mensch sündig geboren?

Das christliche Erlösungsverständnis macht nur dann Sinn, wenn jeder einzelne Mensch von Geburt an Adams gefallenes, geistlich totes Wesen in sich trägt. Adams Fall hatte Folgen für alle Menschen. Paulus schreibt:

> »Deshalb, wie durch einen Menschen die Sünde in die Welt gekommen ist und der Tod durch die Sünde, so ist der Tod zu allen Menschen durchgedrungen, weil sie alle gesündigt haben« (Röm 5,12).

Das Herz des Menschen ist unheilbar krank (Jer 17,9) und unfähig, Gott zu gefallen und in den Himmel zu kommen (Röm 3, 10-23; 6,23). Jesu Tod am Kreuz war nötig, um den Preis zu zahlen, den wir Menschen selber nicht zahlen können, denn von Natur aus sind wir »tot« in unseren Sünden (Eph 2,1). Jesus starb nicht, um böse Menschen gut zu machen, sondern um Tote lebendig zu machen. Er ist der zweite Adam, der den Schaden, der durch den Fall des ersten Adam gekommen ist, wieder gutmacht.

Die Muslime dagegen glauben, dass alle Menschen rein und sündlos geboren werden und nach und nach durch ihre persönlichen Entscheidungen ihr ewiges Schicksal selber bestimmen. Allah wird einst die Taten jedes Menschen auf die Waage des Gerichtes legen und sehen, ob die »gute« oder die »böse« Waagschale schwerer ist. Erlösung beruht im Islam nicht allein auf Glauben, sondern auf einer Kombination zwischen Glauben und guten Werken. Der Mensch ist so beschaffen, dass er sich den Himmel durch seine eigenen Anstrengungen (wenn auch immer unter Mithilfe der Gnade Allahs) verdienen kann. Es gibt keine Erbsünde, Sündigen ist ein freiwilliger Akt, für den der Einzelne persönlich verantwortlich ist.

Für den Muslim bedeutet Erbsünde, dass Allah selber durch seine Schöpfung sündigt. Allah hat nicht nur bei der Erschaffung der Welt geschaffen, der Schöpfungsprozess geht weiter; die Auferstehung ist eine Wiederholung der Schöpfung (Sure 10,4). Wenn Allah aber etwas Sündiges erschafft, ist sein Bild beschmutzt.

Für den Muslim sind Schöpfung und Erlösung ein Prozess; für den Christen sind sie vollendet – in Jesus Christus, dem Anfänger und Vollender der Erlösung und des wahren Glaubens.

Ruft das Alte Testament dazu auf, Ungläubige zu töten?

Einige Bibelkritiker versuchen, den islamischen *Djihad* (Heiligen Krieg) mit den Kriegen zu vergleichen, die von Gott im Alten Testament befohlen wurden. Tatsache ist, dass Gott bei der Eroberung Kanaans und auch noch später befahl, ganze Völker auszulöschen (z. B. Jos 6,15-21; 1Sam 15,2-3). Der Christ, der pauschal behauptet, dass ein Gott der Liebe niemanden tötet, kennt seine Bibel nicht und geht naiv davon aus, dass etwa die Amalekiter (1Sam 15) ein solches Gericht nicht verdient hatten. Aber diese Völker waren so verdorben, dass »das Land seine Bewohner ausspie« (3Mo 18,25). Gott hat das Recht, seine Schöpfung zu richten. Er hat das Leben geschaffen und hat auch das Recht, es wieder zu nehmen (Hiob 1,21). Derselbe Gott, der das Leben der einzelnen Menschen beendet, kann auch das eines ganzen Volkes beenden. Letztlich geht es darum, wer der Herr über Leben und Tod ist.

Der erste Unterschied zum islamischen Djihad ist, dass das Alte Testament die Auslöschung von Völkern als individuelle Gerichtsakte Gottes in einer bestimmten, heute nicht mehr gegebenen historischen Situation *beschreibt,* sie aber nicht für heute *anordnet.* Der Djihad des Korans dagegen ist nicht nur ein historisches Phänomen, sondern eine Realität hier und jetzt (Sure 4,101).

Zweitens waren die im Alten Testament ohne Gnade behandelten Feinde böse wegen ihrer Taten, nicht wegen ihrer Religion. Im Koran dagegen wird der Feind rein religiös definiert (Sure 5,51; 9,29).

Drittens sind in der Bibel die Verhältnisse mit dem Neuen Testament anders geworden; Christen sind aufgerufen, die religiöse Freiheit der anderen zu respektieren (Mt 13,24-30). Der Einzige, der das Recht hat, jemanden geistlich zu verurteilen, ist Gott selber. Koran und Hadith dagegen rufen die Gläubigen zum Gericht über die Ungläubigen (*kafir*) auf. Im Hadith heißt es (9,57): »Wenn ein Muslim seine islamische Religion verlässt, töte ihn.«

Aber zeigen nicht die Kreuzzüge, dass die Christen noch tausend Jahre nach Christus ihre Feinde fleißig töteten? Dies ist leider wahr – aber nicht, weil diese Christen ihrer Bibel folgten, sondern weil sie weltliche Macht mit religiösem Anspruch gleichsetzten. Es gab Päpste, die christlichen Kriegern den Himmel versprachen, wenn sie im Kampf gegen die Ungläubigen starben. Dergleichen lässt sich mit nichts aus der Bibel begründen – wohl aber mit dem Koran und Hadith. Praktisch handelte es sich um eine Verwischung der Grenzen zwischen der weltlichen Obrigkeit, die von Gott ausdrücklich das »Schwert« zugesprochen bekommt (Röm 13,1-4), und der geistlichen, die das »Schwert des Geistes« für den geistlichen Kampf hat (Eph 6,17). Der Islam kennt diese Trennung zwischen weltlicher und religiöser Autorität nicht.

Waren Adam, Noah, Abraham und Mose nicht Propheten des Islam?

Der Islam glaubt, dass Allah jedem Volk einen Propheten gesandt hat, um es vor dem Gericht zu warnen und auf den rechten Weg zu ihm zu bringen. Es überrascht daher nicht, dass es Zehntausende muslimischer Propheten geben soll, von denen im Koran jedoch nur 25 namentlich erwähnt sind. Besondere Verehrung als Propheten genießen Adam (Allahs Erwählter), Noah (Allahs Prediger), Abraham (Allahs Freund), Mose (der mit Allah redete), Jesus (das Wort Allahs) und Mohammed (der Gesandte Allahs). Der allererste Prophet war der von Allah aus Ton geformte Adam, den Allah so in Ehren hielt, dass er den Engeln befahl, vor ihm niederzufallen (Sure 2,34).

Diese Propheten sind Männer, die über die Maßen untadelig, ehrenhaft und mutig sind. Hat ein Prophet seine Botschaft ausgerichtet, sind die Menschen für ihre Antwort voll vor Allah verantwortlich. Obwohl die Namen denen der biblischen Gestalten entsprechen, sind die Lebensgeschichten oft verändert. So behauptet der Koran, dass Noahs Frau ihren Mann verriet und zur Hölle fuhr (Sure 66,10). Viele Propheten haben Erlebnisse, wie sie außerhalb ihres Amtes nicht erlaubt wären. Mose soll direkt mit Gott gesprochen haben, was in Widerspruch zum Koran steht (Sure 42,51). Mohammed hat solche Gespräche nicht erlebt.

Diese Propheten unterscheiden sich stark von den biblischen Propheten. Erstens verschweigt die Bibel nicht, dass auch die Propheten Sünder waren. Während ein islamischer Prophet sündlos zu sein hat, ist ein biblischer Prophet zwar ein Sprachrohr Gottes, aber immer noch ein sündiger Mensch. Interessanterweise gibt Abraham im Koran seine Sünde zu (Sure 26,82), und der Hadith berichtet drei Lügen Abrahams (Sahih al-Bukhari, Hadith 4.578) – was eigentlich bedeutet, dass Abraham nicht ein Prophet des Islam sein konnte.

Zweitens glauben die Muslime, dass ein Prophet nie von Allah verlassen wird. Dies ist einer der Gründe, warum sie die Kreuzigung Jesu ablehnen, der ja am Kreuz ausrief: »Mein Gott, mein Gott, warum hast du mich verlassen?« (Mt 27,46)

Drittens: Der Islam verehrt zwar diese Männer als Propheten, behauptet aber gleichzeitig, dass der Großteil ihrer Botschaft verloren ging bzw. entstellt wurde – bis auf das Wenige, das durch Mohammed bewahrt wurde. Der Christ dagegen betrachtet heute noch die Worte Moses und der Propheten der Bibel als von Gott eingegeben und zur Unterweisung nützlich.

War Ismael nicht ein Prophet des Islam?

Da Abraham als der Vater des islamischen Glaubens gilt (Sure 2,130), sind auch seine Söhne und ihr Erbe im Islam von großer Bedeutung. Für den Islam war Ismael »getreu seinem Versprechen und war ein Gesandter, ein Prophet« (Sure 19,54). Auch die Bibel hält Ismael in Ehren; in 1. Mose 17,20 erklärt Gott: »Siehe, ich habe ihn gesegnet und will ihn fruchtbar machen und über alle Maßen mehren.« Doch trotz dieses Segens ist Ismael »ein wilder Mensch [...] seine Hand wider jedermann und jedermanns Hand wider ihn« (1Mo 16,12). Damit kann er aber nach islamischer Definition kein Prophet sein.

Das Ismael-Bild des Korans weicht stark von dem der Bibel ab. Für den Islam war es Ismael und nicht Isaak, den Abraham opfern sollte (Sure 37,100 ff). Dieses Opfer war auch nicht eine Vorausdeutung auf das Sühneopfer Christi am Kreuz, sondern lediglich eine symbolische Geste, bei der zwei Männer bereit waren, ihr ganzes Leben Allah hinzugeben. Der Ort der Opferung war nicht der Berg Morija (der spätere Tempelberg in Jerusalem), sondern der Berg Mina bei Mekka.

Für den Islam ist Ismael der vollkommene Sohn und ein edler Prophet. Die muslimischen Theologen behaupten, dass der

Bibeltext trotz seiner Verfälschung zugibt, dass Ismael und nicht Isaak geopfert werden sollte, wenn es in 1. Mose 22,2 heißt: »Nimm Isaak, deinen *einzigen* Sohn [...]«. Doch das Wort »einzigen« meint hier den von Gott verheißenen, »eigentlichen« Sohn, im Gegensatz zu dem von einer Nebenfrau stammenden Ismael, der kein Recht auf Gottes Verheißungen an Abraham hatte (vgl. 1Mo 21,12).

Norman Geisler schreibt über die Formulierung »deinen einzigen Sohn«: »Darüber hinaus kann der Ausdruck ›einzigen Sohn‹ als Äquivalent zu ›geliebter Sohn‹ (vgl. Joh 1,18; 3,16), d. h. ›besonderer‹ Sohn verstanden werden. Gott sagte Abraham sehr klar: ›Nur nach Isaak soll dein Geschlecht benannt werden‹ (1Mo 21,12).«[48]

Sind die Muslime nicht die Nachkommen Ismaels?

Für die muslimische Theologie und Politik ist die Abstammung der Araber von Ismael eine zentrale und immens wichtige Aussage. Nach dem Koran ist nicht Isaak, sondern der 14 Jahre ältere Ismael der legitime Erbe Abrahams, gerade auch, was den Besitz des Heiligen Landes betrifft. Die Nachkommen Isaaks (also die Juden) wird Allah nur dann segnen, wenn sie seinem Willen folgen (Sure 37,113). Für den gläubigen Muslim gibt es keinen exklusiven Bund zwischen Gott und den Juden.

Es ist richtig, dass die Nachkommen Ismaels sich im Nahen Osten und Arabien niederließen, doch als Urvater des Islam in Arabien verstehen kann man ihn nicht. Es gibt keine Hinweise darauf, dass Ismael sich je bei Mekka niederließ, wie die muslimische Tradition dies behauptet. Nach dem biblischen Bericht (1Mo 21,21) heiratete Ismael eine Ägypterin und ließ sich in der Wüste Paran nieder.

---

48 Norman Geisler und Thomas Howe: When Critics Ask, Grand Rapids 1992, S. 52

Zudem sind Ismaels Nachkommen nicht die einzigen Vorfahren der Araber. Die Bibel führt in der Geschlechtertafel in 1. Mose 10 die Abstammung der Araber auf Joktan zurück (V. 25-30); zu den hier genannten Namen gibt es Entsprechungen im heutigen Arabien. Die Araber sind damit als Stamm zumindest zum Teil älter als Ismael. Anis Shorrosh erklärt, dass eine arabische Linie bis auf Abrahams Neffen Lot zurückgeht, dessen Töchter Söhne gebaren, von denen die Moabiter und Ammoniter stammten (1Mo 19,36-38). Ein weiterer Stammvater der Araber war Jakobs Zwillingsbruder Esau (1Mo 36). Und auch Ketura, Abrahams zweite Frau, gebar sechs Söhne, die zu arabischen Stammvätern wurden (1Mo 25,1-6; 1Chr 1,32-33).[49]

Schließlich ist auch zu beachten, dass man »arabisch« und »muslimisch« nicht gleichsetzen kann. Über 5% der Araber in der Welt bekennen sich zum christlichen Glauben. Die islamische Theologie macht Ismael kurzerhand zu einem Muslim und begründet so das Recht der heutigen Muslime auf das Heilige Land. Doch in der Bibel ist eindeutig Isaak der Sohn der Verheißung, dem Gott das Gelobte Land zuspricht (1Mo 17,18-19).

Gehörte das Land nicht dem erstgeborenen Sohn?

Die muslimischen Theologen weisen gerne darauf hin, dass die Bibel das Erbrecht des Erstgeborenen verteidigt (1Mo 38,27-28; 5Mo 21,17) und dass damit der legitime Erbe Abrahams Ismael war. Als Nachkommen Ismaels aber haben somit die Muslime das Recht auf das Land Abrahams, das sie als Palästina bezeichnen. Die Rechte Israels auf dieses Land müssen hinter denen der Muslime zurückstehen, gerade so wie Isaaks Rechte hinter denen Ismaels zurückstehen. Zudem ist Mohammed der in 5. Mose 18, 15-20 verheißene Prophet, der nach Mose kommen wird, und

---

49 Anis Shorrosh: Islam Revealed, Nashville 1988

der Segen, der allen Nationen durch Abraham verheißen ist (1Mo 12,1-3).

Diese Argumentation ist mit Problemen behaftet.

Das erste ist, dass Isaak als Prophet des Islam und nicht des Judentums betrachtet wird (Sure 6,84).

Zweitens sieht der Koran Isaak zwar als Sohn Abrahams, aber nicht als Sohn der Verheißung (Sure 21,72), ja er ordnet Ismael wegen dessen Gehorsam zu Allah in eine separate Abstammungslinie aus Abraham ein (Sure 21,85).

Drittens betrachten die Muslime die Segensverheißungen an Abraham nicht als bedingungslos und von Gottes Gnade abhängig, sondern als an die Bedingung des Gehorsams geknüpft. Yusuf Ali erklärt in seinem Koran-Kommentar, dass Ismaels treue Unterwerfung unter den Willen Allahs sich besonders zeigte, als er »sich den Titel ›Opfer Allahs‹ *verdiente*«.[50]

Eine Analyse der biblischen Texte ergibt ein ganz anderes Bild.

Erstens ist das Erstgeburtsrecht kein unantastbares Recht auf das Erbe. Das kann man bereits eine Generation später bei dem Segen, bei dem Isaak seinen zweitgeborenen Sohn Jakob vor dem Erstgeborenen Esau segnet, wieder feststellen (1Mo 27,28).

Zweitensl war der rechtmäßige Erstgeborene Abrahams Isaak, denn Ismael war lediglich der Sohn, den Abraham mit seiner Nebenfrau Hagar gezeugt hatte(1Mo 21,10), ja mehr noch: Isaak war der Sohn der Verheißung, einer Verheißung, die Gott ihm ohne Wenn und Aber garantiert hatte (V. 12).

Drittens schloss Gott mit Ismael seinen eigenen Bund, der anders war als der mit Abraham und Isaak; Gott sagte ihm zu, ihn »zum großen Volk zu machen« (1Mo 21,18).

Und schließlich war Gottes Bund mit Isaak ewig und unverrückbar (1Mo 17,19). Gott hat nie aufgehört, die Juden zu lieben, und hat nach wie vor einen Plan für sie. Das Buch der Offen-

---

50 Abdullah Yusuf Ali: The Meaning of the Holy Qur'an, Brentwood, Md. 1992, n. 813. Hervorhebung vom Verlag

barung verheißt, dass der Tag kommen wird, wo sie Christus erkennen (Offb 7) – den Messias, der die endgültige Erfüllung des Bundes mit Abraham und Isaak ist, den Sohn Gottes und Retter der Welt (Gal 3,15-18).

Warum ist ausgerechnet Israel das »erwählte Gottesvolk«?

Die Aussage, dass die Juden Gottes erwähltes Volk sind, stößt heute weithin auf Ablehnung, und dies nicht nur in den arabischen Ländern, sondern auch in Europa und Amerika. Aber die Bibel bezeugt durchgehend den besonderen Platz, den die Juden in Gottes Heilsplan haben. Psalm 135,4 erklärt unmissverständlich: »Denn der Herr hat sich Jakob erwählt, Israel zu seinem Eigentum.« Und noch stärker sind die Worte Moses in 5. Mose 7,6: »Denn du bist ein heiliges Volk dem Herrn, deinem Gott. Dich hat der Herr, dein Gott, erwählt zum Volk des Eigentums aus allen Völkern, die auf Erden sind.«

Der Umgang mit den Juden ist sowohl in der christlichen wie auch in der islamischen Geschichte von Vorurteilen, Eifersucht und Unkenntnis geprägt. Traurige Berühmtheit erlangte etwa die Schrift »Von den Juden und ihren Lügen« des alternden Martin Luther, in der er sie mit Tieren und tollen Hunden verglich.[51] Luther und die anderen christlichen Antisemiten konnten sich nicht im Ernst auf die Bibel berufen, doch der Islam sieht seine Ablehnung der Juden im Koran verwurzelt (Sure 5,51). In der politischen Praxis der islamischen Staaten und Reiche wurden die Juden zwar oft toleriert, jedoch nur als Bürger zweiter Klasse, die nicht die gleichen Rechte wie die Muslime besaßen (siehe den Umar-Vertrag).[52] Auch die heutigen Muslime – vor allem

---

51 Martin Luther: Von den Juden und ihren Lügen, Wittenberg 1543
52 Umar (Omar) war der zweite Kalif (634-644). Der Umar-Vertrag gewährte den in den eroberten Gebieten lebenden Christen und anderen Nichtmuslimen Toleranz

solche, die enge Beziehungen zu der Situation in Palästina haben – sind im Allgemeinen judenfeindlich eingestellt.

Im Gegensatz dazu ist im Christentum (vor allem bei den Evangelikalen) der frühere, durch eine mangelhafte Bibelauslegung begünstigte Antisemitismus heute der Erkenntnis gewichen, dass Israel nach wie vor Gottes erwähltes Volk ist (vgl. u. a. 5Mo 10,15; Jes 41,8). Gottes Verheißungen für die Juden gelten für immer (2Chr 20,7), und sie sind nicht nur geistlicher, sondern auch materieller Natur und schließen den Besitz des Landes Israel ein (1Mo 15,18; 24,6; 28,1). Im Neuen Testament erklärt Paulus, dass das Evangelium Jesu Christi zuerst zu den Juden gekommen ist (Röm 1,16) und dass dann auch die Christen Anteil an Gottes Bund mit Abraham haben (Gal 3,29). Im Römerbrief widmet er drei Kapitel (Röm 9-11) der besonderen Rolle Israels in Gottes Plänen; die Christen sind in Gottes Bund mit Israel lediglich »eingepfropft«, und es wird der Tag kommen (den Paulus leidenschaftlich herbeisehnt), an dem auch die Juden ihren Messias, Jesus, erkennen und sich zu ihm wenden.

Wenn Gott die Juden trotz ihres Ungehorsams nicht abgeschrieben hat, dürfen auch die Christen sie nicht abschreiben, sondern müssen sich an das halten, was die Bibel über sie als erwähltes Volk sagt.

Hat Gott mit den Juden gebrochen?

Diese Frage ist eng mit der vorhergehenden verknüpft. Schon früh in der Kirchengeschichte entstand eine Theologie, die davon ausging, dass Gott die Juden aufgrund ihres Ungehorsams verworfen und die Verheißungen, die ursprünglich Israel galten, auf

---

und Schutz, sofern sie sich ruhig verhielten, auf den Bau neuer Kirchen verzichteten und gewisse Regeln (u.a. die muslimischen Speisegesetze) einhielten. Es handelte sich um einen »Bestandschutz«, der ein Recht auf Expansion und Mission nicht vorsah.

die christliche Kirche übertragen hatte. Dabei wird wie folgt argumentiert:

1. Im Alten Testament hat Gott die Juden als sein Eigentumsvolk erwählt.
2. Aber die Juden wurden ungehorsam – bis dahin, dass sie nicht erkannten, dass sich die Messias-Verheißungen in Jesus erfüllt hatten.
3. Durch diesen Ungehorsam haben die Juden Gottes Verheißungen an sie verspielt.
4. Gott hat Israel darauf durch das »geistliche Israel« (sprich: die Kirche bzw. Gemeinde) ersetzt.
5. Alle Verheißungen, die Gott Israel gegeben hat, gehören jetzt der Kirche.

Diese Theologie hat mehrere Schwachpunkte.

Erstens: Die Kirche entwickelte die Erwählungstheologie erst, als sie die wörtliche Auslegung der Bibel durch eine rein allegorische (bildliche) ersetzte. Die große Gefahr allegorischer Auslegungen ist, dass der Ausleger sich in gewisser Weise an die Stelle Gottes setzt; er geht davon aus, dass Gott etwas anderes gemeint hat als das, was im Text steht – etwas, dass nur er (der Ausleger) erklären kann.

Zweitens: Die Kirche ist in mehreren Punkten anders als Israel. Sie ist eben *kein* theokratisches Staatsgebilde, dem Gott ein physisches Territorium zugesagt hat, sondern ein geistlicher Organismus, der auf der Kreuzigung und Auferstehung Christi basiert und die Aufgabe hat, der Welt durch das gepredigte Wort das Evangelium zu bringen. Sie entstand auch nicht als »Ersatz« des Judentums, sondern als Erfüllung von Prophetien, die Jesus selber machte (Mt 16,18-19). Andererseits kam Jesus bzw. sein Evangelium zuerst zu den Juden und danach zu den Heiden. Die Juden sind ein Teil seines Heilsplans. Den Judenchristen Paulus hat die Ablehnung des Evangeliums durch Israel sehr getroffen

(Röm 9,1-5). Und schließlich kann man das Buch der Offenbarung kaum richtig verstehen, wenn man nicht zwischen Israel und der Gemeinde unterscheidet. In Offenbarung 7 verheißt Gott, dass Israel zu ihm zurückkehren wird, und nennt die 12 Stämme mit Namen.

Im Grunde sind die Christen ein Anhängsel Israels – geistliche Juden gewissermaßen. In Römer 11 vergleicht Paulus Israel mit einem Ölbaum und die Heidenchristen mit in diesen eingepfropften wilden Zweigen und sagt: »Einige Zweige dieses Baumes sind herausgebrochen worden. An ihrer Stelle wurdet ihr als Zweige eines wilden Ölbaums aufgepfropft. So lebt ihr von den Wurzeln und Säften des edlen Ölbaums« (Röm 11,17 Hoffnung für alle). Mit einem Wort: Die (Heiden-)Christen sind *zusammen mit* den Juden, aber nicht *anstelle der* Juden, Erben von Gottes Verheißungen, aber eben verschiedener Verheißungen.

Gab es die Palästinenser nicht schon im Alten Testament?

Der Glaube, dass die heutigen Palästinenser die Nachkommen der Philister des Alten Testaments sind (womit sie ein gewisses Anrecht auf das Land der Philister geltend machen könnten), ist eine Behauptung, die historisch nicht haltbar ist. Zu Beginn des 13. Jahrhunderts v.Chr. kamen »Seevölker« aus der Ägäis in den Nahen Osten. Einer dieser Stämme, die Philister, siedelte an der Südwestküste Kanaans, etwa in der Gegend des heutigen Gaza-Streifens. Sie eroberten in der Folgezeit einen Großteil Kanaans und konnten bis ca. 1080 v.Chr. die Hebräer fast verdrängen. Erst König David gelang es, ihrer Herr zu werden (2Sam 5,17-25). Sie verschwanden schließlich von der Bildfläche.

Einen unabhängigen Staat »Palästina« hat es in der Geschichte nie gegeben. Verschiedene Eroberungs- und Besatzungsperioden (z. B. die Eroberung des Nordreichs Israel durch

die Assyrer 722 v.Chr.) führten zu immer neuen Völkerver-
mischungen, die auch archäologisch belegt sind, etwa wenn
bestimmte Gegenstände, die ab 1200 v.Chr. auftauchen, fast 500
Jahre später abrupt verschwinden.[53]

Nach dem Bar-Kochba-Aufstand 133 n.Chr. versuchten die
Römer, die jüdische Kultur im Heiligen Land ein für alle Mal
auszurotten, und benannten Judäa (Israel) in *Palästina* um, wahrscheinlich als bewusste Verhöhnung jener Juden, die wieder eine
eigene Regierung in Israel gründen wollten. Nach dem Zerfall
des Römerreiches wurde Israel zunächst von den Persern erobert
(614–629), dann von den Arabern (638). 1077, kurz vor dem
Beginn der Kreuzzüge, eroberten die Seldschuken das Gebiet.
Während der Zeit der Kreuzzüge (1096–1291) wechselten christliche und arabische Besatzer einander ab. Es folgten erneute islamische Herrschaften. 1516 fiel Palästina an das osmanische (türkische) Reich, bei dem es bis zum Ende des Ersten Weltkriegs
verblieb, als Großbritannien das Gebiet als Völkerbundmandat
erhielt, aus dem Jordanien und später das moderne Israel her-
vorgingen. Dieser historische Verlauf lässt an keinem Punkt
einen Palästinenserstaat erkennen.

Darüber hinaus war die Religion der alttestamentlichen
Philistergebiete eine völlig andere als der Islam. Die Philister
brachten Tieropfer dar, u.a. dem kanaanitischen Gott Dagon (vgl.
Ri 16,23), und waren ausgeprägte Polytheisten (1Chr 10,7-10),
praktizierten also das genaue Gegenteil von dem, was Mohammed als rechten Gottesdienst ansah.

---

53 »Biblical Gath Excavations Reveal Philistine History«, http://www.bridgesfor-
peace.com/publications/dispatch/archaeology/Article-8.html (12. Dezember 2002)

Ist Mohammed nicht der Prophet in 5. Mose 18?

Die Muslime behaupten, dass Mohammed der in 5. Mose 18, 15-19 erwähnte Prophet ist.

»Einen Propheten wie mich wird dir der Herr, dein Gott, erwecken aus dir und aus deinen Brüdern; dem sollt ihr gehorchen. Ganz so wie du es von dem Herrn, deinem Gott erbeten hast am Horeb am Tage der Versammlung und sprachst: Ich will hinfort nicht mehr hören die Stimme des Herrn, meines Gottes, und dies große Feuer nicht mehr sehen, damit ich nicht sterbe. Und der Herr sprach zu mir: Sie haben recht geredet. Ich will ihnen einen Propheten, wie du bist, erwecken aus ihren Brüdern und meine Worte in seinen Mund geben; der soll zu ihnen reden alles, was ich ihm gebieten werde. Doch wer meine Worte nicht hören wird, die er in meinem Namen redet, von dem will ich's fordern.«

Ihre Begründung: Das »wie du bist« bzw. »wie mich« passe genau zu Mohammed, der das Format eines Mose hatte, und »aus ihren Brüdern« könne sich nur auf Isaaks Bruder Ismael beziehen, aus dessen Linie als einziger großer Prophet Mohammed kam. Dagegen wird es für ausgeschlossen gehalten, dass Jesus die Erfüllung dieser Verheißung sein kann. Ein muslimischer Ausleger behauptet, dass die Analogien zwischen Mose und Jesus sich in der »natürlichen Geburt, dem Familienleben und dem Tod Moses« erschöpfen.[54]

Diese Argumentation hält einer genaueren Analyse des Textes in 5. Mose 18 nicht stand. Das »wie du bist« bezieht sich nicht auf die Lebensumstände des Propheten, sondern darauf, dass er ein echter Prophet ist. Mose stellte an anderer Stelle klar, dass

---

54 I. A. Abu-Harb: A Brief Illustrated Guide to Understanding Islam, Houston 2002, http://www.islam-guide.com/ch1-3.htm (12. Dezember 2002). Der vorangehende Punkt findet sich in demselben Kapitel von Abu-Harbs Buch.

ein falscher Prophet nicht durch seine Familie oder seinen Lebenslauf definiert ist, sondern durch die Worte, die er spricht, und durch den Gott, dem er dient (5Mo 13,1-6). Ein wahrer Prophet redet die Wahrheit und weist auf den einen wahren Gott hin. So haben Propheten wie Jesaja und Micha auf den kommenden Messias hingewiesen (z. B. Jes 7,14; 9,5-6; Mi 5,1). Entsprechend heißt es in den letzten Versen von 5. Mose 18, dass das Wort eines Propheten »eintreten« muss, um ihn als echten Propheten Gottes auszuweisen. Genau dies trifft auf Jesus zu, ja andere Propheten bezeugen, dass er der Sohn Gottes und Heiland ist. Sieben Jahrhunderte vor Jesus prophezeite Jesaja, dass der Messias von einer Jungfrau geboren (Jes 7,14), von den Juden verworfen (53,3) und ein Sühneopfer für die Welt werden würde (Jes 53,5.12). Hier kann es niemand mit Jesus aufnehmen, auch Mohammed nicht. Mohammed hat keine Prophetien zu bieten, die seine Echtheit als Prophet demonstrieren würden. Das »wie du bist« in 5. Mose 18 bezieht sich weiter auf die mächtigen Wunder, die Moses Prophetenamt begleiteten. In 5. Mose 34, 10-11 lesen wir: »Und es stand hinfort kein Prophet in Israel auf wie Mose, […] mit all den Zeichen und Wundern, mit denen der HERR ihn gesandt hatte […]« Mohammed hat nie beansprucht, Wunder zu tun, während Jesus zahllose Wunder tat, um seine Vollmacht zu demonstrieren. Der Koran selber macht in Sure 28,48 einen Unterschied zwischen Mose und Mohammed, wenn er sagt: »Da aber die Wahrheit von Uns zu ihnen kam, sprachen sie: ›Warum ward (ihm) nicht das Gleiche [an Wundern] wie Moses gegeben?‹«

Auch die Argumentation mit Ismael überzeugt nicht. Das »aus ihren/deinen Brüdern« in 5. Mose 18,15.18 meint eindeutig Israel. So wird der Ausdruck auch an anderen Stellen benutzt (vgl. 5Mo 17,15). Damit kommt der Nichtjude Mohammed als Erfüllung nicht in Frage. Jesus, der aus dem Stamm Juda kam, dagegen erfüllte diese Bedingung (Mt 1,3; Lk 3,33).

Warum wollen orthodoxe Juden unbedingt einen neuen Tempel?

Der israelisch-palästinensische Konflikt ist nicht nur ein politischer und territorialer Konflikt, sondern auch ein Konflikt um den Besitz heiliger Stätten. Kein Stückchen Land im Nahen Osten ist so umstritten wie der Gipfel des Berges Morija, den Juden und Christen den »Tempelberg« nennen. Für die Muslime ist er die drittheiligste Stätte in der Welt, und der Felsendom soll genau dort stehen, wo einst der jüdische Tempel stand. Hier soll Mohammed, nachdem der Engel Gabriel ihn in der »Nachtreise« von Mekka nach Jerusalem gebracht hatte, Abraham, Mose, Jesus und anderen Propheten begegnet sein, worauf er zum höchsten Himmel auffuhr (die »Himmelsreise«), wo Allah ihm Weisungen für ihn und seine Anhänger gab (vgl. Sure 17,1).

Der Felsendom wurde 688–691 erbaut, fast 60 Jahre nach Mohammeds Tod. Der Tempel Salomos entstand bereits über 1.600 Jahre vorher (um 960 v.Chr.) als Zeichen von Israels Erwählung durch Gott (5Mo 12,5) und seiner Einheit als Gottesvolk (4Mo 1-10). Der Tempel war der Ort, wo die wichtigsten Sühneopfer (3Mo 16) dargebracht wurden; er erinnerte die Juden an Gottes Heiligkeit, Zorn, Herrlichkeit und Segen, vor allem aber an seine Gegenwart. Der Gottesdienst ohne die Opfermöglichkeiten im Tempel ist unvollständig, auch wenn er nun fast 2000 Jahre lang (in Ermangelung eines Tempels) so zelebriert werden muss.

Aus diesem Grund wünschen heute viele fromme Juden den Wiederaufbau des Tempels. Der Tempel Salomos wurde 587 v. Chr. von den Babyloniern zerstört, aber 70 Jahre danach wieder aufgebaut und unter Herodes prächtig erweitert. Dieser »zweite Tempel« wurde 70 n.Chr. von den Römern zerstört. Wie ein Theologe bemerkt: »Der Wiederaufbau ist ein unerlässliches Zeichen von Gottes fortdauerndem Willen, Israel zu segnen

(Hag 2,18-19; Sach 4,9-10).«[55] Orthodoxe Juden sehnen sich nach dem Tag, wo die Schriften sich erfüllen und der Messias kommt und von seinem Tempel aus regiert (Jes 2,1-5; Hes 37,27). Der Tempel ist für die orthodoxe jüdische Theologie das Schlüsselteil in dem Puzzle der Wiederherstellung des jüdischen Volkes. Fast zwei Jahrtausende lang waren die Juden ruhe- und heimatlos durch die Welt gezogen, wurden diskriminiert, verfolgt, versklavt, vertrieben und getötet. Heute, wo sie wieder zu Millionen in ihrer alten Heimat wohnen, wissen viele von ihnen, dass dieses Land nur ein Teil des großen Bildes ist – eines Bildes, das erst dann vollständig sein wird, wenn der Tempel, jenes Symbol der Heiligkeit Gottes und der Einheit seines erwählten Volkes, wiederhergestellt ist.

---

[55] S. F. Noll: Tabernacle, Temple, in: Evangelical Dictionary of Theology, Walter A. Elwell (Hrsg.), Grand Rapids 1984, S. 1068

Kapitel 5

Fragen zum Neuen Testament

Glauben die Muslime an das Neue Testament als frühere Offenbarung Allahs? Glauben sie, dass die Jünger die Originalschriften verfälscht haben? Viele Christen, die im Dialog mit einem muslimischen Bekannten etwa aus den neutestamentlichen Briefen zitieren, müssen sich frustriert anhören, wie ihr Gegenüber diesen Teil der Bibel von vornherein als verfälscht und irrelevant ablehnt. Wir finden, dass ein Christ von Anfang an dieses Problem kennen muss und als Einstieg in ein Gespräch eher Koranverse wählen sollte oder solche Bibelteile (wie die Evangelien), die vom Islam wenigstens einigermaßen anerkannt werden. Wie Paulus in Athen (Apostelgeschichte 17), können auch wir den Ungläubigen dort abholen, wo er steht, und ihm von dort aus Christus verkündigen.

Wie sieht der Islam das Neue Testament?

Muslime benutzen gegenüber der Bibel ganz ähnliche Argumente wie andere Religionen, die die Bibel durch spätere »Offenbarungen« ergänzt haben. Erstens versuchen sie, anhand von angeblichen Übersetzungsfehlern oder Widersprüchen nachzuweisen, dass die ursprünglichen Schriften verfälscht worden sind. Zweitens erklären sie, dass der Schlüssel zum »richtigen« Bibelverständnis ein anderer heiliger Text sei, der Jahrhunderte nach dem Neuen Testament entstand und der als endgültige Autorität die Bibel abgelöst hat. Drittens versuchen sie, ihre Position anhand ausgewählter Bibeltexte zu beweisen.

Was das Argument der Verfälschung betrifft, weisen die Muslime gerne darauf hin, dass bestimmte Bibelverse nachträglich hinzugefügt bzw. entfernt worden seien (vgl. zum Beispiel 1Joh 5,7-8 und Joh 7,53-8,11). Dieses Argument macht sich die Tatsache zunutze, dass Tausende von alten Bibelmanuskripten überliefert sind, die man auf Varianten hin vergleichen kann. Vom Koran dagegen gibt es nur einige wenige frühe Exemplare, da der dritte Kalif, Uthman, die Textvarianten vernichten ließ (vgl. oben Kap. 3). Während die Christen durch Vergleichen der verschiedenen Manuskripte ermitteln können, welches die richtige Textversion ist, ist der Muslim auf Vermutungen angewiesen, weil Uthman nicht bereit war, den Vergleich verschiedener Varianten zu erlauben.

Der Christ kann also an die wenigen abweichenden Lesarten in dem Bewusstsein herangehen, dass die Bibel das am besten überlieferte Buch der Welt ist. Nur wenige Verse sind überhaupt strittig, und in keinem Fall geht es um Kernfragen der christlichen Lehre. Immer neue archäologische Funde bestätigen die historischen Angaben in den neutestamentlichen Texten. Dazu wurden in den letzten hundert Jahren noch ältere Manuskripte gefunden, wie z. B. der John-Rylands-Papyrus, ein Fragment von Johannes 18, das auf ca. 130 n.Chr. datiert wird und die Exaktheit der modernen griechischen Texte des Neuen Testaments bestätigt. Die Christen dürfen sicher sein, dass ihre heilige Schrift zuverlässig ist.

Einige der textlichen Schwierigkeiten gehen auf das Konto von Bibelübersetzern, deren Irrtum später korrigiert werden musste. So wurde 1. Johannes 5,7-8 von den Übersetzern der King-James-Bibel, aber auch von Luther übernommen, obwohl es sich in keinem alten Manuskript fand und von keinem der griechischen Kirchenväter zitiert wurde. Dagegen ist Johannes 7,53-8,11 sowohl durch frühe Manuskripte als auch durch historische Indizien als echt bezeugt. Es handelt sich hier nicht um ein Problem der Bibel selber, sondern ihrer Übersetzer.

Der Muslim, der versucht hat, die Verfälschung der Bibel nachzuweisen, wird als Nächstes behaupten, dass der Koran direkt von Allah herabgesandt und vollständig vor Veränderungen bewahrt worden ist. Dieses Argument ist in sich nicht stimmig. Die Muslime glauben nämlich auch, dass die Thora (die fünf Bücher Mose) und die Psalmen von Gott für das jüdische Volk inspiriert worden sind – und dass die Juden diese Texte prompt verfälschten. Darauf bekamen die Christen das Evangelium von Jesus, nur um es ebenfalls zu verfälschen. Zuletzt sandte Allah den Koran herab, den er vor aller Verfälschung bewahren wird (Sure 15,9). Wie soll man glauben, dass Gott den Koran bewahren wird, wenn seine früheren Botschaften verfälscht worden und verloren gegangen sind? Und wie kann ein endlicher, sterblicher Mensch überhaupt die Macht haben, die Worte des Allmächtigen zu zerstören oder zu verändern? Wenn Gott Gott ist, dann müsste er schon die Verfälschung der Texte gewollt haben.

Das Argument, dass der Koran die Bibel abgelöst habe, weil neuere Offenbarungen ältere ersetzen, benutzt praktisch eine Definition von »Wahrheit«, die diese für zeitlich und kulturell begrenzt erklärt. Verfolgt man sie logisch weiter, müsste eines Tages auch der Koran überholt sein. Geht man davon aus, dass Gott über seiner Schöpfung steht und dass er das offenbart, was wahr ist, so ist es unlogisch zu glauben, dass eine Wahrheit »höher« als eine andere ist, weil sie sozusagen dem neuesten Stand von Gottes Gedanken entspricht. Eine neue Offenbarung kann eine ältere erweitern oder erklären, aber ihr nicht widersprechen – dies ist ein Auslegungsprinzip, auf welches sich Christen wie Muslime verständigen können.

Der Christ geht davon aus, dass es seit dem Neuen Testament keine neuen Offenbarungen Gottes gegeben hat und dass dann, wenn es zu einer solchen kommen würde, diese der älteren Offenbarung nicht widersprechen könnte. Genau das gleiche Argument benutzt Jesus in Matthäus 5,17-18. Jesus hat das Alte

Testament nicht verworfen, sondern erfüllt, und die Christen gehen entsprechend davon aus, dass das Alte Testament mit dem Neuen vollkommen kompatibel ist. Ein unveränderlicher Gott kann kein sich ständig änderndes Wort haben.

Obwohl sie das Alte Testament für verfälscht halten, benutzen die Muslime es dennoch in ihrer theologischen Argumentation – eine fragwürdige Praxis. Im Prinzip betrachtet der Muslim die Bibel als historisches Dokument, das man benutzen, aber dem man nicht glauben kann. Ironischerweise scheint Mohammed die Bibel nicht so gering geschätzt zu haben; in Sure 10,94 nennt er sie immerhin »die Wahrheit von deinem Herrn« (vgl. oben S. 80–81).

Gibt es nicht Widersprüche zwischen den vier Evangelien?

Am meisten Kopfzerbrechen an der Bibel bereiten dem Muslim die vier Evangelien, enthalten sie doch so gotteslästerliche Lehren wie die Inkarnation und Göttlichkeit Christi und seinen stellvertretenden Sühnetod am Kreuz. Nicht besser wird es mit der Lehre von der Erlösung allein durch Gnade und dem Richteramt Christi, die ebenfalls den Lehren des Korans direkt zuwiderlaufen.

Aber kommt das Evangelium *(Indjil)* denn nicht ursprünglich von Allah? Doch, aber – so die Lösung – dieses wahre Urevangelium ist bis auf ein paar Bruchstücke verloren gegangen. Wie ein muslimischer Ausleger kommentiert: »Einige Fragmente haben in den kanonischen Evangelien überlebt sowie in einigen anderen Evangelien, die nur zum Teil erhalten sind (z. B. dem *Kindheitsevangelium* und dem *Barnabasevangelium*).«[56]

Die Argumentation lässt sich wie folgt zusammenfassen:

---

56 Ali: The Meaning of the Holy Qur'an, S. 292

1. Jesus selber schrieb das Evangelium (*Indjil*), das einheitlich war und nur aus einem Band bestand.
2. Aber so wie die Botschaft Moses verfälscht wurde, wurde auch die Jesu verfälscht.
3. Die vier Evangelien in der heutigen Bibel sind eine Erfindung der Kirche und enthalten nur winzige Bruchstücke des wahren Evangeliums.
4. Da dies so ist, sind andere, apokryphe Evangelien den vier kanonischen Evangelien gleichberechtigt an die Seite zu stellen.

Angeblich wurden die vier kanonischen Evangelien erst im Laufe des 2. Jahrhunderts verfasst, und Teile der Christenheit hielten sich an andere Evangelien. Die Muslime weisen gerne auf heutige innerkirchliche Kontroversen über Inhalt und Autorität der Bibel hin. Es ist offensichtlich, dass sie sich dabei zum großen Teil auf radikal liberale Theologen von der historisch-kritischen Schule stützen – Theologen, die freilich auch viele den Muslimen wichtige Lehren wie das Gericht Gottes oder die Dimension des Übernatürlichen ablehnen. Von den Muslimen zitiert werden eher die älteren, »klassischen« Liberalen des späten 19. Jahrhunderts.

Die meisten klassischen Theorien der liberalen Theologen sind durch die archäologische Forschung längst widerlegt worden. So zeigt ein Fragment von Johannes 18, das uns im John-Rylands-Papyrus überliefert ist, dass das Johannesevangelium bereits vierzig Jahre nach seiner von der Kirche angenommenen Entstehung abgeschrieben wurde. Bei der Zusammenstellung des neutestamentlichen Kanons hat die große Mehrheit der Kirche diesen akzeptiert. Die Gruppierungen, die Teile des Kanons ablehnten, waren die gleichen, die auch für andere theologische Irrtümer verantwortlich zeichneten.

Es gab in der frühen Kirche gelegentlich Meinungsverschiedenheiten über die Authentizität einzelner neutestamentlicher

Schriften, aber die Evangelien standen nie in Frage. Bereits frühe Kirchenväter wie Clemens von Rom (ca. 30–100) und Ignatius von Antiochien (gest. 107–117) erwähnten sie oft, und Häretiker, wie Marcion (gest. ca. 160), die die Wahrheit der Evangelien leugneten, wurden aus der Kirche ausgeschlossen.

Es ist leicht einzusehen, warum viele Muslime das *Barnabasevangelium* als das authentischste der Evangelien und als das einzige von einem wahren Jünger Jesu verfasste betrachten. In diesem apokryphen Evangelium stirbt nämlich nicht Jesus am Kreuz, sondern Judas Ischariot. Aber das Barnabasevangelium ist ein schwacher Verbündeter:

1. Es gibt keinen Text in der Originalsprache, während für das Neue Testament fast 5.700 Manuskripte und Fragmente in der Originalsprache existieren.
2. In den muslimischen Schriften vor dem 15. Jahrhundert wird das Barnabasevangelium nicht erwähnt.
3. Kein Theologe der frühen oder mittelalterlichen Kirche hat je aus dem Barnabasevangelium zitiert oder es auch nur erwähnt.
4. Manche Muslime halten das Barnabasevangelium für identisch mit dem *Barnabasbrief* (ca. 90 n.Chr.), der jedoch einen völlig anderen Inhalt hat.
5. Der Inhalt des Barnabasevangeliums steht in direktem Widerspruch zu Augenzeugenberichten, die Jahrhunderte älter sind und von der Kirche nie bezweifelt wurden. .
6. Die Theologie des Barnabasevangeliums ist weder mit dem Christentum noch mit dem Islam vereinbar. Jesus leugnet in diesem Evangelium, dass er der Messias ist.

Das Bild des »islamischen« Jesus ist ohne jedes Fundament. Die Christen haben von Anfang an einen Jesus Christus bezeugt, der der Sohn Gottes und Erlöser der Welt ist, und dabei das Neue Testament und vor allem die Evangelien als autoritativ anerkannt.

Hat Jesus Vögel aus Ton gemacht?

In einer der bekanntesten Jesusgeschichten im Koran macht Jesus aus Tonklumpen lebendige Vögel (Sure 5,110). Manchmal findet man tatsächlich Christen, die glauben, diese Geschichte finde sich in der Bibel. In Wirklichkeit zeigt ihre Benutzung durch Mohammed, aus was für Quellen dieser seinen Jesus als Propheten Allahs zusammenbaute. Die Originalversion dieser Wundergeschichte findet sich im *Kindheitsevangelium des Thomas*, das um 150 auftauchte (also lange nach dem Tod des Thomas, nach dem es benannt ist) und nie über den Status einer Legende hinauskam. Der Autor schreibt:

> »Das Knäblein Jesus, als er fünfjährig geworden war, spielte einst an der Furt eines Baches und leitete die dahinfließenden schmutzigen Wasser seitwärts in Gruben zusammen und machte sie sogleich klar, und zwar durch's Wort allein gebot er über sie. Und er machte aus Erde und Wasser einen schlammigen Lehmteig und formte daraus zwölf Sperlinge. Und es war Sabbat, als er das tat. Es waren aber noch viele andere Kinder mit ihm zusammen beim Spiel.«[57]

Sein Vater Josef weist ihn zurecht, weil er am Sabbat Vögel aus Lehm formt und so den Sabbat entweiht, worauf der kleine Jesus in die Hände klatscht und die Vögel davonfliegen lässt. Mohammed erwähnt das Sabbatmotiv, das mit die Pointe des Textes ist, nicht und sieht die Moral der Geschichte in der Macht Allahs über seine Propheten, während der Text des Kindheitsevangeliums gerade die Macht illustrieren will, die Jesus bereits als Kind hatte.

Diese Erzählung ist eindeutig eine bloße Legende, aber Mo-

---

57 Erich Weidinger: Kindheitserinnerungen des Thomas, in: Die Apokryphen. Verborgene Bücher der Bibel, Augsburg 1988, S. 446

hammed betrachtete sie als Offenbarung Allahs. Es scheint, dass Mohammed mehr Zugang zu apokryphen Schriften als zum Neuen Testament selber hatte, und muslimische Gelehrte räumen denn auch ein, dass die im Koran enthaltenen maßgeblichen Geschichten über Jesus nicht aus dem Neuen Testament stammen, sondern zum Teil aus Schriften, die von der Kirche nie anerkannt worden sind – was merkwürdig ist für jemanden, der seine Offenbarungen direkt von Gott selber bekommen haben will.

Hat Jesus nicht gesagt, dass er das Schwert bringt?

In Matthäus 10,34 sagt Jesus: »Ihr sollt nicht meinen, dass ich gekommen bin, Frieden zu bringen auf die Erde. Ich bin nicht gekommen, Frieden zu bringen, sondern das Schwert.« Dieser Bibelvers wird manchmal vorgebracht, um zu behaupten, dass Christus (oder die Kirche) der Gewalt zuneige.[58]

Kritiker des Christentums, die diesen Satz zitieren, versäumen es gewöhnlich, seinen Kontext zu untersuchen, um zu sehen, warum Jesus diese provozierende Feststellung machte. Dieser Kontext (die Verse 34-39) lässt uns die Bedeutung des »Schwertes« rasch erkennen. Die Jünger Jesu suchten einen politischen Messias, und er erklärt ihnen zum wiederholten Male, dass er genau dies nicht ist. Das Kapitel beginnt mit der Berufung und Aussendung der zwölf Jünger, und Jesus stellt klar, dass »Frieden« nur dort möglich ist, wo die Menschen das Evangelium, das die Jünger ihnen bringen, annehmen (Mt 10,13-14). Die Jünger werden bei ihrem Auftrag wie Schafe in einem Wolfsrudel sein (V. 16) – was wohl kaum eine Aufforderung zu gewaltsamem Handeln ist. Es geht bei dem

---

58 Siehe »Jeremiah McAuliffe versus Abdul Saleeb, A debate from soc.religion.islam«, http://www.answering-islam.org/debates (13. Dezember 2002). McAuliffe ist ein zum Islam konvertierter Katholik, während Saleeb ein evangelikaler Ex-Muslim ist.

»Schwert« vielmehr darum, dass die Botschaft Christi die Menschen entzweien und zu Kontroversen bis hin zur offenen Verfolgung führen wird. Nicht von ungefähr rät Jesus den Jüngern, in eine andere Stadt zu fliehen, wenn sie verfolgt werden (V. 23).

Der Kontext von Matthäus 10,34 ist eindeutig der geistliche Kampf des mutigen Bekenntnisses und nicht ein physisch-militärischer (vgl. V. 32-33). Dass der Glaube an Jesus Familien auseinander reißen kann (V. 35), haben viele ehemalige Muslime am eigenen Leib erfahren Während die Welt sich nach politischem Frieden sehnt, ruft Jesus seine Jünger auf, die Kosten der Nachfolge sorgfältig zu überschlagen (V. 28 und 38). Jesus stellt schon hier klar, dass die Einzigen, die es wert sind, sich nach ihm zu nennen, die sind, die ihm bis zum Kreuz folgen. Er fordert seine Jünger nicht dazu auf, das Leben anderer Menschen zu nehmen, sondern weist auf das Prinzip des christlichen Martyriums hin: »Wer sein Leben verliert um meinetwillen, der wird's finden« (V. 39).

A. T. Robertson betont: »Christus predigt keine sentimentale Schönrederei, keinen Frieden um jeden Preis. Die Antwort des Kreuzes Christi auf das Kompromissangebot des Teufels lautet Weltherrschaft. Für Christus ist das Reich Gottes kraftvolle Gerechtigkeit, nicht bloßer Emotionalismus.«[59]

Ist Jesus nicht lediglich gekommen, um den »rechten Pfad« zu zeigen?

Der Koran beginnt mit dem Wunsch, von Allah »den rechten Pfad« gezeigt zu bekommen (Sure 1,6). Wer dem Willen Allahs folgt, wird (hoffentlich) mit dem Paradies belohnt werden, wäh-

---

59 Archibald Thomas Robertson: Word Pictures in the New Testament, Bd. 1, Nashville 1930, S. 84

rend den, der krumme Wege geht, Allahs Gericht erwartet (Sure 43,65). Sure 43 ist hier ein Schlüsseltext, denn sie zeigt, dass im Islam der »rechte Pfad« bzw. »gerade Weg« eng mit der Wiederkunft Jesu Christi verbunden ist, die dem Jüngsten Gericht vorangehen wird. In Sure 43,64 sagt Christus selber: »Siehe, Allah, Er ist mein Herr und euer Herr; so dienet Ihm, dies ist ein rechter Pfad.« Wenn ein Muslim sagt, dass Jesus den »rechten Pfad« oder »geraden Weg« gelehrt hat, meint er damit, dass Jesus nie gewollt hat, dass die Menschen ihm selber folgen oder ihn anbeten, denn Gericht und Gnade kommen von Allah allein.

Die Bibel sagt etwas ganz anderes. In Johannes 14,6 sagt Jesus: »Ich bin der Weg und die Wahrheit und das Leben; niemand kommt zum Vater denn durch mich.« Aus dieser Passage wie auch aus vielen anderen (z. B. Joh 10,7-9) geht klar hervor, dass Jesus von denen, die ihm nachfolgen wollen, ganze Treue verlangt. Er ist nicht *ein* Weg in den Himmel, sondern *der* Weg.

Sure 43 lehnt Christus als den Herrn ab, aber genau als seinen Herrn bekennt ihn der ungläubige Thomas, als er zu dem Auferstandenen, der ihm seine Wunden zeigt, sagt: »Mein Herr und mein Gott!« (Joh 20,28) – und Jesus tadelt ihn nicht wegen dieses Bekenntnisses, sondern sagt, dass eben dieses Bekenntnis noch größeren Segen bringt, wenn man ihn nicht leibhaftig gesehen hat und doch glaubt.

Die gleiche Botschaft bringt Paulus in Römer 10,13, wenn er schreibt: »Denn ›wer den Namen des Herrn anrufen wird, soll gerettet werden‹« – ein Zitat aus dem Propheten Joel (Joel 3,5).

Das vielleicht stärkste Argument, das Muslime bringen, lautet, dass Jesus nie dazu aufgerufen habe, ihn anzubeten (Sure 43,64; 5,116). Nun, Jesus konnte nur dann Anbetung verlangen, wenn er wirklich Gott ist, und genau dies lehrt die Bibel (z. B. Joh 1,1; Kol 2,9; Tit 3,4; Hebr 1,8). Vgl. zu diesem Thema auch oben S. 38–39 und 62–69.

Jesus *hat* die Menschen aufgefordert, ihn anzubeten. Zum Beispiel, indem er sie dazu aufrief, an ihn zu glauben (Joh 11,25), und seine Jünger anwies, in seinem Namen zu beten (Joh 14, 13-14) – eine gotteslästerliche Lehre, wenn er nicht wirklich Gott war. Der erste Märtyrer, Stephanus, betete während seiner Steinigung zu Christus (Apg 7,59). Und als Jesus den Sturm stillte, heißt es anschließend: »Die aber im Boot waren, fielen vor ihm nieder und sprachen: Du bist wahrhaftig Gottes Sohn!« (Mt 14,33).

Das Bekenntnis des Petrus im Matthäus 16,16 ist ebenfalls ein Akt der Anbetung: »Du bist Christus, des lebendigen Gottes Sohn!« Jesus antwortet ihm darauf: »Selig bist du, Simon, Jonas Sohn; denn Fleisch und Blut haben dir das nicht offenbart, sondern mein Vater im Himmel« (Mt 16,17), ja, mehr noch: Er verheißt ihm, dass dieses Bekenntnis das Fundament der Kirche sein wird (V. 18).

Hat Jesus Mohammed nicht als den »Tröster« bezeichnet?

Für die muslimischen Theologen ist der von Jesus verheißene »Tröster« (Joh 14,16; 16,7) Mohammed. In Sure 61,6 heißt es: »Und da Jesus, der Sohn der Maria, sprach: ›O ihr Kinder Israel, siehe, ich bin Allahs Gesandter an euch, bestätigend die Thora, die vor mir war, und einen Gesandten verkündigend, der nach mir kommen soll, des Name Ahmad [Mohammed] ist.‹«

Diese Gleichsetzung des Heiligen Geistes mit Mohammed geht von der Annahme aus, dass der Text des Johannesevangeliums hier verfälscht ist, weil es den Ausdruck *parakletos* (wörtlich: »der, der jemandem zur Seite tritt«) benutzt. Die richtige Version ist angeblich *periklytos*, was fast eine Übersetzung des Namens Mohammed ist (s. o. S. 48–51 für weitere Details). Aber selbst wenn *parakletos* stimmte, so die Argumentation weiter, würde es immer noch Mohammed meinen, da dieser »eine Barmherzigkeit für alle Welt« sei (Sure 21,107). Der Heilige Geist könne hier gar nicht gemeint sein, »da er bereits da war und mithalf, Jesus zu leiten«.[60]

Eine Analyse des Bibeltextes zeigt, dass diese Hypothese einfach nicht funktioniert, es sei denn, man schreibt den ganzen Text um. Tatsache ist, dass Johannes den »Tröster« in Joh 14,16.26 ausdrücklich als den Heiligen Geist einführt und dass Jesus seinen Jüngern verheißt, dass dieser Tröster kurz nach seinem Weggehen zu ihnen kommen wird. Die Verheißung richtete sich speziell an die Jünger, die damals bei ihm waren, und V. 17 versichert ihnen: »Ihr kennt ihn«, was sich unmöglich auf jemanden beziehen kann, der erst über fünf Jahrhunderte später geboren werden würde. Die Basis dieser Verheißung ist, dass Jesus die an ihn Glaubenden nicht ohne einen Zeugen in der Person des Heiligen Geistes Gottes lassen würde.

In Johannes 14,16 sagt Jesus außerdem: »[…] dass er bei euch sei in Ewigkeit«. Ein Toter bleibt nicht bei den Menschen auf der Erde. Und schließlich deutet nichts darauf hin, dass dieser Text ursprünglich eine andere Bedeutung hatte, aber später geändert wurde. Die Archäologen versichern uns, dass das Wort *parakletos* in Dokumenten aus biblischer Zeit in genau der Bedeutung verwendet wurde, die es im Johannesevangelium hat. Das Wort *periklytos* dagegen findet sich in der Sprache des Neuen Testaments, dem Koine-Griechischen, nicht.

Das Argument, dass der Heilige Geist bereits gegenwärtig war, greift ebenfalls nicht. Jesus verheißt hier ja nicht eine äußere Gegenwart des Geistes, wie sie sich im Alten Testament immer wieder findet, sondern sagt, dass der Geist »*in* euch sein« wird (Joh 14,17). Der innewohnende Geist erinnert die Gläubigen an die Verheißung Christi, sie nie zu verlassen. Und schließlich kann der verheißene Tröster auch deswegen nicht Mohammed sein, weil der Tröster, von dem Jesus hier spricht, nie sich selber in den Mittelpunkt stellt (Joh 16,13-14).

---

60 Ali: The Meaning of the Holy Qur'an, n. 148; siehe auch n. 1461 und 5438

Wie sieht der Islam Maria, die Mutter Jesu?

Maria ist die einzige Frau, die im Koran namentlich erwähnt wird, und das sogar ausführlicher als im Neuen Testament. Die auffallendste Parallele zwischen Koran und Bibel ist die Jungfrauengeburt (vgl. Matthäus 1 und Lukas 1-2 mit Sure 19,16ff). Der Koran lässt dabei wichtige Details der Evangelienberichte aus, so Marias Beziehung zu Josef, die Reise nach Bethlehem und die Krippenszene.[61] Stattdessen betont er Marias Rolle als treue, demütige Dienerin Allahs (Sure 3,42). Sure 19 (die nach Maria benannt ist) fügt dem biblischen Bericht mehrere Elemente hinzu:

1. Die Geburtswehen werden geschildert. »O dass ich doch zuvor gestorben […] wäre!«, ruft Maria aus (Sure 19,23).
2. Der neugeborene Jesus kann reden und verteidigt die Ehre seiner Mutter (19,30).
3. Die Gottheit Jesu wird klar verneint (19,33-36).

Diese Veränderungen des biblischen Berichts erinnern an apokryphe Schriften wie das aus dem späten 2. Jahrhundert stammende *Protoevangelium des Jakobus.* In Sure 3,44 gewinnt Josef die Hand Marias, indem er Lose (»Rohre«) wirft. In dem apokryphen Text befiehlt ein Engel dem Zacharias, die Witwer Judäas mit Stäben zum Tempel kommen zu lassen; »und wem der Herr ein Zeichen erteilt, dessen Weib soll sie [Maria] sein«. Als Josef kommt, heißt es: »Den letzten Stab aber erhielt Joseph, und siehe, eine Taube kam aus dem Stab heraus und flatterte auf das Haupt Josephs. Da sprach der Priester zu Joseph: ›Du bist dazu erlost, die Jungfrau des Herrn heimzuführen, um sie dir jungfräulich zu behüten.‹« (*Protoevangelium des Jakobus* Kap. 8)[62]

---

61 George Braswell: Islam: Its Prophets, Peoples, Politics and Power, Nashville 1996, S. 250
62 Erich Weidinger: Protoevangelium des Jakobus, in: Die Apokryphen, S. 438

Wie wir in dem Kapitel über die Trinität schon sahen (s. o. S. 38–40), hält der Koran Maria für eine der Personen der christlichen Dreieinigkeit (vgl. Sure 5, 116) – ein krasses Missverständnis, denn es ist in der Christenheit zwar diskutiert worden, ob Maria der Titel der »Mutter Gottes« zukommt, aber kein Theologe hat sie je an die Stelle des Heiligen Geistes gesetzt. Die zur Zeit Mohammeds in Arabien dominierende christliche Denomination waren die Nestorianer, die die Göttlichkeit Marias heftig leugneten. Die Tatsache, dass der Koran Maria in die Trinität aufnahm (ob nun über häretische christliche Sekten oder ein schlichtes Missverständnis der Lehre), lässt auf ein Verständnis der Trinität schließen, das physisch und nicht geistlich-relational ist.

Hat Paulus die Lehren der Evangelien verfälscht?

Muslime, die in den christlichen Lehren relativ bewandert sind, schieben die Schuld an der »Verfälschung« des wahren Urevangeliums vor allem einem Mann in die Schuhe: Paulus. Paulus, der mindestens 13 der neutestamentlichen Briefe verfasst hat, hat Jesus eindeutig als Sohn Gottes verehrt; man vergleiche nur Texte wie Kolosser 1,15-20 und Philipper 2,5-11. Auch die Aussage in Hebräer 1,1-14 hätte er mit Sicherheit bejaht. Außer Frage steht auch, dass Paulus die Lehre vom Sühnetod Jesu am Kreuz maßgeblich formuliert hat (vgl. Rö 5; 1Kor 2,1-2; Eph 2, 1-10). Damit ist Paulus für die Muslime der Begründer des »falschen« Christentums. Sie argumentieren, dass Paulus Jesus nie persönlich gekannt habe und sich nur wichtig machen wollte; damit aber seien seine Schriften ohne Bedeutung in der theologischen Diskussion über das Wesen Christi.

Tatsache ist, dass Paulus dem auferstandenen Christus sehr wohl persönlich begegnet ist (Apg 9). Er setzte buchstäblich sein Leben für ihn ein; ob ein bloßer Wichtigtuer wirklich so viel Leiden (vgl. den Leidenskatalog in 1Kor 11,23ff) auf sich genommen hätte? Dazu kannten die übrigen Jünger Paulus und seine Lehren und konnten sie auf Herz und Nieren prüfen; er hat sich ihre Anerkennung erst erarbeiten müssen (Apg 9,26-28; Apg 15,2-4; Gal 1-2). Ein verfälschtes Evangelium hätten sie mit Sicherheit durchschaut.

Muslimische Theologen behaupten, dass die Theologie des Paulus radikal anders sei als die Christi selber; Jesus habe das Gesetz des Mose hochgehalten (Mt 5,17-18), Paulus habe es verneint. Aber der direkte Vergleich zeigt, dass Paulus das Gesetz nicht anders verstanden hat als Jesus. Beide sahen in dem Wirken des Messias die Erfüllung des Gesetzes (vgl. Röm 10,4.9-11 mit Mt 5). Jesus und Paulus sind sich einig über:

1. die Verlorenheit des sündigen Menschen
   (Mk 8,38; Röm 3,23)
2. das stellvertretende Sühneopfer Jesu für unsere Sünden
   (Mt 26,28; Röm 5,8)
3. die Erlösung durch Gnade, allein durch den Glauben
   (Mt 19,25-26; Eph 2,8-9)

Es gibt keine Diskrepanzen zwischen der Lehre des Paulus und der Jesu – wohl aber zwischen Paulus und dem Islam. Da die Muslime seine Argumente nicht widerlegen können, müssen sie versuchen, seine Glaubwürdigkeit als Apostel anzugreifen.[63]

Wurde das Neue Testament zuerst auf Aramäisch geschrieben?

Viele muslimische Theologen beginnen ihre Behauptung einer »Verfälschung« des Neuen Testaments mit der Annahme, dass

---

63 Geisler und Saleeb: Answering Islam, S. 315

die Evangelien (*Indjil*) nicht in der Sprache Jesu (dem Aramäischen) verfasst wurden, sondern bewusst auf Griechisch, einer Sprache, die zur Zeit Jesu im Heiligen Land wenig bekannt gewesen sei. Manche behaupten sogar, dass Jesus selber kein Griechisch konnte.[64]

Die Sprachwissenschaftler und Historiker klären uns darüber auf, dass im Nahen Osten zur Zeit Jesu das Koine-Griechisch weit verbreitet war. Nach den Feldzügen Alexanders d. Gr., der 332 v.Chr. Jerusalem eroberte, kam es zu einer weitgehenden »Hellenisierung« des Nahen Ostens, in deren Zug für viele Juden das Griechische zur wichtigsten Alltagssprache wurde. Ab dem 3. Jahrhundert v.Chr. wurde das Alte Testament ins Griechische übersetzt (*Septuaginta*).

Die Israeliten schafften ihre Muttersprache nicht ab, aber Griechisch wurde zu einer Umgangssprache für den geschäftlichen und politischen Bereich. Die meisten Juden beherrschten drei Sprachen: Hebräisch, Aramäisch und Griechisch. Wenn Jesus im Tempel predigte, tat er dies auf Hebräisch. Am Kreuz rief er auf Aramäisch aus: »Mein Gott, mein Gott, warum hast du mich verlassen?« (Mt 27,46). Und als er mit der »Griechin aus Syrophönizien« redete, sprach er sehr wahrscheinlich Griechisch (Mk 7,24-30). Christus war zu allen Menschen gesandt; es ist daher kein Wunder, dass er mehrere Sprachen sprach (Lk 19,10) wie auch viele seiner Landsleute.

Aber die eigentliche Frage ist natürlich nicht, wie viele Sprachen Jesus sprach, sondern ob er die Inspiration des Neuen Testaments verheißen hat. Seine Jünger gingen davon aus, dass er die Verfasser der neutestamentlichen Schriften geleitet hat (2Petr 1,19-21). Es geht letztlich nicht um Fragen der Kommunikation, sondern um das Wesen Jesu; das lebendige Wort hat Macht über das geschriebene Wort.

---

64 Für weitere Einzelheiten siehe http://www.answering-christianity.com/jesus_speak. htm (14. Dezember 2002)

Kapitel 6

Fragen über Sühne und Erlösung

Im April 1996 schrieb Macksood Aftab, leitender Herausgeber des *Islamic Herald*, einen Artikel zur Auseinandersetzung mit christlichen Missionsversuchen. Hier ein Auszug:

> »Eines der von Nichtmuslimen, besonders aber Christen, gegen den Islam vorgebrachten Hauptargumente betrifft den Begriff der Erlösung. Sie sagen, dass man im Christentum durch den Glauben errettet werde, während man sich im Islam die Erlösung durch gute Werke verdienen müsse. Viele Muslime tappen prompt in diese Falle hinein und versuchen, die da von den Nichtmuslimen für sie formulierte Position zu verteidigen, worauf die Christen mit ihrem System mit Jesus, Gottvater, Kreuzigung und Erlösung kontern können. [...] Viele Muslime sehen nicht, dass die islamische Erlösung gar nicht auf guten Werken beruht, sondern in erster Linie auf Glauben. Bei den Dutzenden von Malen, wo Allah im Koran über die Erlösung redet, sagt er immer: ›Die da glauben und gute Taten tun.‹ Der Glaube wird immer vor den Taten oder Werken genannt.«[65]

Aftab ist nicht allein mit seiner Sorge. Viele Theologen und Pastoren beklagen das mangelhafte Wissen vieler Christen darüber, was die Bibel über das Erlösungswerk Christi sagt. Der Christ, der mit dem Muslim über das Evangelium Christi diskutieren will, sollte zunächst einmal seinen eigenen Glauben kennen,

---

65 Macksood Aftab: »Missionary Traps for Muslims«, in: Islamic Herald, April 1996

damit er die Unterschiede zum Islam verstehen kann. Dies ist ein Thema, wo unklare Begriffe tödlich sein können.

Wie viel Sinn macht die »Gerichtswaage« im Islam?

Im Islam geht es bei der Erlösung nicht darum, dass Gott uns innerlich erneuert, denn der Islam glaubt nicht an die Erbsünde. Die Erlösung des Einzelnen hängt vielmehr davon ab, ob die guten Taten in seinem Leben die bösen buchstäblich überwiegen. Sure 23,102-103 informiert uns: »Und die, deren Waage schwer ist, ihnen wird's wohl ergehen. Deren Waage jedoch leicht ist, die werden ihre Seelen verlieren in Dschahannam für immerdar.« Der Muslim redet denn auch nicht von »Erlösung« oder »Bekehrung«, sondern von »sich erinnern« oder »Zurückkehren«. In der islamischen Theologie hat jedes Volk einen Gesandten Allahs, der ihm die Wahrheit verkündet hat, zu der es zurückkehren muss.

Die Liste der guten Werke, die der Muslim braucht, um »in den Himmel zu kommen« (vgl. Sure 39,61), ist lang. Nur wer Mohammed und seine Botschaft anerkennt, kann überhaupt erlöst werden. Die ihn ablehnen, sind »die wahren Ungläubigen, und den Ungläubigen haben Wir schändende Strafe bereitet« (Sure 4,151). Tagtäglich muss der Muslim sein Glaubensbekenntnis aufsagen: »Es gibt keinen Gott außer Allah, und Mohammed ist sein Prophet.«

Aber der Muslim kennt keine Heilsgewissheit; und wenn er in seinem Bemühen nachlässt, kann er sein Heil verlieren. Der Muslim muss die »fünf Pfeiler« seiner Religion (Glaubensbekenntnis, Gebet, Almosen, Fasten und die Wallfahrt) treu befolgen, um eine Chance auf Erlösung zu haben. Jeder Lapsus kann ihn wertvolles Gewicht auf der »guten« Waagschale kosten.[66]

---

66 Siehe Muhammed Abul Quasem: Salvation of the Soul and Islamic Devotions, London 1983

Diese Heilslehre ist in mindestens zwei Punkten unhaltbar.

Erstens: Wenn der Wert einer Handlung sich auch nach unseren Motiven, Gedanken und Wünschen bemisst, dann sind wir unserem Wesen nach definitiv nicht gut. Sünden sind ja nicht nur falsche Handlungen, die man ausführt, sondern auch alle guten Handlungen, die man unterlässt. Schon die zehn Gebote äußerlich zu befolgen, ist nicht leicht, aber ein heiliger Gott kennt die hintersten Winkel unseres Herzens, und die Befolgung seiner Gebote verlangt ein Herz, das in sich rein und vollkommen ist. Der Jakobusbrief stellt ausdrücklich fest: »Denn wenn jemand das ganze Gesetz hält und sündigt gegen ein einziges Gebot, der ist am ganzen Gesetz schuldig« (Jak 2,10).

Zweitens: Gesetzt den Fall, es wäre möglich, mehr gut als böse zu sein: Der Koran erklärt nirgends, wie ein heiliger Gott Sünde ungestraft lassen kann (siehe Sure 59,22-24). Obwohl der Koran häufig von Allahs Gnade spricht (z. B. Sure 5,74; 6,12; 10,21), ist es undenkbar, dass Allah die Sünden, die die Menschen begehen, nicht richten wird. Wenn er in seiner Barmherzigkeit die Sünde lediglich übersieht, ist sein Gericht nicht gerecht und seine Vergebung willkürlich. Als Urheber des Gesetzes und als Richter bestraft Gott die Gesetzesbrecher. Es wäre höchst ungerecht, wenn ein nachweislicher Mörder vor Gericht einfach freigesprochen würde; es wäre ein Anschlag auf das Opfer und seine Verwandten, die Gesellschaft und die Position des Richters. Wenn Gott Sünde einfach ungestraft ließe, wäre er selber nicht heilig.

Ohne ein absolutes Maß für Gut und Böse sind Allahs Gesetze willkürlich. Bei solch einem launischen Richter kann wirklich niemand wissen, ob er in den Himmel kommen wird. Das islamische Erlösungsverständnis ist unlogisch und gegen alle Vernunft.

Hatte Mohammed Heilsgewissheit?

Mohammed wurde von intensiven Zweifeln an seiner Erlösung geplagt. Im Hadith, der nach dem Koran zweiten autoritativen Quelle im Islam, gibt Mohammed dies gegenüber einer Frau, die den Tod eines lieben Menschen betrauert, zu. Als sie sagt, dass der Verstorbene bestimmt im Paradies ist, rügt Mohammed sie:

> »›Woher weißt du, dass Allah ihn angenommen hat?‹ ich erwiderte: ›Ich weiß es nicht. Mögen mein Vater und meine Mutter für dich geopfert werden, o Gesandter Allahs! Aber wer ist würdig, (wenn nicht Uthman)?‹ Er sprach: ›Was ihn betrifft, bei Allah, der Tod hat ihn ereilt, und ich hoffe das Beste für ihn. Bei Allah, obwohl ich der Gesandte Allahs bin, weiß ich doch nicht, was Allah mir tun wird.‹« (Sahih al-Bukhari, Hadith 5.266)

Wie kann man einem Menschen folgen, der der größte Prophet sein will, aber sein eigenes ewiges Schicksal nicht kennt? Mohammed war ein Gefangener seiner eigenen Theologie. Er gründete das Paradies nicht auf Gottes Wirken, sondern auf menschliche Anstrengungen. Für ihn war Erlösung nicht etwas, das man schon hier in diesem Leben bekommen kann, sondern eine unsichere Zukunftsaussicht, deren Erfüllung der Willkür Allahs unterliegt (Sure 14,4). Letztlich kann der Muslim sich nur immer wieder anstrengen und das Beste hoffen.

Der Christ dagegen folgt dem, der Himmel und Erde erschaffen hat und der die Macht hat, Sünden zu vergeben. Jesus hat seinen Jüngern viele Male gesagt, dass er von ihnen gehen und in den Himmel zurückkehren würde (Joh 16,5), und er gab anderen Menschen das Recht, mit ihm zu gehen, wenn sie nur an ihn als den Heiland und Herrn glaubten. Dem Schächer am Kreuz versicherte er: »Wahrlich, ich sage dir: Heute wirst du mit mir im Paradies sein« (Lk 23,43). Jesus hat sogar gesagt, dass er diesen

Menschen einen Platz im Himmel vorbereitet (Joh 14,2). Jesus wusste, wo er hinging, denn er ist der Schöpfer, der Erhalter und Vollender und der König, der bald wiederkommen wird. Er hat den Gläubigen nicht nur den Himmel versprochen, sondern er wird sie eines Tages sogar persönlich dorthin geleiten (1Thess 4,13-18).

Wem bietet Christus die Erlösung an?

Viele Muslime sehen die Christenheit als eine geschlossene Gesellschaft, in der sie nichts zu suchen haben. Nichts könnte weiter entfernt von der Wahrheit sein. Gott hat seine unermessliche Liebe zu uns Menschen durch den Opfertod seines Sohnes Jesus Christus demonstriert (Röm 5,8). Diese Liebe ist nicht selektiv, sondern universal. Das Evangelium ist klar: »Denn also hat Gott *die Welt* geliebt, dass er seinen eingeborenen Sohn gab, damit *alle*, die an ihn glauben, nicht verloren werden, sondern das ewige Leben haben« (Joh 3,16). Keine Frage: Gott liebt den Araber nicht weniger als den Europäer.

Das Evangelium gilt jedem Menschen, der je geboren worden ist (1Joh 2,2). Wenn trotzdem nicht alle errettet werden, dann deswegen, weil viele Christi Sühnetod am Kreuz für ihre Sünden ablehnen. Sie verweigern sich dem einzigen Fürsprecher, den sie haben, dem, der sich selbst als »Lösegeld« für ihre Befreiung gegeben hat. Was Gott betrifft, so will er eindeutig, »dass allen Menschen geholfen werde und sie zur Erkenntnis der Wahrheit kommen«, und dies durch »Christus Jesus, der sich selbst gegeben hat für alle zur Erlösung« (1Tim 2,4.6).

Echter Glaube kann nur freiwillig sein. Buße muss aus freien Stücken kommen, oder sie ist nicht echt (Mt 3,2), und Gott gibt in seiner Allmacht den Menschen genügend Zeit und Gelegenheit, sich ihm zuzuwenden (2Petr 3,9).

Das Ausmaß der Versöhnung ist bestimmt durch das Ausmaß

der Liebe Gottes. Im Koran ist Allahs Liebe abhängig von der Gerechtigkeit der Menschen (Sure 2,279; 17,25; 19,60). In der Bibel ist Gottes Liebe und Vergebung bedingungslos, d. h. nicht abhängig von unseren guten Taten, sondern allein vom Sühnetod Jesu. Für jeden, der dies glaubt und annimmt, hat Jesus den unendlichen Preis für seine Sünde bezahlt (Röm 10,9-10.13). Die Erlösung gründet sich nicht auf die Leistungen des einzelnen Menschen, sondern auf das vollbrachte Erlösungswerk Christi (Joh 19,30). Der Glaube, dass Jesus Christus für die ganze Welt gestorben ist, bestimmt unsere Theologie; der Glaube, dass er für *mich* gestorben ist, entscheidet mein ewiges Schicksal.

Wie kann das Blut *eines* Menschen *allen* die Vergebung bringen?

Das christliche Verständnis des Sühnetodes Christi stößt bei Muslimen in zwei Punkten auf Ablehnung.

Erstens bestreitet der Muslim, dass überhaupt ein Opfer für unsere Sünden nötig ist, geschweige denn das Opfer Christi (Sure 22,37).

Und zweitens kann es kein *stellvertretendes* Opfer geben, weil jeder Mensch persönlich sich vor Allah verantworten muss (Sure 22,34-35; 39,61).

Der Koran erwähnt die Opfer eigentlich nur als Illustration der Herrschaft der Menschen über die Tiere und der Güte Allahs, der die Menschen mit Speise versorgt. Da es bei der Erlösung immer nur um den Einzelnen und seine guten Werke geht, braucht der Muslim kein stellvertretendes Opfer.

Für den gläubigen Muslim ist das ganze Opfersystem des Alten Testaments, das im Opfer Christi gipfelt, eigentlich Heidentum. Wie der Korankommentator Yusuf Ali erklärt: »Niemand sollte sich einbilden, dass Fleisch oder Blut vor dem einen wahren Gott angenehm ist. Es war eine heidnische Einbildung, dass Allah mit Blutopfern besänftigt werden könne.«[67] Für den Islam ist das Opfer in Judentum und Christentum ein Dekadenz- und Verfälschungssymptom. Dabei missversteht der Islam das Tieropfer als eine bloße Besänftigung einer zornigen Gottheit mit Fleisch und Blut und sieht nicht, dass das ganze alttestamentliche Opfersystem auf dem Gedanken beruht, dass ein Unschuldiger die Verfehlungen des Sünders auf sich nimmt – etwas, das seine volle Realität erst am Kreuz erhält.

Eine Hauptschwachstelle der islamischen Theologie ist ihre Anthropologie, also ihr Verständnis des Menschen in seiner Beziehung zu Gott. Der Christ weiß, dass kein Mensch »gut« genug sein kann, um sich Gottes Zuwendung zu verdienen (Röm 3,10). Selbst wo die guten Taten eines Menschen die schlechten überwiegen würden (was unmöglich ist), wäre er vor Gott immer noch ein Gesetzesbrecher, der Strafe verdient hat. Gott nimmt Sünde ernst, sie ruft seinen Zorn hervor. Gott als der Richter ist dafür verantwortlich, das Gesetz, das er selber gegeben hat, durchzusetzen, oder er ist als Richter disqualifiziert. Wenn er Sünde nicht bestrafen würde, würde er sie sich zu ihrem Komplizen machen.

Aber das islamische Erlösungsverständnis hat eine noch ernstere Schwachstelle. Im Islam ist Erlösung letztlich vom Menschen abhängig. Im Christentum ist sie von Gott abhängig. Der Muslim versucht, den Zugang zu einem Paradies zu erlangen, das ein geistlich-sinnlicher Aufenthaltsort ist. Der christliche Himmel ist nicht ein Ort, wo man sinnliche Begierden ausleben kann, sondern wo Menschen, die mit Gott versöhnt sind, das sein können, wozu Gott sie ursprünglich, vor dem Sündenfall, geschaffen hat (Offb 21,1-8).

Um das Opfer Christi verstehen zu können, braucht man ein biblisches Erlösungsverständnis. Paulus schrieb: »Denn Gott war in Christus und versöhnte die Welt mit sich selber und rechnete

---

67 Ali: The Meaning of the Holy Qur'an, n. 831

ihnen ihre Sünden nicht zu« (2Kor 5,19). Der evangelikale Theologe Leon Morris erklärt die Notwendigkeit des Kreuzes so: »Andere Religionen haben ihre Märtyrer, aber der Tod Jesu war nicht der Tod eines Märtyrers, sondern der eines Erlösers.«[68]

Jesus Christus ist der Vermittler zwischen Gott und dem Sünder (1Tim 2,5). Nur er war fähig, uns zu erlösen. Er ist der Gott-Mensch, der als Mensch den menschlichen Sünder vertreten kann und der als Gott im Fleisch die Sünden vergeben kann, weil er Gottes Gerechtigkeit völlige Genüge getan hat. Der Christ stimmt mit dem Muslim überein, dass das Blut eines Tieres keine Vergebung bringen kann (Hebr 10,4). Die Opfer des Alten Testaments waren vielmehr Vorausdeutungen auf das endgültige, voll ausreichende, vollkommene Opfer Christi (Hebr 10,5-10). Unsere Erlösung hat somit mehrere wichtige Aspekte, die allein in der Person und dem Werk Christi erfüllt werden:

1. Christus hat die Strafe für die Sünde ein für alle Mal bezahlt. Sein Opfer ist daher universal (Röm 3,25-26; Gal 3,13).
2. Christus hat uns erlöst, indem er das Lösegeld für uns bezahlte (1Kor 6,20; Gal 2,20).
3. Durch seine Auferstehung hat Christus über die Sünde und den Tod triumphiert (1Kor 15,55-57).
4. Indem er unsere Sünde auf sich nahm, hat Christus Gottes Zorn über uns abgewendet (Röm 3,25).
5. Christus hat das, was zwischen uns und Gott stand, beseitigt; wir können jetzt Gottes Freunde sein (Eph 2,16).[69]

Ob ein Muslim die Aussage, dass einer für alle sterben kann, annimmt oder ablehnt, hängt letztlich davon ab, für wen er Christus hält. Wenn Jesus nur ein Mensch war, konnte er nur die Strafe für sich selber zahlen. Aber wenn er Gott ist, hat er jedes

---

68 Walter A. Elwell (Hg.): Evangelical Dictionary of Theology, Grand Rapids 1984, S. 97
69 a. a. O.

Recht, seine Schöpfung zu richten, selber der Gerechtigkeit Genüge zu tun, zu vergeben und die Menschen mit sich selber zu versöhnen.

Warum musste für unsere Erlösung Blut vergossen werden?

Diese Frage ist der vorangehenden ähnlich und oft zu hören. Es geht bei ihr weniger um die Person Jesu Christi als um Gottes Plan, seiner Gerechtigkeit Genüge zu tun, wozu es erforderlich ist, dass für die totale Rebellion gegen ihn die volle Strafe bezahlt wird. Der Heilsplan Gottes ist im Alten Testament sehr klar. Vielleicht hätte Gott einen anderen Weg wählen können, um uns zu erlösen, vielleicht auch nicht – der Weg, den er wählte, bedeutete, dass er das Kostbarste hingab, was er besaß: seinen Sohn. Die Sühneopfer des Alten Testaments weisen letztlich alle auf Jesus Christus hin. Schon vor der Erschaffung der Welt beschloss Gott, die Menschen, die gegen ihn rebellieren würden, mit sich zu versöhnen, indem er sich selber als das vollkommene Opfer hingab. Im Blut liegt nicht nur die endgültige Strafe (der Tod), sondern auch die Macht, den Tod und die Sünde auf ewig zu überwinden und so Leben zu geben. In 3. Mose 17,11 lesen wir: »Die Lebenskraft des Fleisches sitzt nämlich im Blut. Dieses Blut habe ich euch gegeben, damit ihr auf dem Altar für euer Leben die Sühne vollzieht; denn das Blut ist es, das für ein Leben sühnt« (Einheitsübers.). Ganz im gleichen Sinne fährt der Hebräerbrief fort: »Und ohne Blutvergießen geschieht keine Vergebung« (Hebr 9,22).

Die meisten Muslime haben keine Probleme mit der Todesstrafe für Mord. Warum soll jemand, der das Blut eines anderen vergossen hat, dafür nicht sein eigenes vergießen (vgl. 1Mo 9,6; Sure 17,33)? Der Mörder muss den Preis für das Töten unschuldigen Lebens zahlen. Nun, Sünde kommt gewissermaßen einem

Mordversuch an Gott gleich (der Sünder demonstriert die völlige Nichtachtung Gottes), so dass die Todesstrafe für sie Sinn macht. Auch der Muslim, der nicht an die Erbsünde glaubt, glaubt, dass alle Menschen Sünder sind (vgl. Röm 3,23; Sure 10,54). Gott hat den Sünder dazu verurteilt, die Strafe für seine Sünden zu bezahlen – und hat sich darauf an die Stelle des Sünders gestellt. Beides – dass Jesus Mensch wurde und dass er am Kreuz sein Blut vergoss – war unbedingt notwendig. Sein stellvertretender Tod am Kreuz zeigt, wie bereit er war, unsere Sünden zu tragen. Weil wir böse sind und unzählige Sünden begehen, ist er an unserer Stelle den Verbrechertod am Kreuz gestorben.

Christi Blut war notwendig als endgültige, volle Bezahlung der Strafe für unsere Sünde. Der gläubige Muslim lebt in ständiger Angst vor der Waage des Gerichts. Diese Angst braucht der, der an das ein für alle Mal vergossene Blut Christi glaubt, nicht mehr zu haben (Hebr 10,11-18). Christi Blut zeigt dem Gläubigen die allumfassende, voll ausreichende Liebe und Gnade Christi. Mit seinem Blut hat er nicht nur die Strafe für unsere Sünden getragen, sondern uns auch von der Macht und Gegenwart der Sünde befreit. Der Islam weiß im Grunde noch nicht einmal, wie die Menschen im Himmel vor der Sünde bewahrt werden sollen; die Bibel stellt klar, dass Christi Blut die ewige Lösung ist.

Hängt Gottes Gnade davon ab, ob ich mich ändere?

Christen wie Muslime reden von der Gnade Gottes, aber ihr Gnadenverständnis ist völlig unterschiedlich. Manchmal kann man hören, dass der Muslim, ähnlich wie der Christ, glaubt, dass er Allahs Gnade erlangen kann, wenn er ihn um Vergebung bittet (Sure 5,74). Aber Allah gewährt seine Gnade nur dem, der anschließend gute Werke tut (Sure 6,54); er ist nicht nur der

Gnädige, sondern stets auch der Strafende (Sure 7,167; 13,6). Gnade ist im Islam an das künftige Wohlverhalten des Sünders geknüpft, was mit der theologischen Grundannahme zusammenhängt, dass der Mensch sich aus eigener Kraft ändern kann. Allah leitet den Muslim zwar (Sure 6,88; 92,12), aber er verändert ihn nicht. Vielmehr ist er »schnell im Rechnen« (Sure 24,39); sein Lohn und seine Strafe kommen prompt.

Ganz anders bei Christus: Er verspricht seine Gnade nicht denen, die sich *ändern,* sondern denen, die *glauben* (Joh 10,38). Die Veränderung des Sünders ist die natürliche Folge dessen, dass Gott ihn in Christus gerecht gesprochen und seine von der Sünde befleckte Gottebenbildlichkeit erneuert hat (Röm 4,6-8; 2Kor 5,17). Diese Veränderung (die Theologen nennen sie »Heiligung«) ist ein allmählich stattfindender Prozess, aber die Erlösung des Einzelnen ist bereits in dem Augenblick, wo Gott sie gewährt, vollständig und ausreichend (Röm 8,28-30). Der Mensch, der wirklich von Gott verändert worden ist, wird letztlich aus freien Stücken Jesus Christus folgen. Er kann durchaus in Sünde fallen und muss unter Umständen ihre Folgen tragen, aber der Heilige Geist, der in ihm wohnt, wird ihn zu Christus zurückführen.

Gottes Gnade ist also nicht von unserem Verhalten abhängig. Ihre einzige Vorbedingung ist der vertrauende Glaube (vgl. Psalm 51; Röm 10,13). Im Bild der islamischen Gerichtswaage: Die Gnade wiegt schwerer als das Gericht (vgl. Jak 2,13). Gott will den Menschen seine Gnade nicht deswegen erweisen, weil sie es verdient hätten, sondern weil er es will. Er ist nicht auf der Suche nach Menschen, die ihr Leben in Ordnung gebracht haben (das hat keiner), sondern er nimmt jeden an, der sich Jesus Christus als dem Anfänger und Vollender seines Glaubens zuwendet und ihm zutraut, dass er ihn rein machen kann (Jes 1,18).

Verführt Gnade zum Sündigen?

Die Muslime wenden hier ein, dass die Lehre von der freien Gnade die Menschen nur zum Sündigen verführe, und als Beweis führen sie das Land an, das sie am meisten mit dem Christentum identifizieren: die USA. Ist die in diesem Land grassierende Dekadenz, Pornografie etc. nicht zumindest zum Teil eine Folge der christlichen Gnadenlehre? (Ganz ähnlich argumentiert der in Deutschland lebende Muslim.) Und gibt es nicht viele Beispiele für Christen, die auf ihre Erlösung pochen und schlimmer als ein Heide leben? Und bedeutet die Erlösung allein aus Gnade nicht überhaupt, dass Gottes Gesetz tot ist und keine Macht über den Christen hat? Ist so eine Gnadenreligion nicht ein reichlich billiger Glaube?

Es ist vollkommen richtig, dass heute viele »christliche« Länder ein Sumpf der Unmoral sind. Aber das liegt nicht daran, dass sie der christlichen Gnadenlehre folgen, sondern gerade daran, dass sie sie und mit ihr Gottes Gebote in der Bibel über Bord geworfen haben. Länder wie Deutschland und die USA haben heute keinen ethischen Kompass mehr, weil sie sich weithin weigern, sich von Gottes Wort etwas sagen zu lassen. Immer mehr Gesetze tragen eine deutlich antichristliche Handschrift. Und selbst wenn unsere Gesetze ganz Gottes Geboten folgen würden – das Entscheidende sind immer die Menschen. Gottesfurcht kann man nicht durch Gesetze herbeizwingen.

Um ein realistisches Bild von Gott in der westlichen Kultur zu erhalten, muss der Muslim lernen, dass das politische System und die Religion voneinander getrennt sein können. Die für die islamischen Länder so typische Verschmelzung von Politik und Religion ist den heutigen westlichen Ländern fremd. Und viele Muslime geben freimütig zu, dass ihre Gesellschaften zwar äußerlich hochmoralisch aussehen, aber innerlich gerade so dekadent sein können wie der Westen.

Man beachte auch, dass das klägliche Bild, das das ehemalige

Abendland heute abgibt, damit zu tun hat, dass es so viele Scheinchristen gibt. Viele theologische Lehrstühle und Kirchenkanzeln sind mit Menschen besetzt, die an die fundamentalsten Dinge in der Bibel nicht mehr glauben und ein falsches Evangelium predigen, in welchem Gott vor lauter Toleranz alles durchgehen lässt. Der englische Baptistenprediger C. H. Spurgeon (1834–92) hat einmal bemerkt:

> »Kein intelligenter Mensch kann glauben, dass die Güte Gottes ein Grund dafür ist, ihn noch mehr zu beleidigen. Der moralische Wahnsinn bringt merkwürdige Gedankengänge hervor, aber es ist meine feste Überzeugung, dass Menschen, die Gottes Gnade allen Ernstes als Vorwand zum Sündigen nehmen, sehr selten sind. Was auf den ersten Blick wahrscheinlich aussieht, ist dies nicht mehr, wenn wir es näher betrachten.«[70]

Es gibt übrigens nicht nur das Phänomen des Scheinchristen, sondern auch das des Scheinmuslims. Der Anteil der bloßen Namensmuslime ist hoch. Wer wissen will, wie der Islam bzw. das Christentum wirklich ist, muss bei beiden Religionen ihre treuen Anhänger fragen. Gottes Gnade führt nicht zu vermehrtem Sündigen, sondern dazu, dass wir gewisse sündige Angewohnheiten mehr und mehr ablegen. Rettende Gnade hat die Eigenschaft, dass sie die Kraft gibt, Sünde zu überwinden. Für den unter der Gnade lebenden Menschen hat die Sünde nicht mehr die gleiche Attraktivität und Befriedigung wie vorher. Durch den in ihm wohnenden Heiligen Geist kann der Christ viel besser erkennen, was recht und was unrecht ist. Paulus schrieb an die Römer: »Sollen wir denn in der Sünde beharren, damit die Gnade um so mächtiger werde? Das sei ferne! Wie

---

70 Charles Haddon Spurgeon: »The Doctrines of Grace Do Not Lead to Sin«, http://www.spurgeon.org/sermons/1735.htm (16. Dezember 2002)

sollten wir in der Sünde leben wollen, der wir doch gestorben sind?« (Röm 6,1-2)

Die Theorie, dass man als Christ nicht daran interessiert sei, recht zu leben, ist absurd. Wen Christus erlöst hat, der hat für sein Denken und Handeln *höhere* Maßstäbe als zuvor. Er wird nicht mehr vom alttestamentlichen Gesetz an seine Sündhaftigkeit erinnert, sondern von dem viel höheren, perfekten Gesetz Jesu Christi. Doch egal, um welches Gesetz es geht: Durch das Halten des Gesetzes ist noch niemand gerettet worden. Gott hat uns das Gesetz nicht als Heiland, sondern als Lehrer (Erzieher, Luther: »Zuchtmeister«) gegeben. Es hat allein die Aufgabe, uns unsere Schuld zu zeigen und uns zu der Gnade Christi hinzutreiben (Gal 3,19-25). Die Muslime werden in ihren Glaubensregeln nie einen perfekten Maßstab zum Leben finden; diesen Maßstab finden wir nur in dem Einen, der selber das Leben ist (Joh 14,6).

Es ist offensichtlich, dass Gnade nicht zum großen Schlendrian, sondern zu Treue führt. Jesus hat seinen Jüngern geraten, sich die Kosten der Nachfolge gut zu überlegen. Eine Religion befolgen kann viel kosten; Christus folgen kostet alles (Lk 14,25-33).

Kommen die Juden automatisch in den Himmel?

Einer der Gründe für die Spannungen zwischen Islam und evangelikalen Christen ist die Unterstützung der Letzteren für das Volk Israel. Auch wenn sie nicht automatisch jede Aktion der amtierenden israelischen Regierungen gutheißen, glauben bibeltreue Christen, dass Gott einen ewigen Bund mit den Juden geschlossen hat und dass die Rückkehr der Juden in ihr Land zu seinem Plan gehört (1Mo 12,1-3). Manche Muslime fragen sich, ob diese Christen auch glauben, dass alle Juden, wenn sie doch Glieder von Gottes erwähltem Volk sind, automatisch in den Himmel kommen.

Nichts könnte weiter entfernt von der Wahrheit sein. Paulus, der selber Jude war, erklärt im Römerbrief: »Ich selber wünschte, verflucht und von Christus getrennt zu sein für meine Brüder, die meine Stammverwandten sind nach dem Fleisch, die Israeliten sind, denen die Kindschaft gehört und die Herrlichkeit und die Bundesschlüsse und das Gesetz und der Gottesdienst und die Verheißungen« (Röm 9,3-4). Das Evangelium kam durch Israel und wurde zuerst den Juden anvertraut, aber deren Führer lehnten es ab. Gott gab den Israeliten seine Gegenwart in der Stiftshütte (2Mo 40,34), er gab ihnen seine Gebote und rief sie durch die Propheten immer wieder zur Buße. Er erfüllte seine Verheißungen, aber nur eine Minderheit des Volkes hörte auf ihn. Das Heilsangebot für die Juden wurde nach deren Ablehnung auf den Rest der Welt erweitert, so dass nun allen Menschen Vergebung der Sünde und ewiges Leben angeboten wird. Die Christen sind als Gottes Kinder adoptiert (Eph 1,5), sie gehören zu dem neuen Bundesvolk, der Gemeinde Gottes (Hebr 9-10), und Abraham ist ihr geistlicher Vater (Gal 3,7). Aufgrund dieses gemeinsamen Ursprungs ist das Heil der Juden vielen Christen ein besonderes Anliegen. Die Bibel sagt auch, dass Israels Ablehnung des Messias nicht endgültig ist (Röm 11). Gott wird am Ende viele aus seinem erwählten Volk zu sich zurückholen, und Juden und Christen werden den Herrn Jesus Christus gemeinsam verherrlichen und anbeten.

Zur Zeit lehnen die meisten Juden Jesus immer noch als den Messias ab. Doch hebt dies ihre Rolle in Gottes Plan nicht auf, denn diese Rolle beruht nicht auf ihrer Treue, sondern auf Gottes Treue. Sein Wort ändert sich nicht, und er nimmt seine Verheißungen nicht zurück. Aber die einzigen Juden, die im Himmel sein werden, sind die, die auf Jesus Christus, den Sohn des lebendigen Gottes, schauen. Nach Gottes Plan wird es viele solche Menschen in seinem erwählten Volk geben. Sie werden nicht nur Israel »nach dem Fleisch« sein, sondern das geistliche Israel und Kinder Gottes (Röm 9,8).

Wie kann ein Mensch Heilsgewissheit haben?

Für den Muslim ist Heilsgewissheit eine Untugend, gewissermaßen geistlicher Hochmut. Heilsungewissheit dagegen führt zu vermehrtem Gehorsam und damit zu einer größeren Chance, das Paradies zu erreichen. Der seines Heils allzu gewisse Gläubige wird in seinem Glauben nur nachlässig werden und den Himmel wahrscheinlich verlieren. Diese allgemeine Ungewissheit wird durch den Fatalismus, also den Glauben, dass mein ewiges Schicksal ganz der Willkür Allahs unterliegt, noch verstärkt. Wie oben bereits erwähnt (S. 39–40), hatte selbst Mohammed (dessen Beispiel der Muslim folgen soll, Sure 33,21) keine Heilsgewissheit (Hadith 5.266). Im muslimischen Denken ist die Hölle immer näher als das Paradies. Mohammed glaubte, dass Fieber vom Feuer der Hölle kam (Hadith 7.619). Zahlreiche Passagen im Koran stellen klar, wen Allah alles nicht liebt (Sure 2,190; 2,276; 3,57; 4,160). Der gläubige Muslim lebt in ständiger Angst und Zittern.

Dagegen ist es nach der Bibel Gottes Wille, dass jeder, der Heilsgewissheit haben möchte, sie auch bekommen kann. Der Apostel Johannes schreibt seinen Lesern: »Das habe ich euch geschrieben, damit ihr wisst, dass ihr das ewige Leben habt, die ihr glaubt an den Namen des Sohnes Gottes« (1Joh 5,13). Jede der drei Personen der Dreieinigkeit hat Teil an dieser Vergewisserung. Der Vater hat sie vor Anbeginn der Welt als seine Kinder erwählt (Eph 1,4). Der Sohn hat sein Blut vergossen, um sie »begnadet« zu machen (Eph 1,6). Und der Heilige Geist ist »das Unterpfand unserer Erlösung« (Eph 1,14).

Die Heilsgewissheit des Christen beruht also auf Gott und nicht auf menschlicher Leistung. Ihm, dem Geber der Gnade, gebührt alle Ehre. Alles andere wäre eine Beleidigung Gottes. Es ist eine Tugend, demütig zu sein und seine menschliche Begrenztheit zu erkennen; es ist ein Laster, Zweifel zu haben, ob Gott treu ist.

Erst der seines Heils gewisse Gläubige kann wirklich glauben. Er hat volles Vertrauen auf den Herrn Jesus Christus und seine Macht (Phil 4,13). Er kann Not und Gefahren trotzen (2Tim 1,7) und voller Zuversicht beten (Hebr 4,16). Der Christ hat allen Grund, mutig durchs Leben zu gehen (Phil 1,14). Das feste Vertrauen auf Gott führt nicht nur zur Erlösung, die sich auf das vollbrachte Heilswerk Christi gründet, sondern auch zur Verherrlichung, die dann kommt, wenn der wiederkommende Christus das, was er in dem Gläubigen begonnen hat, vollenden wird (1Thess 4,13-18).

Ist der Islam fatalistisch?

Fatalismus ist der Glaube, dass alles, was geschieht, bis hin zur ewigen Verdammnis oder Seligkeit, völlig willkürlich von Gott vorherbestimmt ist, so dass der Mensch letztlich keinerlei Wahlmöglichkeit hat. Dieser Glaube ist für viele, wenn auch nicht alle Muslime typisch und letztlich das, was hinter der häufig zu hörenden Redensart *Insh'allah* (»wenn Gott will«) steckt. Die Muslime berufen sich dabei auf mehrere Koranpassagen, insbesondere die folgenden:

> »Und Allah ladet ein zur Wohnung des Friedens und leitet, wen Er will, auf einen rechten Pfad.« (Sure 10,25)

> »Und Allah führt irre, wen Er will, und leitet recht, wen Er will; und Er ist der Mächtige, der Weise.« (Sure 14,4)

Frühe muslimische Theologen haben auf diesem Fundament eine Theologie des Fatalismus errichtet, so etwa Ibn Hazm, der schrieb: »Nichts ist gut, außer weil Allah es so gemacht hat, und nichts ist böse, außer durch Seinen Willen.«[71] Dieser

---

71 Ergun Mehmet Caner und Emir Fethi Caner: Islam ohne Schleier, Gießen 2003, S. 239

Fatalismus spielt bis heute eine prägende Rolle in der islamischen Lehre.

Die Folgen des Fatalismus sind gekennzeichnet von gravierenden Auswirkungen.

Erstens hat der Einzelne letztlich keine Hoffnung in diesem Leben, da ja alles, was ihm widerfährt, von einem fernen und unpersönlichen Gott vorprogrammiert ist.

Zweitens gilt diese Hoffnungslosigkeit auch für seine Erlösung, da Allah ja jeden, den er will, in die Irre führt. Die meisten Menschen werden in der Hölle landen – und können daran nichts ändern. Die psychologische Folge eines solchen Glaubens ist entweder die große, verzweifelte Resignation oder ein Zustand, wo man als hilfloses Opfer eines Willkürgottes jede persönliche Verantwortung für seine Sünden ablehnt. Der Mensch, der keinerlei Freiheit und Verantwortung hat, fällt letztlich entweder in die Anarchie oder in starre Gesetzlichkeit.

Drittens: Die größte Hypothek des Fatalismus ist, dass er Gott zur Quelle und Ursache des Bösen macht. Damit aber ist Gott nicht mehr wirklich gut; aus dem himmlischen Vater wird eine unpersönliche »Kraft«. Der Fatalismus führt konsequenterweise zu einem Gottesbild, wo Gott das Heil der Menschen egal ist. Der Hadith berichtet die folgende Begebenheit: »Aisha, die Mutter der Gläubigen, berichtete, dass ein Kind gestorben war, und ich sagte: ›Wohl diesem Kind, das ein Vogel unter den Vögeln des Paradieses ist.‹ Darauf sprach Allahs Gesandter (Friede sei mit ihm): ›Weißt du nicht, dass Allah das Paradies und die Hölle erschaffen hat und dass er die erschaffen hat, die im Paradies wohnen werden, und die, die in der Hölle wohnen werden?‹«[72]

Die Trostlosigkeit und Heilsunsicherheit im Islam gründet sich auf seinen fatalistischen Hintergrund, der in Koran und Hadith immer wieder klar zur Sprache kommt und Teil des islamischen Glaubens ist.

---

72 Sahih Muslim, 33.6435

Kapitel 7

Fragen über eschatologische Themen (Endzeit)

Unter *Eschatologie* versteht man in der Theologie die »Lehre von den letzten Dingen«, d. h. vom letztlichen Ausgang der Weltgeschichte wie des Lebens des Einzelnen. Etwa seit dem 19. Jahrhundert gibt es in der Christenheit ein verstärktes Interesse an diesen Themen, das im 20. Jahrhundert durch Romane und Filme über die »Endzeit« verstärkt worden ist. Auch Vorträge und Seminare über Endzeit-Themen erfreuen sich zum Teil regen Zuspruchs – die Aussagen über das Geschehen der Endzeit beschäftigen die Menschen in zunehmendem Maße in einer Welt, deren Geschehen immer schwerer einzuordnen und zu verkraften ist.

Im Folgenden wollen wir die islamischen Positionen zu Endzeit, Ewigkeit, Himmel, Hölle und Gericht darstellen und mit den christlich-biblischen vergleichen.

Steht Jesus (Isa) im Mittelpunkt der islamischen Eschatologie?

Jesus ist nicht die Hauptperson in der islamischen Eschatologie, aber er spielt eine wichtige Rolle in ihr, denn auch der Islam kennt die Vorstellung, dass Jesus am Ende der Zeiten »wiederkommen« wird. Einer der Kerntexte hierzu ist Sure 43,61:

»Und siehe, er (Jesus) dient wahrlich zum Wissen von der ›Stunde‹ (des Gerichts). So bezweifelt sie (die Stunde) nicht, sondern folget Mir; dies ist ein rechter Pfad.«[73]

Alis Koran-Kommentar benennt deutlich den Grund, warum Jesus wiederkommen wird: um alle Menschen zum Glauben an Allah zu führen:

»Dieser Text bezieht sich auf das zweite Kommen Jesu in den letzten Tagen vor der Auferstehung, wenn er die falschen Lehren, die unter seinem Namen umgehen, zerstören und den Weg für die weltweite Annahme des Islam, des Evangeliums der Einheit und des Friedens, des geraden Weges des Korans bereiten wird.«[74]

Die Autoren des Neuen Testaments hätten sich verwundert die Augen gerieben ob solch einer Deutung der Wiederkunft Christi, aber über eine Milliarde Menschen auf der Erde glauben an diese Version. Damit niemand denkt, dass es sich hier um eine Sondermeinung einer obskuren muslimischen Randgruppe handelt, hier ein Zitat aus einer in Amerika erschienenen Darstellung des islamischen Messianismus, das genauer beschreibt, was der wiedergekommene Jesus (Isa) tun wird:

»Er wird im Heiligen Land an einem Ort namens Afiq herab-kommen, einen Speer in seiner Hand, mit welchem er al-Dajjal (den Antichristen) töten wird, und zur Zeit des Morgengebets nach Jerusalem gehen. Dort wird der Imam ihm seinen Platz anbieten, doch Jesus wird dies ablehnen und hinter ihm anbeten, nach der Scharia Mohammeds. Danach wird er die Schweine töten, die Kreuze zerbrechen und alle Chris-

---

73 Ali: The Meaning of the Holy Qur'an, 1276, Klammerzusätze von Ali
74 a. a. O:, n. 4662

ten, die nicht an ihn glauben, töten. Wenn al-Dajjal getötet ist, werden alle Schriftbesitzer (d. h. die Juden und Christen) an ihn glauben und eine einzige Umma derer sein, die sich dem Willen Allahs unterwerfen. Jesus wird die Herrschaft des Rechts errichten und 40 Jahre lang bleiben. Dann wird er sterben und in Medina beerdigt werden, wo er neben Mohammed begraben werden wird, zwischen Abu Bakr und Umar.«[75]

Wo wird Jesus wiederkommen?

Nach der Bibel (Apg 1,9-11) wird Jesus an der gleichen Stelle, von der aus er zum Himmel fuhr, wiederkommen. Der Islam macht erstaunlich detaillierte Angaben. Im Hadith Abu Dawud 37.4310 heißt es: »Jesus (Friede sei mit ihm) wird herabkommen (auf die Erde). Wenn ihr ihn seht, erkennt ihn daran: ein Mann von mittlerer Größe, rötlich-hell, der zwei hellgelbe Gewänder trägt.«

Viele glauben, dass Jesus auf einem Minarett in Damaskus landen wird: »Die meisten Muslime glauben, dass Jesus bei seinem Herabkommen aus dem Himmel sich mit den Händen auf die Flügel zweier Engel stützen wird. Er wird auf das weiße Minarett herabsteigen, das im Osten von Damaskus steht. Er wird die ganze Welt einladen, muslimisch zu werden, auch die Christen und Juden.«[76]

Dies ist ein völlig anderes Szenario als in der Bibel, wo es heißt: »Und seine Füße werden stehen zu der Zeit auf dem Ölberg, der vor Jerusalem liegt nach Osten hin« (Sach 14,4).

---

75 Abdulazziz Abdulhussein Sachedina: Islamic Messianism, Albany, N.Y. 1981
76 A. A. Mawdudi: Finality of Prophethood (kein Ort und Verlag), S. 58–61; Sahih al-Bukhari Hadith, 18.814. Die Autoren sind für diesen Abschnitt James Sundquist für seine gründliche Forschungsarbeit sehr zu Dank verpflichtet; vgl. James Sundquist: Muslim Jesus Versus Biblical Jesus: Twenty Two Scriptural Reasons Why They Are Not the Same, Rock Salt Publishing 2002

Tötet der islamische Jesus den Antichristen (al-Dajjal)?

Ob der wiederkommende Jesus al-Dajjal töten wird, ist umstritten. Die Schiiten glauben, dass der 12. Imam, Mohammed ibn al-Hanifiyah, der im Jahre 875 verschwand, nie starb, sondern auf die Rückkehr Jesu wartet, damit er dann der Mahdi (»Der recht Geleitete«) sein kann, der al-Dajjal tötet. Zu dieser schiitischen Sekte (Ithna-ashariyya) gehörte auch Ayatollah Khomeini.

Andere Muslime glauben, dass Jesus persönlich den Antichristen in einer Schlacht töten wird. Sundquist zitiert dazu den Hadith Dhikr Dajjal:

> »Christus [...] wird mit den Muslimen gegen Dajjal ins Feld ziehen. Der Feind wird vor dem mächtigen Angriff Christi, des Sohnes der Maria, weichen, und Dajjal wird über den Hang von Afiq (ein Berg bei der Stadt Fiq in Syrien) nach Israel fliehen. Christus wird Dajjal verfolgen und vernichten auf dem [...] Feld von Lydda. Ein großes Abschlachten der Juden wird folgen, und jeder von ihnen wird vernichtet werden. Das Volk der Juden wird ausgelöscht werden. Wenn Christus die Wahrheit verkündet, wird die christliche Religion aufhören. Später wird der Sohn der Maria Dajjal verfolgen und am Tor von Lydda einholen und dort töten.«[77]

Wenn die Mehrheit der Muslime glaubt, dass Jesus den 12. Imam treffen wird, ergibt sich eine interessante Wendung, denn dann nehmen der islamische Jesus und der 12. Imam Züge der beiden »Zeugen« in Offenbarung 11,3 an, die ebenfalls nicht sterben. Im Koran wird Jesus nicht gekreuzigt und stirbt nicht:

> »Und weil sie sprachen: ›Siehe, wir haben den Messias Jesus, den Sohn der Maria, den Gesandten Allahs, ermordet‹ – doch

---

77 Sundquist: Muslim Jesus Versus Biblical Jesus

ermordeten sie ihn nicht und kreuzigten ihn nicht, sondern einen ihm ähnlichen – […] (darum verfluchten wir sie). Und siehe, diejenigen, die über ihn uneins sind, sind wahrlich im Zweifel in Betreff seiner. Sie wissen nichts von ihm, sondern folgen nur Meinungen; und nicht töteten sie ihn in Wirklichkeit. Sondern es erhöhte ihn Allah zu Sich; und Allah ist mächtig und weise.« (Sure 4,157-158)

Wenn Christus nicht gekreuzigt wurde, kann er nicht als der Durchbohrte wiederkommen, wie dies Sacharja prophezeit (»Und sie werden mich ansehen, den sie durchbohrt haben […]«, Sach 12,10). Der islamische Jesus ähnelt eher Elia oder Henoch, die nach der Bibel auch nicht starben, sondern direkt zu Gott entrückt wurden.

Zerbricht der wiederkommende Jesus alle Kreuze und tötet alle Schweine?

Nach den Hadithen, den neben dem Koran zweiten Pfeiler der muslimischen Lehre, wird Jesus aus zwei Gründen die Kreuze zerbrechen und die Schweine töten.

Erstens wird er den Gebrauch religiöser Bilder, der im Islam strikt verboten ist, beenden, und zweitens wird er die Benutzung »unreiner« Tiere abschaffen. Für den Muslim ist der Gebrauch religiöser Bilder und Ikonen, wie er sich vor allem im Katholizismus und bei den Orthodoxen findet, gotteslästerlich. Viele Anhänger der strikteren islamischen Richtungen weigern sich sogar, sich fotografieren zu lassen, um das Bilderverbot nicht zu verletzen.

»Wenn die Muslime sich zum Gebet niederwerfen, wird Christus, der Sohn der Maria (Friede sei mit ihm), vor ihren Augen vom Himmel herabkommen und ihrem Gebet vorstehen. Nach dem Gebet wird er zu ihnen sagen: ›Ebnet den Weg zwischen mir und diesem Feind Allahs.‹ Allah wird den Muslimen den Sieg über die Heerscharen Dajjals geben. Die Muslime werden schwere Strafe über den Feind bringen, dass sogar die Bäume und Steine rufen werden: ›O Abdullah, o Abdul Rahman, o Muslim, komm her! Hinter mir ist ein Jude, töte ihn!‹ So wird Allah die Juden auslöschen, und die Muslime werden siegen. Sie werden das Kreuz zerbrechen, die Schweine abschlachten und die Jizya (Steuer für die in islamischen Ländern lebenden Nichtmuslime) abschaffen.«[78]

In der Offenbarung, dem letzten Buch der Bibel und dem Zentrum der christlichen Eschatologie, wird Jesus interessanterweise wiederholt als »das Lamm« bezeichnet. Das Kreuz als Symbol des Opfertodes Christi ist eben das: ein Symbol. Es ist kein Götzenbild oder etwas, dem gläubige Christen magische Eigenschaften zuschreiben würden. Die Vorstellung, dass das Kreuz in sich magische Kraft habe, kommt nicht aus der Bibel, sondern ist heidnischen Ursprungs.

Wird der wiedergekommene Jesus ein Ehemann und Vater?

Im Hadith von Sahih Muslim heißt es, dass Jesus »40 Jahre lang leben wird, in denen er heiraten, Kinder zeugen und die Hadj [Pilgerfahrt nach Mekka] unternehmen wird«.[79] Die Bedeutung der 40 Jahre ist in der islamischen Theologie unklar, aber viele nehmen hier eine Parallele zu der biblischen Zahl 40 an.

Dies steht in krassem Gegensatz zum biblischen Szenario, in dem Christus wiederkommt, um die »Braut« (seine Gemeinde)

---

78 a. a. O., Sundquist kommentiert, dass Hafiz Ibn Hajar, Fath-ul-Bari (6.450) diese Tradition für authentisch erklärt.
79 Sahih Muslim: Bd. 1, S. 92

zu sich zu holen: »Lasst uns freuen und fröhlich sein und ihm die Ehre geben; denn die Hochzeit des Lammes ist gekommen, und seine Braut hat sich bereitet« (Offb 19,7). Der Ausdruck »Braut« ist hier rein bildlich und meint die Gesamtzahl aller an Jesus Christus Gläubigen. Obwohl manche liberale Theologen und Romanschriftsteller spekuliert haben, dass etwa die Freundschaft Jesu mit den Lazarus-Schwestern Maria und Marta nicht rein platonisch gewesen sei, sind gläubige Christen sich einig, dass Jesus nie eine Frau begehrt oder geheiratet hat. Die Annahme, dass der Sohn Gottes sexuelle Beziehungen hatte, ist nichts als ein Versuch, seine Göttlichkeit zu leugnen.

Stirbt der wiedergekommene Jesus eines Tages?

Wie oben schon erwähnt, glauben die Muslime, dass der wiedergekommene Christus 40 Jahre lang leben und eine Pilgerfahrt nach Mekka machen wird. »Er wird alle Religionen auslöschen, außer dem Islam. Er wird den Antichristen vernichten und 40 Jahre auf der Erde leben und dann sterben.«[80]

Der tiefere Sinn dieser Behauptungen ist, Jesus in eine Reihe mit den übrigen Propheten zu stellen. Es kann nicht oft genug betont werden, dass für den Muslim Jesus nicht Gott sein kann, sondern nur ein frommer Prophet Allahs. Der wiedergekommene islamische Jesus wird beim Gebet in der Moschee nur den zweiten Platz, hinter dem Imam, einnehmen. Manche Muslime zitieren gerne den Bericht über die Taufe Jesu als Beweis für seine bloße Menschlichkeit, aber man beachte die Worte Johannes des Täufers:

> »Am nächsten Tag sieht Johannes, dass Jesus zu ihm kommt, und spricht: Siehe, das ist Gottes Lamm, das der Welt Sünde trägt! Dieser ist's, von dem ich gesagt habe: Nach mir kommt

---

80 Sunan Abu Dawud: 37.4310

ein Mann, der vor mir gewesen ist, denn er war eher als ich. Und ich kannte ihn nicht. Aber damit er Israel offenbart werde, darum bin ich gekommen, zu taufen mit Wasser. Und Johannes bezeugte und sprach: Ich sah, dass der Geist herabfuhr wie eine Taube vom Himmel und blieb auf ihm. Und ich kannte ihn nicht. Aber der mich sandte, zu taufen mit Wasser, der sprach zu mir: Auf wen du siehst den Geist herabfahren und auf ihm bleiben, der ist's, der mit dem heiligen Geist tauft. Und ich habe es gesehen und bezeugt: Dieser ist Gottes Sohn.« (Joh 1,29-34)

Der wiedergekommene islamische Jesus ist ein würdiger Prophet, aber nicht der Sohn Gottes. Er setzt sich nicht auf den Thron Davids, sondern stirbt und wird zwischen den Nachfolgern Mohammeds begraben. Ganz anders die biblische Sicht, wie sie sich etwa in Offenbarung 1,17-18 in Christi eigenen Worten findet: »Ich bin der Erste und der Letzte und der Lebendige. Ich war tot, und siehe, ich bin lebendig von Ewigkeit zu Ewigkeit und habe die Schlüssel des Todes und der Hölle.« Christus ist stellvertretend für alle Menschen gestorben, aber dann ist er vom Tod auferstanden und lebt ewig. »Dieser [Jesus] aber hat, weil er ewig bleibt, ein unvergängliches Priestertum« (Hebr 7,24).

Ist Harmagedon der letzte Djihad?

Gelegentlich zitieren Muslime die Schlacht von Harmagedon (Offb 16,16) als christliches Gegenstück zum Djihad; vgl. Texte wie Offenbarung 19,11-16:

»Und ich sah den Himmel aufgetan; und siehe, ein weißes Pferd. Und der darauf saß, hieß: Treu und Wahrhaftig, und er richtet und kämpft mit Gerechtigkeit. Und seine Augen sind wie eine Feuerflamme, und auf seinem Haupt sind viele Kronen; und er trug einen Namen geschrieben, den niemand kannte als er selbst. Und er war angetan mit einem Gewand, das mit Blut getränkt war, und sein Name ist: Das Wort Gottes. Und ihm folgte das Heer des Himmels auf weißen Pferden, angetan mit weißem, reinem Leinen. Und aus seinem Munde ging ein scharfes Schwert, dass er damit die Völker schlage; und er wird sie regieren mit eisernem Stabe; und er tritt die Kelter, voll vom Wein des grimmigen Zornes Gottes, des Allmächtigen, und trägt einen Namen geschrieben auf seinem Gewand und auf seiner Hüfte: König aller Könige und Herr aller Herren.«

Doch die Parallelen sind nur oberflächlich. Der Djihad ist eine Leistung des Gläubigen, der sich im Kampf den Himmel verdienen will. Die Gläubigen, die den wiederkommenden Christus begleiten, haben den Himmel bereits; sie kommen nicht zurück, um mitzukämpfen, sondern um die Erfüllung der Prophezeiung quasi als Zuschauer zu erleben. Der Einzige, der eine Waffe trägt, ist Christus selber, und die Schlacht ist nicht die Vorbereitung des Endgerichts, sondern bereits sein Anfang.

Vor allem aber haben im Christentum die Gläubigen nicht die Aufgabe, die Ungläubigen zu töten; Gott allein ist Herr über Leben und Tod. Nirgends in der ganzen Bibel ergeht eine Aufforderung an die Christen, ihre Widersacher umzubringen.

Gehört zur islamischen Eschatologie die muslimische Welteroberung?

Die islamischen Theologen sind sich zum Thema Welteroberung nicht einig. Viele lehnen die Eroberung der ganzen Welt als Ziel des Islam ab, während andere die Unterwerfung aller nichtislamischen Länder als Vorbedingung für das Gericht Allahs betrachten. Ein prominenter Vertreter der zweiten Gruppe war der iranische Ayatollah Khomeini, der 1979, nach dem Sturz des Schahs, den Iran zu einem fundamentalistischen islamischen Gottesstaat umbaute. Khomeini wörtlich:

«Der Islam macht es allen erwachsenen Männern, sofern sie nicht körperlich behindert sind, zur Pflicht, sich auf die Eroberung anderer Länder vorzubereiten, damit die heiligen Schriften des Islam in jedem Land der Welt befolgt werden. Wer den islamischen Heiligen Krieg studiert, der versteht, warum der Islam die Welt erobern will. [...] Die dagegen nichts über den Islam wissen, behaupten, dass der Islam gegen den Krieg sei. Diese Menschen sind ohne Verstand. Der Islam sagt: Tötet alle Ungläubigen, so wie sie euch töten würden! Heißt dies, dass die Muslime die Hände in den Schoß legen sollen, bis sie (von den Ungläubigen) vernichtet werden? Der Islam sagt: Tötet sie (die Nichtmuslime), macht sie mit dem Schwert nieder und zerstreut (ihre Armeen). Heißt dies, dass wir warten sollen, bis (die Nichtmuslime) uns überwältigen? Der Islam sagt: Tötet im Dienste Allahs die, die euch töten könnten! Heißt dies, dass wir uns dem Feind ergeben sollen? Der Islam sagt: Was es an Gutem gibt, gibt es dank des Schwertes und im Schatten des Schwertes! Die Menschen können nicht gehorsam gemacht werden, außer durch das Schwert! Das Schwert ist der Schlüssel zum Paradies, das sich nur den heiligen Kriegern öffnet! [...] Bedeutet dies, dass der Islam eine Religion ist, die die Menschen davon abhält, Krieg zu führen? Ich spucke auf die Narren, die so etwas behaupten.«[81]

Eine ganz ähnliche Position nehmen die beiden Schriftsteller Mohamed Azad und Bibi Amina, deren Buch in den USA erschienen ist und den Titel *Islam Will Conquer All Other Religions*

---

81 Ibn Warraq: Why I Am Not a Muslim, Amherst, N.Y. 1995, S. 11–12

and American Power Will Diminish (»Der Islam wird alle anderen Religionen erobern, und die Macht Amerikas wird sinken«) trägt.[82] Der Titel sagt alles und das darin vertretene Gedankengut ist im Islam durchaus verbreitet. Wenn die islamische Welteroberung tatsächlich eschatologisch relevant ist, das heißt, für den Beginn der Endzeit dieser Welt von Wichtigkeit ist, dann stehen wir hier vor der muslimischen Version des so genannten »Postmillenianismus«, d. h. der Vorstellung, dass das Ende der Welt durch die Bemühungen der Frommen beschleunigt werden kann. Das bedeutet aber wiederum, dass alle Bemühungen hinsichtlich der Vernichtung der Ungläubigen unter dieser religiösen Vorstellung erheblich forciert werden, je mehr sie die Vorstellung der gläubigen Muslime vereinnahmt.

Ruft der Koran zur Weltherrschaft des Islam auf?

Unterstützt der Koran einen solchen Aufruf zur Weltherrschaft im geopolitischen Sinn? Die Verfechter der Weltherrschaft des Islam zitieren Sure 61,9: »Er ist's, der Seinen Gesandten mit der Leitung und der Religion der Wahrheit entsandt hat, um sie über jede andre Religion siegreich zu machen, auch wenn es den Götzendienern zuwider ist.«

Dieser Vers ist für die islamische Ethik so zentral, dass er noch zweimal wiederholt wird – in Sure 9,33 und in modifizierter Form in Sure 48,28, die Allah den Zeugen der Wahrheit nennt. Ali kommentiert hierzu, die Position vieler Muslime wiedergebend:

«Es gibt eigentlich nur eine wahre Religion: die Botschaft Allahs und die Unterordnung unter Seinen Willen, und sie heißt Islam. Dies war die Religion, die Mose und Jesus predig-

---

82 Mohamed Azad und Bibi Amina: Islam Will Conquer All Other Religions and American Power Will Diminish, Brooklyn 2001

ten, die Religion Abrahams, Noahs und aller Propheten, mit welchem Namen sie auch benannt werden mag. Wenn die Menschen dieses reine Licht trüben und ihren Religionen andere Namen geben, müssen wir geduldig mit ihnen sein und können diese Namen der Einfachheit halber erlauben. Aber die Wahrheit muss über alles siegen.«[83]

Christen wie Juden können diese Position nur auf das Schärfste ablehnen. Der Islam folgt hier dem gleichen Muster wie später z. B. die Mormonen oder die Unification Church (»Moonies«), die ebenfalls den biblischen Glauben nach ihrem Gutdünken abändern, ergänzen und verwerfen und anschließend behaupten, dass sie allein die Wahrheit predigen.

Wie wird Jesus im Islam wiederkommen?

Eine der systematischsten Darstellungen der islamischen Eschatologie gibt Mufti A.H. Elias, in seinem Artikel »Jesus (Isa) A.S. in Islam, and His Second Coming« (»Jesus im Islam und seine Wiederkunft«). Elias listet 30 Segnungen auf, die mit der Wiederkunft des Propheten Jesus verbunden sein sollen:

1. Isa wird herabkommen und auf der Erde bleiben.
2. Seine Wiederkunft wird in der letzten Ära der Umma erfolgen.
3. Er wird ein gerechter Herrscher und Richter sein.
4. Seine Umma wird das Kalifat von Rasullah (Mohammed) sein.
5. Er wird sich nach dem Koran und den Hadithen richten und diese lehren.
6. Er wird das Volk im *Salat* (Gebet) leiten.
7. Er wird 40 Jahre lang auf der Erde bleiben; dies wird die beste Ära der Umma nach der ersten sein.

---

83 Ali, The Meaning of the Holy Qur'an, n. 5442

8. Allah wird seine Gefährten vor *Djahannam* (einer der sieben Abteilungen der Hölle) bewahren.

9. Die Menschen, die die *Deen* (Religion) des Islam retten, indem sie mit Jesus zusammenwirken, werden zu den Lieblingen Allahs gehören.

10. In dieser Zeit werden alle anderen Religionen aufhören, so dass es keine *Kafir* (Ungläubigen) mehr in der Welt gibt.

11. Der Djihad wird aufhören.

12. Es wird keine *Khiraaj* (Grundsteuer) mehr erhoben werden.

13. Auch die *Jizya* (Kopfsteuer der Ungläubigen) wird aufhören.

14. Es wird ein solcher Wohlstand herrschen, dass niemand auf den Reichtum anderer angewiesen sein wird.

15. Da es keine Armen mehr gibt, wird es auch kein *Zakat* (Pflichtalmosen) und kein *Saadaqa* (freiwilliges Almosen) mehr geben.

16. Die Menschen werden das *Sajda* (Niederknien) vor Allah mehr lieben als die Welt und alles, was in ihr ist.

17. Alle möglichen Arten von *Deen* und weltlichen Segnungen werden auf die Erde kommen (viele Dinge, die *halal* [recht mäßig] sind, werden erschaffen).

18. Es werden Friede, Harmonie und Ruhe herrschen, solange Isa in der Welt ist.

19. Sieben Jahre lang wird es keinerlei Feindschaft geben, auch nicht zwischen zwei Menschen.

20. Alle Herzen werden frei sein von Geiz, Neid, Hass, Boshaftigkeit und Eifersucht.

21. 40 Jahre lang wird niemand krank werden oder sterben.

22. Alle giftigen Tiere werden ihr Gift verlieren.

23. Schlangen und Skorpione werden so harmlos sein, dass ein Kind seine Hand in ihr Maul stecken kann.

24. Raubtiere werden niemandem mehr etwas Böses tun.

25. Ein Mann kann ohne Gefahr an einem Löwen vorbeigehen, ja, ein Mädchen kann ihm das Maul öffnen, um zu sehen, ob er gefährlich ist.

26. Kamele und Löwen, Geparden und Vieh, Schakale und Ziegen werden friedlich zusammen grasen.
27. Das Land wird so fruchtbar werden, dass noch aus Steinen Pflanzen wachsen.
28. Die Granatäpfel werden so groß sein, dass ein ganzes Volk von ihnen leben kann und die Menschen ihre Schale als Sonnenschutz benutzen.
29. In der Milch wird so viel *Baraka* (Segen) sein, dass ein Kamel für ein großes Volk ausreichen wird, eine Kuh für einen Stamm und eine Ziege für eine Familie.
30. Kurz: Das Leben wird wunderbar sein, wenn Jesus wieder gekommen ist.

Christen werden in dieser Liste Parallelen zur Beschreibung des Tausendjährigen Reiches etwa bei Jesaja und Hesekiel entdecken.

Werden nicht alle Menschen ihre Knie vor Christus beugen?

Vor kurzem rief ein Muslim während einer Radiosendung, bei der wir zu Gast waren, den Sender an und zitierte Philipper 2, 9-11 als Beweis dafür, dass auch die Christen Eroberungskriege gegen die Ungläubigen führen: »Darum hat ihn auch Gott erhöht und hat ihm den Namen gegeben, der über alle Namen ist, dass in dem Namen Jesu sich beugen sollen aller derer Knie, die im Himmel und auf Erden und unter der Erde sind, und alle Zungen bekennen sollen, dass Jesus Christus der Herr ist, zur Ehre Gottes, des Vaters.«

Ist dieser Text ein biblisches Gegenstück zum Djihad? Nun, es handelt sich um einen eschatologischen Text, und er bedeutet in der Tat, dass einmal alle Wesen des Universums Christus als Herrn anerkennen werden. Doch dies wird erst zur Zeit des

Endgerichts geschehen, nicht in unserer heutigen Zeit, und es bedeutet auch nicht, dass die Ungläubigen getötet werden – weder heute noch nach dem Gericht. Das Dasein in der Hölle wird in der Bibel als »ewig« beschrieben, nicht als Vernichtung (vgl. Mt 18,8). In Philipper 2 geht es nicht um irgendwelche Zwangsbekehrungen, sondern darum, dass einmal alle Menschen sich vor der Majestät und Herrlichkeit Christi beugen werden, weil sie erkannt haben, dass Jesus Christus dessen würdig ist.

Ist der Himmel im Islam ein sinnliches Paradies?

Dem Christen, der an die biblischen Beschreibungen der ewigen Herrlichkeit gewöhnt ist, muss das Bild vom Himmel, das der Koran und die Hadithe malen, ungewohnt erscheinen. In Sure 56,12-38 heißt es, dass die Seligen im »Garten der Wonne« auf kostbaren Polstern liegen und von unsterblichen Knaben mit dem köstlichsten Wein bedient werden, der keine Kopfschmerzen und nicht betrunken macht, und dazu mit Früchten und Geflügelfleisch versorgt werden, wie sie es begehren. Als weiterer Lohn für ihre Taten erhalten sie die Liebe von »großäugigen Huris« (Jungfrauen).

Ali sieht in seinem Korankommentar in der jugendlichen Frische dieser Diener und Dienerinnen »ein Symbol des wahren Dienstes, wie wir ihn in der geistlichen Welt erwarten können. Diese Frische wird ewig sein und nicht abhängig von irgendwelchen Launen, Zufällen oder Veränderungen.«[84]

Der Koran ist voll von Hinweisen auf diese Paradiesjungfrauen:

«Und bei ihnen sollen sein züchtig blickende, großäugige (Mädchen), gleich einem versteckten Ei.« (Sure 37,48-49)

---

84 a. a. O., n. 5321

»In ihnen sind keusch blickende (Mädchen), die weder Mensch noch Dschann zuvor berührte. Und welche der Wohltaten eures Herrn wollt ihr beide wohl leugnen?« (Sure 55, 56-57)

»Siehe, für die Gottesfürchtigen ist ein seliger Ort, Gartengehege und Weinberge, Jungfrauen mit schwellenden Brüsten, Altersgenossinnen und volle Becher.« (Sure 78,31-34)

Die vestalischen Jungfrauen, die angeblich die Märtyrer im Himmel erwarten, sind ein beliebtes Thema. Der Glaube, dass es 72 sein sollen, gründet sich auf Hadith 4.2687:

»Der Prophet Mohammed sagte einmal: ›Die kleinste Belohnung für die Menschen im Paradies ist eine Wohnung mit 80.000 Dienern und 72 Ehefrauen, die von einer Kuppel mit Perlen, Aquamarinen und Rubinen gekrönt ist, die so breit ist, dass sie von al-Jabiyyah (einem Vorort von Damaskus) bis nach Sana'a (Jemen) reicht.‹«

Ist der Teufel der Bibel dasselbe wie Iblis im Islam?

Der islamische Teufel, der Iblis oder Shaytan genannt wird, entspricht im Großen und Ganzen dem biblischen Satan, jedoch mit ein paar Unterschieden. Azad und Amina schreiben:

»Nach der Lehre des Korans hatte das Wesen, das zum Satan wurde, […] zuvor eine hohe Stellung innegehabt, aber fiel aus der göttlichen Gnade heraus, weil es sich in seinem Ungehorsam weigerte, Adam zu ehren, als ihm dies zusammen mit anderen Engeln befohlen wurde. Seitdem besteht sein Werk darin, die Menschen zu Irrtum und Sünde zu verführen. Der Satan ist daher der Zeitgenosse des Menschen, und der Koran sieht in seinem Ungehorsam die Sünde des Stolzes. Die

Machenschaften des Satans werden erst in den Letzten Tagen aufhören.«[85]

Der Gebrauch des Wortes »Zeitgenosse« zur Beschreibung der Beziehung des Satans zur Menschheit wird den Bibelleser stutzig machen, und seine Weigerung, Adam zu ehren, findet sich nicht in den traditionellen biblischen Beschreibungen des Sturzes Luzifers in Jesaja 14,12-15 und Hesekiel 28,11-19. Bei Jesaja heißt es:

»Wie bist du vom Himmel gefallen, du schöner Morgenstern! Wie wurdest du zu Boden geschlagen, der du alle Völker niederschlugst! Du aber gedachtest in deinem Herzen: ›Ich will in den Himmel steigen und meinen Thron über die Sterne Gottes erhöhen, ich will mich setzen auf den Berg der Versammlung im fernsten Norden. Ich will auffahren über die hohen Wolken und gleich sein dem Allerhöchsten.‹ Ja, hinunter zu den Toten fuhrst du, zur tiefsten Grube!«

Der Ungehorsam des Satans und die Ursache seines Falls war nicht, dass er Adam nicht ehrte, sondern dass er Gott gleich sein wollte. Fünfmal spricht er hier davon, dass er Gott gleich, ja selber Gott sein will. Seine Sünde war die Ursünde überhaupt: die Selbstanbetung.

Wie wird die Hölle im Islam beschrieben?

Den Menschen, der auf Allahs Gerichtswaage kein Plus der guten Taten erreicht, erwartet ein nicht endendes Grauen der Strafe und Folter. Die Ungläubigen, die zu fliehen versuchen, werden mit eisernen Stöcken geschlagen werden: »Und eiserne

---

85 Azad und Amina: Islam Will Conquer, S. 15

Keulen sind für sie bestimmt. Sooft sie aus ihr [der Hölle] vor Angst zu entrinnen suchen, sollen sie in sie zurückgetrieben werden und: ›Schmecket die Strafe des Verbrennens‹« (Sure 22,21-22).

Die Ungläubigen werden in Feuer brennen: »An jenem Tage wirst du die Sünder in Fesseln zusammengekoppelt sehen, in Kleidern von Pech, und das Feuer wird über ihre Angesichter schlagen« (Sure 14,49-50). Ali merkt an, dass das »Pech« das arabische *qatiran* ist, eine harzähnliche Substanz, die leicht Feuer fängt.[86] Dieses Verbrennen und Sengen wird wiederholt und ewig sein, vgl. Sure 74,27-29.

Nach Sure 40,49 werden die armen Seelen in der Hölle die Wächterengel anflehen, ein gutes Wort für sie einzulegen, doch umsonst: »Und es werden diejenigen, die im Feuer sind, zu Dschahannams Hütern sprechen: ›Rufet euern Herrn an, dass Er uns [wenigstens] einen Tag von der Pein Erleichterung schafft!‹« Eine verständliche Bitte, denn die Ungläubigen werden außerdem Eiter trinken müssen (Sure 14,16-17). Die Hölle wird bewacht von den *al-Zabaniyya*, 19 Wächterengeln, die jeden, der sich zu verstecken versucht, heftig zurückstoßen (vgl. auch Sure 74,30 und 96,18).

In der Mitte der Hölle steht der Baum der Bitterkeit (*al-Zaqqum*), der wie lauter Dämonenhäupter aussieht; der Magen des Sünders, der von diesem Baum essen muss, wird schwer verbrannt.[87]

Aber es gibt auch Bilder, die den biblischen Höllenschilderungen ähneln, so das der siedenden Quelle (Sure 88,5; 38,57) und des gähnenden Abgrunds (101,9).

---

86 Ali: The Meaning of the Holy Qur'an, 1928
87 Ian Richard Netton: A Popular Dictionary of Islam, Chicago 1992, n. 264

Gibt es verschiedene Abteilungen in der islamischen Hölle?

Der Koran lehrt, dass die Hölle sieben Stufen oder Stockwerke hat, die für verschiedene Gruppen unter den Ungläubigen gedacht sind. Die 70. Sure trägt die Überschrift »Die Stufen«. Netton schreibt zu dieser Sure:

> »Sie bedeutet ›Die Aufstiege‹ oder ›Die Stufen‹. Die Sure gehört in die mekkanische Periode und hat 44 Verse. In ihrem Titel klingt der 3. Vers an, der (Allah) als ›den Herrn der Stufen‹ beschreibt. […] Die ersten Verse bieten ein lebendiges und schönes Bild der Majestät (Allahs), wenn die Engel auf den Stufen zu ihm emporsteigen an einem Tag, dessen Maß mit ›fünfzigtausend Jahre‹ angegeben wird. Die Schrecken des Tages des Gerichts werden beschrieben. Die Bösen fahren zur Hölle, während die Redlichen und die Frommen im Paradies geehrt werden.«[88]

Was sind die Stockwerke der Hölle? Der arabische Allgemeinausdruck für »Hölle«, *al-Nar,* unterscheidet nicht nach verschiedenen Abteilungen. Die islamische Tradition hat diese Abteilungen um die verschiedenen im Koran benutzten arabischen Bezeichnungen herum aufgebaut.

Die noch harmloseste Abteilung der Hölle wird *Djahannam (Dschahannam)* genannt – das arabische Gegenstück zur griechischen *Gehenna.* »Das Wort hat im Arabischen Bedeutungsanklänge an ›Tiefe‹ und wird im Koran häufig zur Bezeichnung der Hölle benutzt, insgesamt 77-mal. Nach der Tradition kommt der unbußfertige, sündige Muslim eine Zeit lang in sie hinein, bevor er endlich doch noch ins Paradies darf.«[89] Hier drängt sich ein

---

88 a .a. O., S. 154–155
89 a .a. O., S. 133

gewisser Vergleich zum katholischen Fegefeuer auf, dessen Behandlung jedoch den Rahmen dieses Buches sprengen würde.

Das zweite Stockwerk, *Saqar,* ist für die Anhänger des Zoroastrismus bestimmt, einer nahöstlichen Religion, die die islamischen Kalifen als besonders unwillig befanden, Allah und den Koran anzunehmen. Das Wort, das im Koran viermal erscheint, kann grob mit »von der Sonne versengt« übersetzt werden.

Die dritte Abteilung, *Sair,* ist als »brennendes Inferno« traditionell für die Sabäer gedacht. Als »Sabäer« sind drei verschiedene Gruppierungen bekannt; die meisten Muslime identifizieren sie mit einer Gruppe in Nordsyrien, die den Neoplatonismus und Gnostizismus lehrte. Der Ausdruck kommt im Koran 16-mal vor.[90]

Al-Jahim ist die Stufe der Hölle, die für die Götzendiener bestimmt ist. Der Ausdruck erscheint im Koran 25-mal.

Das fünfte Stockwerk der Hölle heißt *Laza* (wörtlich: »loderndes Feuer«). Laut Netton ist diese Abteilung »eine der sieben Stufen der Hölle, die die Tradition später für die Christen bestimmte. Das Wort erscheint im Koran nur einmal (in Sure 70), wo in Vers 15 *Laza* als ein gewaltiger Ofen beschrieben wird, der dem Sünder die Kopfhaut abbrennt und den Geizhals und die, die der Wahrheit den Rücken gekehrt hatten, verschlingt.«[91]

Die sechste Stufe der Hölle heißt *al-Hutama* (»das, was zerschmettert«). Netton schreibt: »Al-Hutama ist eine der sieben Höllenstufen, der die Tradition später die Juden zuwies.«[92] Sie wird in Sure 104,1-9 beschrieben:

«Weh jedem lästernden Verleumder, der Gut zusammenscharrt und es hinterlegt; er wähnt, dass sein Gut ihn unsterblich machen kann. Keineswegs; wahrlich, hinabgestürzt wird er in al-Hutama. Und was macht dich wissen, was al-Hutama

---

90 a .a. O., S. 221
91 a. a. O., S. 152
92 a. a. O., S. 108–109

ist? Es ist Allahs angezündetes Feuer [des Zorns], das über die Herzen emporsteigt. Siehe, es ist über ihnen wie ein Gewölbe auf hohen Säulen.«

Das unterste Stockwerk der Hölle heißt *al-Hawiya* (»Abgrund«, »Schlund«). Die islamische Tradition sieht es als bodenloses Loch, das für die schlimmsten Heuchler reserviert ist. Es erscheint in Sure 101,8-11: »Doch der, dessen Waage [der guten Werke] leicht ist – seine Mutter wird der Höllenschlund sein. Und was macht dich wissen, was er ist? Ein glühend Feuer!«

Ist der Islam die »Hure Babylon«?

Manche Christen fragen sich, ob der Islam das böse religiöse System ist, das in Offenbarung 17,1-6 beschrieben wird:

»Und es kam einer von den sieben Engeln, die die sieben Schalen hatten, redete mit mir und sprach: Komm, ich will dir zeigen das Gericht über die große Hure, die an vielen Wassern sitzt, mit der die Könige auf Erden Hurerei getrieben haben; und die auf Erden wohnen, sind betrunken geworden von dem Wein ihrer Hurerei. Und er brachte mich im Geist in die Wüste. Und ich sah eine Frau auf einem scharlachroten Tier sitzen, das war voll lästerlicher Namen und hatte sieben Häupter und zehn Hörner. Und die Frau war bekleidet mit Purpur und Scharlach und geschmückt mit Gold und Edelsteinen und Perlen und hatte einen goldenen Becher in der Hand, voll von Gräuel und Unreinheit ihrer Hurerei, und auf ihrer Stirn war geschrieben ein Name, ein Geheimnis: Das große Babylon, die Mutter der Hurerei und aller Gräuel auf Erden. Und ich sah die Frau, betrunken von dem Blut der Heiligen und von dem Blut der Zeugen Jesu. Und ich wunderte mich sehr, als ich sie sah.«

Ist hier der Islam gemeint? Die große Verbreitung dieser Religion (»an vielen Wassern«) und ihre blutige Verfolgung der Christen passen zur gegenwärtigen Expansion des Islam. Doch die Experten biblischer Prophetie sehen das hier beschriebene religiöse System eher als eines, das sich Einheit, Frieden und Liebe auf seine Fahnen schreibt. Hier wird dem Islam eine Verbreitung zugeschrieben, die er so nicht hat. Wir glauben, dass die Religion der »Hure Babylon« eher ein Mischmasch aus vielen verschiedenen Religionen ist, ein Markt der Möglichkeiten, der niemanden vor den Kopf stößt und alles zu einer »Einheitssuppe« zusammenschmilzt.

Ist der Konflikt zwischen Islam und Christentum ein Vorbote der Wiederkunft Christi?

Diejenigen, die glauben, dass der Islam die in Offenbarung 17 erwähnte Religion sein könnte, fügen gerne hinzu, dass das gegenwärtige Chaos in der Welt ein Vorzeichen der Wiederkunft Jesu ist. Stimmt dies mit der Bibel überein?

Unsere Antwort auf diese Frage hängt mit unserer persönlichen Sicht von der Endzeit zusammen. Wir, die Autoren, glauben, dass Christus seine Gemeinde *vor* Beginn der in Offenbarung 6-19 beschriebenen Leidens- und Gerichtszeit (»Trübsal«) zu sich holen (»entrücken«) wird. Wir glauben, dass die der Wiederkunft Christi vorangehenden Prophetien alle erfüllt sind und dass er jederzeit kommen kann. Nach unserer Meinung kommt zuerst die Entrückung, dann die Trübsal und danach die Wiederkunft Christi, die das Tausendjährige Reich und letztlich die ewige Herrschaft Gottes einleitet. Wir sind uns darüber im Klaren, dass andere Theologen dies anders sehen; ein Vergleich der verschiedenen Systeme würde den Rahmen dieses Buches sprengen.

Doch ganz unabhängig von dieser Frage glauben wir, dass der

Islam in diesem Konflikt keine zentralere Rolle hat als andere politische und religiöse Bewegungen auch. Jede Christengeneration hat in bestimmten Krisenherden und Brennpunkten den (freudig oder ängstlich erwarteten) »Anfang vom Ende« gesehen. Christus kann jederzeit wiederkommen, und wir glauben, dass Panik nicht die richtige Reaktion für die Gläubigen ist. Wir leben, beten und predigen so, als ob Christus heute wiederkommt, aber wir planen so, als ob er die nächsten fünfzig Jahre noch nicht kommen wird. Dies ist, so glauben wir, die richtige, ausgewogene Perspektive.

Schickt Gott die Menschen gerne in die Hölle?

In unserem Buch *Islam ohne Schleier*[93] haben wir das stoische Wesen des Allahs des Islam dargestellt. Allah macht selig, wen er will, und schickt in die Hölle, wen er will. In einem Fernsehinterview versuchte jemand, hier den Spieß in Richtung Christentum umzudrehen, indem er sagte: »Freut sich Ihr Christengott nicht, wenn eine Seele zur Hölle fährt? Bereitet ihm das nicht ein klammheimliches göttliches Vergnügen?«

Wir verneinen dies mit aller Entschiedenheit. Die Bibel sagt es sehr deutlich: Christus kam in die Welt, um »zu suchen und selig zu machen, was verloren ist« (Lk 19,10). Als die Pharisäer ihm vorwarfen, sich zu viel mit Zöllnern und Sündern abzugeben, antwortete er ihnen: »Die Starken bedürfen des Arztes nicht, sondern die Kranken. Geht aber hin und lernt, was das heißt: ›Ich habe Wohlgefallen an Barmherzigkeit und nicht am Opfer.‹ Ich bin gekommen, die Sünder zu rufen und nicht die Gerechten« (Mt 9,12-13).

Die große Botschaft des Evangeliums ist das Angebot der Erlösung durch Christus. Petrus lässt uns einen Blick in Gottes

---

93 Caner und Caner: Islam ohne Schleier, Gießen 2003

Herz werfen, wenn er schreibt: »Der Herr verzögert nicht die Verheißung, wie es einige für eine Verzögerung halten; sondern er hat Geduld mit euch und will nicht, dass jemand verloren werde, sondern dass jedermann zur Buße finde« (2Petr 3,9).

Gott schickt niemanden in die Hölle, sondern die Menschen, die ihn nicht wollen, wählen selber die Hölle. Jesus lehrte, dass die Hölle eigentlich gar nicht für Menschen gedacht ist, sondern für den Satan und seine Dämonen (Mt 25,41). Gott will nicht, dass wir in die Hölle kommen. Sein Angebot ist klar: »Kommt her zu mir, alle, die ihr mühselig und beladen seid; ich will euch erquicken. Nehmt auf euch mein Joch und lernt von mir; denn ich bin sanftmütig und von Herzen demütig; so werdet ihr Ruhe finden für eure Seelen. Denn mein Joch ist sanft, und meine Last ist leicht« (Mt 11,28-30).

Kapitel 8

Fragen über Ethik und Politik

Eine Ethik ist ein System, das bestimmt, wie das, was ein Mensch religiös oder moralisch glaubt, im Alltag angewandt wird. Die Christenheit in Europa und Amerika fragt sich heute, wie sie die alten Lehren der Bibel auf zum Teil ganz neue ethische Probleme wie Euthanasie, Abtreibung, Todesstrafe, soziale Gerechtigkeit, Rassenfrage, Armut und Gentechnologie anwenden soll. Im Islam ist das Verhältnis zwischen Schriftlehre und Alltagsethik direkter und reglementierter. Für fast jeden Fall gibt es direkte Anweisungen im Koran oder den Hadithen. Wie ein Ethiker festgestellt hat:

>»Die meisten Menschen im Westen halten den Islam für eine Religion im traditionellen Sinne des Wortes. Dies ist ein verhängnisvolles Missverständnis. Der Islam ist nicht nur eine Religion, er ist viel mehr. Die Muslime selber beschreiben ihren Glauben so: ›Der Islam ist ein kompletter Lebensstil.‹ Dies ist eine treffendere Bezeichnung als ›Religion‹, denn der Islam ist in der Tat ein System, das alles umfasst: Religion, Gesellschaft, Wirtschaft, Schule und Bildung, Gesundheit, Politik und Philosophie. Der Islam ist eine allumfassende sozial-politisch-religiöse utopische Ideologie, die jeden Aspekt menschlichen Verhaltens abdeckt.«[94]

Mit dieser Information im Hinterkopf wollen wir nun verschiedene Fragen angehen, wie sie von Christen über den Islam,

---

94 »Islamic Law and its Challenge to Western Civilization«, http://www.Muham madanism.com (18. Mai 2002)

aber auch von Muslimen über das Christentum gestellt werden. Wir hoffen, dass die Antworten Muslimen und Christen helfen, in einen sinnvollen Dialog einzutreten, der über den Austausch von Klischees hinausgeht.

Gibt es so etwas wie ein »Kulturchristentum«?

In der heutigen pluralistischen westlichen Gesellschaft gibt es eine »christliche« Identität, die mehr eine Sache des kulturellen Erbes als der religiösen Realität ist. In den USA ergeben statistische Umfragen regelmäßig, dass die meisten Bürger sich als (meist protestantische) Christen verstehen. So vermeldete ein Report des Pew Research Council von 2002, dass sich 82 % der Befragten für Protestanten hielten.[95] Der National Survey of Religious Identification (NSRI) für 2001 ergab 159 Millionen amerikanische »Christen«;[96] das wären über 76 % der US-Bevölkerung. Und die Harris-Umfrage von April 2000 ergab, dass sich 49,5 % der eingetragenen Wähler als Protestanten bezeichneten.[97]

Nehmen wir nur die letzte Zahl: Die Hälfte der Erwachsenen in den USA Christen? Dies müsste bedeuten, dass wir uns in der größten Erweckung der Geschichte befinden. Aber Amerika scheint heute weiter entfernt von Gott zu sein als je zuvor. Das »Kulturchristentum« ist eine Scheinreligion.

---

95 Pew Research Council, Americans Struggle with Religion's Role at Home and Abroad, Report vom 20. März 2002
96 Diese Umfrage wurde in Zusammenarbeit mit dem American Religious Identity Survey (ARIS) durchgeführt, unter Leitung der Soziologen Barry A. Kosmin und Seymour P. Lachman von der Graduate School der City University of New York. Die Zahlen sind mit Vorsicht zu genießen, da sie z. B. auch Mormonen und Zeugen Jehovas als Christen bezeichnen.
97 Statistiken können natürlich trügen, aber diese Umfrageergebnisse sind exemplarisch für das religiöse Selbstverständnis der Amerikaner. Die Harris-Umfrage geschah über das Internet, zu dem nicht alle Amerikaner Zugang haben. Befragt wurden in diesem Fall 13.224 eingetragene Wähler; die Teilnahme an der Umfrage war freiwillig.

Viele Muslime bilden sich ihre Meinung über das Christentum anhand der Menschen, die sie auf der Arbeit oder in der Nachbarschaft treffen, die sich als Christen bezeichnen und vielleicht regelmäßig zum Gottesdienst gehen und getauft sind, aber die nie ihre Sünden erkannt und bekannt haben, nicht bekehrt und nicht wiedergeboren sind. Tatsache ist, dass unsere Kirchen, ja unsere Kirchenleitungen oft voll von solchen Scheinchristen sind. Eine solche Art von Christentum ist ein Betrug.

Das Scheinchristentum hat viele Gesichter. Es gibt den Kirchensteuerchristen, der irgendwann einmal als Kind getauft wurde und seine Kirchensteuer zahlt, am Heiligabend das Krippenspiel besucht, sich kirchlich trauen lässt und irgendwann kirchlich beerdigt wird. Es gibt den Sonntagschristen, der durchaus regelmäßig zum Gottesdienst geht, auch das Sommergemeindefest und den Adventsbasar besucht, aber Buße und Bekehrung und Gottes Gericht für Erfindungen von Sekten hält. Der verbesserte Sonntagschrist legt noch eins drauf und macht gewisse religiöse Moden und Trends mit und liest gerne halbchristliche Lebenshilfebücher, die ihm versichern, dass Gott auch ganz bestimmt nichts gegen ihn hat. Er mag fromme Sprüche, solange sie seine Nerven beruhigen und ihn nicht aufschrecken. Und der »tolerante« Christ beteuert, dass doch alle Religionen zum Ziel führen, wenn sie nur »echt« und »authentisch« sind; wer würde ihrer Ansicht nach so mittelalterlich sein und behaupten, dass nur Jesus rettet?

Solche Scheinchristen müssen dem Muslim, der es schier nicht wagt, vom Buchstaben des Korans und der Hadithe abzuweichen, als Ausgeburten religiöser Dekadenz erscheinen. Da kommt ein Türke, der alles gibt, um nur ja »richtig« zu essen, zu sprechen, zu beten und zu leben, nach Deutschland und wird mit »Christen« konfrontiert, die ihre eigene Bibel nicht kennen und sich in ihrem Lebensstil in rein nichts von einem kompletten Heiden unterscheiden. Solche Scheinchristen sind eines der größten Missionshindernisse.

Aber was soll der echte Christ machen, dem sein muslimischer Nachbar die Zustände im »christlichen« Europa unter die Nase reibt? Diskutieren und verteidigen hilft nicht. Alles, was wir tun können, ist, wie einst Daniel (Dan 6,11) unseren Glauben offen vorzuleben und um eine Erweckung bei uns zu beten. Versuchen Sie gar nicht erst, so zu tun, als ob Ihr muslimischer Nachbar nicht Recht hat. Was er da in Ihrem Land erlebt und sieht, ist ja Realität, und diese Realität leugnen hieße ihn für dumm erklären und alles nur noch schlimmer machen.

Richten Sie seinen Blick stattdessen auf das perfekte Vorbild des Christenlebens – auf Jesus Christus selber. Die Bibel ist voll von Menschen, die Sünder waren und Fehler machten. Petrus verleugnete seinen Herrn, Abraham log, David war ein Ehebrecher und Mörder – aber Gott hat diese Dinge in der Bibel nicht verschwiegen. Das Herz des Christentums sind nicht die Christen, es ist Christus selber. Alles, was wir glauben, und alles, wofür wir leben, hängt an ihm.

Gibt es auch einen »Kulturislam«?

In den letzten Jahren ist es in der islamischen Welt zu einem neuen Phänomen gekommen, das es nach der reinen Lehre eigentlich nicht geben kann: dem säkularisierten Muslim. Die muslimische Führung in den USA schätzt, dass es zwischen 6,5 und 8 Millionen Muslime im Lande gibt.[98] Eine ARIS-Studie aus dem Jahre 2001 kam auf nur 1,1 bis 2 Millionen praktizierende Muslime.[99] Und auf heftigen Widerspruch stieß die vom Glenmary Research Center im September 2002 veröffentlichte Studie über die Mitgliedschaft in Kirchen und anderen religiösen Gruppen,[100]

98 Aly Abuzaakouk: American Muslim Council, 1999
99 Auf ähnlich niedrige Zahlen kommt Glenmary Research.
100 Art Toalston: U.S. Muslims, Tallied at 1.56 M, Far Below Leaders' 6-7 M Claims, in: Baptist Press 27. September 2002

die die Anzahl der Muslime in Amerika mit 1,56 Millionen angab, ein bloßes Viertel der von den muslimischen Dachorganisationen angegebenen Zahl. Das Graduate Center der City University of New York kam auf 1,8 Millionen amerikanische Muslime (einschließlich Kinder), das American Jewish Committee auf 2,8 Millionen.[101]

Die Glenmary-Zahlen kamen von etwa einem Drittel der 1209 amerikanischen Moscheen, die die Zahl ihrer aktiven Mitglieder angegeben hatten, sowie von Migrations- und Bevölkerungswachstumsstatistiken.[102] Wie soll man diese Diskrepanz in den Zahlenangaben erklären?

Eine mögliche Erklärung könnte eine erstaunliche Neuentwicklung in der Geschichte des Islam sein: das Aufkommen eines Kulturislam. In fast allen anderen Ländern mit einem starken muslimischen Bevölkerungsanteil steht die Einhaltung der Lehren des Islam und insbesondere der Gang in die Moschee außer Frage, doch in Nordamerika stehen wir vor dem Phänomen von Muslimen der zweiten und dritten Generation, die sich zwar noch mit ihrem religiösen Erbe identifizieren, aber praktisch nur noch nominelle Muslime sind. In diesem Milieu feiert man gerne das Fastenbrechen am Ende des Ramadan, aber zum Freitagsgottesdienst in der Moschee geht man immer seltener.

Die Bedeutung dieser Entwicklung kann kaum überbetont werden. Die von den muslimischen Verbänden angegebenen hohen Zahlen müssen nicht, wie manche Kommentatoren dies glauben, Propaganda sein; möglicherweise sind beide Zahlen, die hohen und die niedrigen, korrekt, d. h. es gibt an die 8 Millionen Muslime in den USA, aber nur knapp 2 Millionen gehen zur Moschee, was bedeuten würde, dass drei von vier amerikanischen Muslimen nur »Namensmuslime« sind.

Wie sieht so ein Namensmuslim aus? Er wird wahrscheinlich die islamischen Speisegebote noch einhalten, vielleicht fünfmal

---

101 a. a. O.
102 a. a. O.

am Tag die vorgeschriebenen Gebete sprechen und gelegentlich im Koran lesen. Sein Freundeskreis besteht überwiegend aus Muslimen, aber er wohnt und arbeitet in einer pluralistischen Gesellschaft und hat auch nichtmuslimische Bekannte und Freunde. Er ist gebildet, spricht fließend Englisch und ist politisch interessiert. Vor allem aber ist er offener als sein streng praktizierender Glaubensbruder. Er fühlt sich weniger bedroht von anderen Ideen und Anschauungen. Wenn er sich in die Enge gedrängt fühlt, verteidigt er seinen Glauben zwar heftig, aber im ruhigen Dialog reagiert er rational und wird nachdenklich.

Der Kulturmuslim geht sporadisch zur Moschee, vor allem zu den Feiertagen wie im Ramadan. Er weiß, dass er einer Minderheit in seiner Wahlheimat angehört, und sein Kontakt zu Christen hat seine religiösen Klischees womöglich aufgeweicht. Solch ein Muslim will wissen, was sein christlicher Kollege oder Nachbar glaubt und wie echt sein Glaube ist.

Kann man gleichzeitig Muslim und Christ sein?

Dies ist eine Frage des religiösen *Synkretismus*, die gewöhnlich von wohlmeinenden Christen kommt. Die Antwort ist eindeutig »Nein«. Beide Religionen erheben einen absoluten Wahrheitsanspruch, und das Gesetz des logischen Widerspruchs verbietet es, gleichzeitig zwei Aussagen zu glauben, die einander ausschließen.

Der Gegensatz zwischen Islam und Christentum könnte größer kaum sein. Ihre Lehren über Jesus sind miteinander absolut unvereinbar. Zwar versuchen sich manche theologischen Richtungen und Kirchen seit über hundert Jahren an dem Bild eines rein menschlichen Jesus, der ein weiser Lehrer war und den man verschieden sehen kann, aber die Bibel und das klassische christliche Bekenntnis sprechen eine andere Sprache. In Johannes 14,6 sagt Jesus über sich selber: »Ich bin der Weg und die Wahrheit

und das Leben; niemand kommt zum Vater denn durch mich.«
Und in 1. Timotheus 2,5 stellt Paulus fest: »Denn es ist EIN Gott
und EIN Mittler zwischen Gott und den Menschen, nämlich der
Mensch Christus Jesus.«

Der Islam kontert mit seinem eigenen Absolutheitsanspruch.
Er versteht sich ausdrücklich als die letztgültige Religion und
Rekonstruktion des ursprünglichen wahren Glaubens. Jesus ist
zwar ein Prophet Allahs, aber niemals der Sohn Gottes oder die
zweite Person der Trinität (Sure 5,75). Er starb nicht (Sure 4,
157-158) und ist nicht die Versöhnung für unsere Sünden.

Die biblischen Berichte werden konsequent umgedeutet und
abgeändert. Ein gutes Beispiel ist Abraham. Die Bibel nennt ihn
den Vater des jüdischen Volkes; der Koran macht ihn zum Muslimen und hält Juden und Christen vor, dies nicht einzusehen:

> »Abraham war weder Jude noch Christ; vielmehr war er lau-
> teren Glaubens, ein Muslim, und keiner derer, die Gott Ge-
> fährten geben. Siehe, diejenigen Menschen, die Abraham am
> nächsten stehen, sind wahrlich jene, die ihm folgen, und das
> sind der Prophet [Mohammed] und die Gläubigen. Und Allah
> ist der Gläubigen Hort. Ein Teil vom Volk der Schrift möchte
> euch verführen, doch verführen sie nur sich selber und wissen
> es nicht. O Volk der Schrift,. weshalb verleugnet ihr die
> Zeichen Allahs, wo ihr sie doch bezeugt? O Volk der Schrift,
> weshalb kleidet ihr die Wahrheit in Lüge und verbergt die
> Wahrheit wider euer Wissen?« (Sure 3,67-71).

Weder Islam noch Christentum sind synkretistisch, und beide
erkennen keine »halben Bekehrungen« an.

Eine etwas anders gelagerte Frage hört man relativ häufig von
Christen, die Muslime missionieren: Wie viel von seinem früheren Leben muss ein Muslim, der Christ geworden ist, aufgeben?

Der Muslim, der Christ wird, steht nicht selten vor einem dop-
pelten Schock: Zum einen droht ihm der Ausschluss aus seiner

Familie und Freundschaft, der Verlust des Arbeitsplatzes und manchmal sogar der Tod. Zum anderen erlebt er eine Identitätskrise: Im Islam war jeder Bereich seines Lebens genau reglementiert; jetzt, als Christ, ist er durch die Gnade frei, und diese Freiheit kann unheimlich sein. Wir müssen dem ehemaligen Muslim klar machen, dass es völlig in Ordnung ist, wenn er sein kulturelles Erbe beibehält. Er ist nach wie vor der Geschichte, der Kultur, den Speisen und Sprachen des Nahen Ostens verbunden; sie haben ihn geprägt.

Problematisch wird es, wenn das kulturelle Erbe eine Praxis verlangt, die in sich völlig islamisch ist, etwa das Fasten im Ramadan. Hier können die Ausführungen des Paulus zum Essen von Götzenopferfleisch in 1. Korinther 10,23-33 hilfreich sein. Darf ein Gläubiger Fleisch verzehren, das in heidnischen Opferritualen benutzt worden ist? Betet er damit nicht die heidnischen Götzen an? Paulus empfiehlt ein sensibles, rücksichtsvolles Verhalten. Der Christ, der zu einer Mahlzeit eingeladen ist, bei der möglicherweise solches Fleisch auf den Tisch kommt, kann dieses essen, ohne damit Götzendienst zu begehen; er muss es nicht ablehnen und so seinen Gastgeber brüskieren; so verhält er sich gleichsam diplomatisch in seinem Zeugnis für Christus.

Also: Kann der konvertierte Muslim noch geschächtetes Fleisch essen oder seinen Gebetsteppich behalten oder die Musik seiner Landsleute hören? Und wie soll sich ein Missionar in einem islamischen Land verhalten? Gott rät uns durch Paulus, solche Situationen als Gelegenheiten zu nutzen, die Muslime zu erreichen, Brücken zu ihnen zu bauen, während wir gleichzeitig unsere kulturelle Identität beibehalten. Soll ein Christ so weit gehen, dass er an den islamischen rituellen Gebeten teilnimmt, aber statt der ersten Sure des Korans ein Gebet zu Jesus spricht? Selbstverständlich nicht. Aber er muss den Muslim, der diese Gebete verrichtet, respektieren. Er sollte auch nicht in einer islamischen Kultur im Ramadan tagsüber vor aller Augen Mahlzeiten einnehmen. Dies scheint uns die richtige Balance zwischen Freiheit und Rücksichtnahme zu sein, die Paulus gemeint hat.

Unseres Erachtens sollte ein Christ gewordener Muslim so viel von seinem kulturellen Erbe beibehalten wie möglich, solange er damit nicht seine wahre Identität in Christus verleugnet. Das Beibehalten einer Verbindung zur alten Kultur macht es Gott einfacher, das Zeugnis seiner Kinder zu benutzen, um ihre Heimatkultur mit der Guten Nachricht von Jesus Christus zu erreichen.

Sind die Christen nicht alle Heuchler?

So hört man es von manchen Muslimen. Als Erben des Sündenfalls haben wir auch dann, wenn wir Christen geworden sind, mit der Sünde zu kämpfen. Nichtchristen, die dies mitbekommen, benutzen es oft als Ausrede, das Christentum in Bausch und Bogen zu verdammen: Die Christen sind ja auch nicht besser […]

Tatsache ist, dass zahllose Christen sich und ihr Zeugnis durch Sünden und unbedachtes Verhalten in Misskredit bringen. Aber selbst diese an sich traurige Tatsache kann man benutzen, um das Evangelium zu erklären. Wir sind bekehrt und wiedergeboren, Christus hat die Strafe für unsere Sünden bezahlt. Und doch haben wir noch mit der Gegenwart der Sünde in unserem Leben und in der Welt zu kämpfen. Die *Erlösung* ist vollendet, unsere *Heiligung* nicht. Wir raten anderen Christen, hier einfach ehrlich gegenüber ihren muslimischen Freunden zu sein. Zu seinen Fehlern zu stehen, ohne sich mit ihnen zu brüsten, hilft anderen nicht perfekten Menschen, auf Christus zu sehen. Wir können uns dabei auf 1. Johannes 1,9 berufen: »Wenn wir aber unsre Sünden bekennen, so ist er treu und gerecht, dass er uns die Sünden vergibt und reinigt uns von aller Ungerechtigkeit.«

Theologisch formuliert: Wir sind aufgrund unserer Erlösung in

Christus vor Gott gerechtfertigt. Er ist unser Vater, wir sind seine Kinder, und dieser Beziehung können wir uns sicher sein. Aber unsere Sünden können die Gemeinschaft mit dem Vater trüben, und dann sollten wir nicht lange damit warten, ihn (und manchmal auch die Menschen, die es betrifft) um Vergebung zu bitten. Diese Transparenz gegenüber den anderen öffnet nicht selten Türen zum Zeugnis von der Gnade Christi. Selbstverständlich ist sie kein Freibrief dafür, meiner Sündhaftigkeit die Zügel schießen zu lassen, weil ich ja so oder so erlöst bin […] Die anderen sollten es unserem Lebenswandel anmerken, dass wir in Christus neue Geschöpfe geworden sind.

Darf man andere »mit dem Schwert« bekehren?

Eine Zwangsbekehrung ist gar keine Bekehrung. Ein erzwungener Glaube ist ein Widerspruch in sich. Leider ist die Zwangsbekehrung in der muslimischen wie in der christlichen Geschichte eine Realität. So stellten während der Kreuzzüge so genannte »christliche« Krieger Muslime und Juden vor die Alternative »Bekehrung oder Tod«. Manche der Opfer sagten den geforderten Spruch auf, um am Leben zu bleiben, viele andere wurden umgebracht. Zur Zeit der Inquisition wurden ganze Bevölkerungsgruppen verfolgt und gefoltert, um sie zur Abkehr von einer angeblichen Irrlehre zu zwingen. Der Wiedertäufer Balthasar Hubmaier (1480–1528) wurde zweimal gefoltert und schließlich verbrannt.

Solche Gewalt erreicht nie ihr Ziel. Echter Glaube ist immer ein Willensakt. Um etwas wählen zu können, muss man eine freie Wahl haben. Auch Liebe ist ein Willensakt. Wo in einem Land die Scharia durchgesetzt wird, bedeutet dies oft Druck bis hin zu Folter und Tod. Leider ist im Islam diese Praxis heute oft erneut Realität.

Hat Christus seine Anhänger nicht aufgerufen, für ihn zu sterben?

Es kommt vor, dass Christen für ihren Glauben sterben müssen. Doch alle Christen müssen etwas noch viel Gefährlicheres tun: für Christus leben. Manche Muslime missverstehen die biblischen Aufrufe zur totalen Hingabe des Lebens in einem quasi kriegerischen Sinne, ähnlich dem Heiligen Krieg im militanten Islam. Doch die Bibel meint nicht den bewaffneten Kampf, sondern die persönliche Hingabe.

> »Und als er sich auf den Weg machte, lief einer herbei, kniete vor ihm nieder und fragte ihn: Guter Meister, was soll ich tun, damit ich das ewige Leben ererbe? Aber Jesus sprach zu ihm: Was nennst du mich gut? Niemand ist gut als Gott allein. Du kennst die Gebote: ›Du sollst nicht töten; du sollst nicht ehebrechen; du sollst nicht stehlen; du sollst nicht falsch Zeugnis reden; du sollst niemanden berauben; ehre Vater und Mutter.‹ Er aber sprach zu ihm: Meister, das habe ich alles gehalten von meiner Jugend auf. Und Jesus sah ihn an und gewann ihn lieb und sprach zu ihm: Eines fehlt dir. Geh hin, verkaufe alles, was du hast, und gib's den Armen, so wirst du einen Schatz im Himmel haben, und komm, nimm das Kreuz auf dich und folge mir nach. Er aber wurde unmutig über das Wort und ging traurig davon; denn er hatte viele Güter.« (Mk 10,17-22)

Der »reiche Jüngling« möchte das ewige Leben erlangen. Jesus, der spürt, dass sein wahrer Gott sein Reichtum ist, fordert ihn dazu auf, alles abzugeben, wenn er ihm wirklich folgen möchte. Dazu ist der junge Mann aber nicht bereit.

Aber was bedeutet dieser Satz: »Nimm das Kreuz auf dich«?[103]

---

103 In den neueren Bibelausgaben ist dieser Satz hier meist fortgelassen, da er aus späteren Überlieferungen stammt; er findet sich aber in anderen Bibelstellen, so Mk 8,34.

Meinte Jesus damit, dass ein wahrer Jünger bereit sein muss, in seinem Namen zu töten und getötet zu werden? Die eigentliche Bedeutung ist viel tiefer. Jesus fordert die, die ihm nachfolgen möchten, zur totalen Verleugnung ihres Ichs auf. Wir sollen unser altes Ich (in der traditionellen Formulierung: unser »Fleisch«) kreuzigen. Christus ruft uns nicht auf, unsere Feinde zu töten, sondern sie zu lieben. Dies ist eine Liebe, die keinen Raum lässt für Rache und heilige Kriege. Das Kreuz brachte nur einem den Tod: dem, der es trug.

Christus möchte, dass wir ganz seinem Willen ergeben sind. Wir sollen uns mit ihm kreuzigen lassen, d. h. unseren Eigenwillen abgeben – aber nicht, um uns damit die Erlösung zu verdienen; das hat Christus selber als Lamm Gottes bereits getan. Darum kann Paulus in Galater 2,20-21 schreiben: »Nicht mehr ich lebe, sondern Christus lebt in mir. Soweit ich aber jetzt noch in dieser Welt lebe, lebe ich im Glauben an den Sohn Gottes, der mich geliebt und sich für mich hingegeben hat. Ich missachte die Gnade Gottes in keiner Weise; denn käme die Gerechtigkeit durch das Gesetz, so wäre Christus vergeblich gestorben« (Einheitsübers.).

Wenn unser Tod uns die Erlösung einbringen könnte, wäre das Opfer Christi nutzlos. Nein, dieser Aufruf, zu »sterben«, um dann in Christus zu leben, betrifft unsere Einstellung zu unserer alten, sündigen Natur. Es geht um unsere ganz persönliche, totale Hingabe an Christus.

In den USA ist es in den vergangenen Jahren gelegentlich zu Mordanschlägen »im Namen Christi« durch militante Christen gekommen, z. B. gegen Abtreibungskliniken und -ärzte. Wir sind strikt gegen die Abtreibung, die wir für Mord an den Ungeborenen halten, aber der Fanatiker, der einen Bombenanschlag auf eine Abtreibungsklinik verübt, ist genauso ein Mörder. Nirgends in der ganzen Bibel finden wir die Lehre, dass der Zweck die Mittel heiligt. Wer im Namen Christi mordet, stellt sich in direkten Gegensatz zu Christi Befehl, unsere Feinde zu lieben.

Feindesliebe ist geradezu ein Indiz unseres Erlöstseins: »Ihr habt gehört, dass gesagt ist: ›Du sollst deinen Nächsten lieben und deinen Feind hassen‹. Ich aber sage euch: Liebt eure Feinde, segnet, die euch fluchen, tut wohl denen, die euch hassen, und bittet für die, die euch beleidigen und verfolgen, damit ihr Kinder seid eures Vaters im Himmel« (Mt 5,43-45).

Ist christliche Mission nicht »Proselyten-Macherei«?

Ein Diplomat eines islamischen Landes sagte uns einmal: »Wir hätten ja nichts dagegen, dass ihr in unsere Länder kommt, wenn ihr nicht so darauf aus wäret, unsere Leute zu bekehren. Ihr tut so, als ob ihr ihnen Kleider und Nahrung bringen wollt, aber in Wirklichkeit wollt ihr ihnen nur eure Religion aufzwingen.« Dieser Mann warf den Christen vor, unlauter zu sein und Entwicklungshilfe als Deckmantel zur »Proselyten-Macherei« zu missbrauchen.

Das Fundament und die Triebfeder christlicher Mission ist der Missionsbefehl Jesu: »Mir ist gegeben alle Gewalt im Himmel und auf Erden. Darum gehet hin und machet zu Jüngern alle Völker: Taufet sie auf den Namen des Vaters und des Sohnes und des heiligen Geistes und lehret sie halten alles, was ich euch befohlen habe. Und siehe, ich bin bei euch alle Tage bis an der Welt Ende« (Mt 28,18-20).

Wenn es bei der Erlösung nur darum ginge, dass der Einzelne in den Himmel kommt, wäre das Beste, was dem neu Bekehrten passieren könnte, gleich zu sterben. Aber wir sterben natürlich nicht, und einer der Gründe dafür ist, dass wir als Christen eine Aufgabe bekommen: Christus den anderen Menschen zu bringen.

Die große Frage ist, ob dies »Proselyten-Macherei« ist. Darunter versteht man gemeinhin die Bekehrung anderer Menschen zur eigenen Religion oder Überzeugung unter Verwendung drückerischer und aufdringlicher Methoden. Dies ist nicht dasselbe wie christliche Mission. Der Missionar geht nicht in ein Land, um mehr zahlende Glieder für seine Kirche zu gewinnen, sondern damit Menschen die Erlösung durch Christus erfahren. Wo wir einmal die Ewigkeit verbringen werden, hängt nicht davon ab, zu welchem religiösen Verein wir gehört, sondern ob wir an das vollbrachte Erlösungswerk Christi geglaubt haben. Wir wollen nicht Seelen für unsere Kirche gewinnen, sondern für Christus.

Solche Akte der Barmherzigkeit und Gerechtigkeit wie Hungernden zu essen zu geben oder Arme zu kleiden sind wichtige Türöffner für das Evangelium. Im Gleichnis vom Weltgericht hat Jesus das Folgende darüber zu sagen:

»Denn ich bin hungrig gewesen, und ihr habt mir zu essen gegeben. Ich bin durstig gewesen, und ihr habt mir zu trinken gegeben. Ich bin ein Fremder gewesen, und ihr habt mich aufgenommen. Ich bin nackt gewesen, und ihr habt mich gekleidet. Ich bin krank gewesen, und ihr habt mich besucht. Ich bin im Gefängnis gewesen, und ihr seid zu mir gekommen. Dann werden ihm die Gerechten antworten und sagen: ›Herr, wann haben wir dich hungrig gesehen und haben dir zu essen gegeben, oder durstig und haben dir zu trinken gegeben? Wann haben wir dich als Fremden gesehen und haben dich aufgenommen, oder nackt und haben dich gekleidet? Wann haben wir dich krank oder im Gefängnis gesehen und sind zu dir gekommen?‹ Und der König wird antworten und zu ihnen sagen: ›Wahrlich, ich sage euch: Was ihr getan habt einem von diesen meinen geringsten Brüdern, das habt ihr mir getan‹« (Mt 25,35-40).

Aber diese Akte der Barmherzigkeit sind noch nicht alles. Wie jemand einmal sagte: Man kann die Menschen auch mit vollem Magen und neuen Kleidern zur Hölle fahren lassen. Christliche

Sozialarbeit ohne Mission ist eine halbe Sache; sie behandelt die Symptome, aber nicht die Wurzel der Krankheit. Doch genauso halbherzig ist Mission ohne praktische Barmherzigkeit. Beides gehört zusammen.

Ist christliche Mission nicht rassistisch?

»Wir wollen nicht den Jesus der weißen Europäer.« Diesen Satz hört man nicht nur unter Muslimen. Der hinter ihm stehende Gedanke ist, dass das Christentum eine Art Trojanisches Pferd ist, um andere Kulturen zu zerstören.

Es hat Strömungen in der christlichen Mission gegeben, die einem solchen Vorwurf Vorschub leisten können – Missionare, die ihren Auftrag darin sahen, den Heiden die Kleider, Manieren, Baustile, Zeiteinteilung usw. der Engländer, Deutschen etc. zu bringen, um sie zu »zivilisieren«. Die Missionsstation als Vorposten des heimischen Imperiums … Dies war und ist natürlich *nicht* das Evangelium. Aber auch hier müssen wir differenzieren zwischen dem Christus, dem wir dienen, und den falschen Handlungen seiner manchmal ignoranten Diener. Jesus war seiner menschlichen Abstammung nach Jude, nicht Europäer; er war kein »weißer Mann«. Die meisten heutigen Missionare wissen das und sind besser geschult im Umgang mit fremden Kulturen als ihre Kollegen aus dem 19. Jahrhundert. Der heutige Missionar versteht sich als Diener der einheimischen Gemeinde auf dem Missionsfeld. Er weiß, dass Christus uns nicht dazu aufruft, fremde Kulturen kurzerhand durch die eigene zu ersetzen, sondern dazu, alle Kulturen (einschließlich unserer eigenen!) so zu transformieren, dass sie sein Wort widerspiegeln. Christen sollten die Fehler der Vergangenheit weder pausenlos bejammern noch ignorieren, sondern aus ihnen lernen.

Hinter der ganzen Frage der kulturellen Hegemonie liegt im Grunde ein tieferes Problem: der Verdacht, dass Jesus die Menschen aus den »anderen« Kulturen gar nicht will, dass er nur für bestimmte Kulturen oder Völker gestorben ist und dass andere, wenn überhaupt, allenfalls Bürger zweiter Klasse sein können im Reich Gottes. Dieser Verdacht lässt sich rasch anhand der Bibel entkräften, wenn wir z. B. lesen: »Der Herr zögert nicht mit der Erfüllung der Verheißung, wie einige meinen, die von Verzögerung reden; er ist nur geduldig mit euch, weil er nicht will, dass jemand zugrunde geht, sondern dass alle sich bekehren« (2Petr 3,9 Einheitsübers.).

Gottes Heilsangebot der ewigen Vergebung und des ewigen Lebens in Christus gilt allen Menschen. Er ist bereit, jeden als sein Kind anzunehmen, und er hat keine Lieblingskinder.

Warum gibt es so viele verschiedene »Versionen« des christlichen Glaubens?

Das fragen sich viele Christen auch. Die Zahl der Denominationen, Kirchen, Sekten und Gruppierungen geht (mindestens) in die Hunderte und will so gar nicht zu den Worten Christi in Johannes 17,11 passen: »Heiliger Vater, erhalte sie in deinem Namen, den du mir gegeben hast, dass sie eins seien wie wir.«

Die Geschichte der Reformation etwa zeigt nicht nur die Abkehr von zentralen Lehren der mittelalterlichen katholischen Kirche, sondern auch Spaltungen innerhalb des Lagers der Reformatoren. Schon früh kam es zur Spaltung in einen »gemäßigten« Flügel (z. B. Luther selber), der die katholische Kirche von innen reformieren wollte, und einen »radikalen« (etwa in der Schweiz oder in der Täuferbewegung), der glaubte, dass Rom nicht mehr zu retten und ein völliger Neuanfang nötig war. Hinzu kamen theologische Differenzen. Noch zusätzlich begünstigt wurden die Spaltungen durch die beginnende Entwicklung zum Nationalstaat. Auch in späteren Jahrhunderten kam es immer wieder zu Spaltungen. Zu den moderneren Motiven der

Gründung neuer Kirchen oder Gruppen gehören z. B. das Bedürfnis nach emotionaleren Gottesdienst- und Frömmigkeitsformen oder die Abgrenzung von Kirchen, in denen Bibelkritik und Unglaube überhand genommen haben.

Der Muslim, der über diese Zersplitterung der Christenheit lächelt, sollte allerdings nicht vergessen, dass auch der Islam alles andere als monolithisch ist. Der Krieg zwischen dem Iran und dem Irak in den 1980er Jahren war nicht zuletzt ein Krieg zwischen Sunniten und Schiiten; ähnliche Konflikte gibt es auch heute. Und so, wie die konservativeren Reformatoren die Wiedertäufer verfolgten, verfolgte Ayatollah Khomeini die muslimischen Sufis. Neben den Sunniten und Schiiten gibt es im heutigen Islam die Sufis, Drusen, Wahhabiten, Kharijiten, Alawiten, Ahmadiyas, Azalis und viele andere Gruppierungen, die sich zum Teil gegenseitig als Sekten bezeichnen.

Heißt es im Koran nicht, dass in der Religion kein Zwang sein darf?

Wenn Muslime die Sure 2,256 zitieren, zitieren sie Worte, die eindeutig die Religionsfreiheit, auch in islamischen Ländern, zu fordern scheinen. Gerade heute wird diese Sure häufig zitiert, um die Friedfertigkeit des Islam zu beweisen:

> »Es sei kein Zwang im Glauben. Klar ist nunmehr unterschieden das Rechte vom Irrtum; und wer den Tagut [oder: das Böse] verleugnet und an Allah glaubt, der hält sich an der stärksten Handhabe, in der kein Spalt ist; und Allah ist hörend und wissend.«

Alis Kommentar zu diesem Vers klingt einleuchtend:

> »Zwang ist unvereinbar mit Religion. Erstens: weil Religion auf Glauben und Willen gründet, die sinnlos wären, wenn sie

erzwungen würden. Zweitens: weil Allah in Seiner Gnade Wahrheit und Irrtum so klar gemacht hat, dass kein Mensch guten Willens Zweifel an den Grundaussagen des Glaubens haben sollte. Und drittens ist Allahs Schutz beständig, und Sein Plan ist immer, uns aus den Tiefen der Finsternis in das hellste Licht zu führen.«[104]

Wenn dies die ganze Position der Muslime wäre, müssten die Beziehungen des Islam zu den anderen Religionen eigentlich friedlich sein. Doch leider gibt es im Koran Verse, die eine ganz andere Sprache sprechen. Gleich in den folgenden Suren (3-5) findet der Leser drei Passagen, die recht militant sind:

»Und wer eine andre Religion als den Islam begehrt, nimmer soll sie von ihm angenommen werden, und im Jenseits wird er verloren sein.« (Sure 3,85)

»Und so ihr das Land durchzieht, so begeht ihr keine Sünde, wenn ihr das Gebet abkürzt aus Furcht, die Ungläubigen könnten euch überfallen. Siehe, die Ungläubigen sind euch ein offenkundiger Feind.« (Sure 4,101)

»O ihr, die ihr glaubt, nehmt euch nicht die Juden und Christen zu Freunden; sie sind untereinander Freunde, und wer von euch sie zu Freunden nimmt, siehe, der ist von ihnen. Siehe, Allah leitet nicht ungerechte Leute.« (Sure 5,51)

Der muslimische Apologet wird hier sofort einwenden, dass diese Verse aus ihrem Kontext gerissen worden wären. Um hier Klarheit zu schaffen, werden wir diesen Kontext am Anfang von Kapitel 12 näher beleuchten.

Aber auch in der Sure, aus der der so gern zitierte »Toleranz-vers« stammt findet man Verse, die überhaupt nicht zur Idee der Religionsfreiheit passen wollen:

---

104 Ali: The Meaning of the Holy Qur'an, n. 300

»Und bekämpft in Allahs Pfad, wer euch bekämpft; doch übertretet nicht; siehe, Allah liebt nicht die Übertreter. Und erschlagt sie, wo immer ihr auf sie stoßt, und vertreibt sie, von wannen sie euch vertrieben; denn Verführung ist schlimmer als Totschlag. Bekämpft sie jedoch nicht bei der heiligen Moschee, es sei denn, sie bekämpften euch in ihr. Greifen sie euch jedoch an, dann schlagt sie tot. Also ist der Lohn der Ungläubigen.« (Sure 2,190-191)

Der muslimische Apologet wird einwenden, dass diese Sätze nur für den (Verteidigungs-)Krieg gelten, aber der Unterschied zu dem »Toleranzvers« 2, 256 ist offensichtlich.

Befiehlt nicht auch die Bibel den Frauen, sich zu verschleiern?

Es ist merkwürdig, wie viele Frauenrechtlerinnen im Westen schwiegen, als das Taliban-Regime die Frauen in Afghanistan so brutal unterdrückte, was sich unter anderem im Zwang zur totalen Verschleierung zeigte. Was ist der Sinn des Schleiers im Islam? Der muslimische Mann wird uns erklären, dass er vor allem ein Zeichen der Sittsamkeit ist. Dies ist etwas, das der Christ in einer Gesellschaft der Miniröcke, freien Bauchnabel etc., die manchmal sogar im Gottesdienst zu finden sind, ein Stück weit verstehen kann. Anständige, Gott Ehre machende Kleidung (bei Frauen wie bei Männern) sollte uns gerade in der Gemeinde ein Anliegen sein.

Wie ist das mit dem Schleier in der Bibel? Die einschlägige Bibelstelle im Neuen Testament ist 1. Korinther 11,1-12:

»Nehmt mich zum Vorbild, wie ich Christus zum Vorbild nehme. Ich lobe euch, dass ihr in allem an mich denkt und an den Überlieferungen festhaltet, wie ich sie euch übergeben habe. Ihr sollt aber wissen, dass Christus das Haupt des Mannes ist, der Mann das Haupt der Frau und Gott das Haupt Christi. Wenn ein Mann betet oder prophetisch redet und dabei sein Haupt bedeckt hat, entehrt er sein Haupt. Eine Frau aber entehrt ihr Haupt, wenn sie betet oder prophetisch redet und dabei ihr Haupt nicht verhüllt. Sie unterscheidet sich dann in keiner Weise von einer Geschorenen. Wenn eine Frau kein Kopftuch trägt, soll sie sich doch gleich die Haare abschneiden lassen. Ist es aber für eine Frau eine Schande, sich die Haare abschneiden oder sich kahl scheren zu lassen, dann soll sie sich auch verhüllen. Der Mann darf sein Haupt nicht verhüllen, weil er Abbild und Abglanz Gottes ist; die Frau aber ist der Abglanz des Mannes. Denn der Mann stammt nicht von der Frau, sondern die Frau vom Mann. Der Mann wurde auch nicht für die Frau geschaffen, sondern die Frau für den Mann. Deswegen soll die Frau mit Rücksicht auf die Engel das Zeichen ihrer Vollmacht auf dem Kopf tragen. Doch im Herrn gibt es weder die Frau ohne den Mann noch den Mann ohne die Frau. Denn wie die Frau vom Mann stammt, so kommt der Mann durch die Frau zur Welt; alles aber stammt von Gott.« (Einheitsübers.)

Bedeutet dieser Text, dass wir auch heute verlangen müssen, dass Frauen im Gottesdienst eine Kopfbedeckung tragen? Die Antwort ist Nein. Es ist wichtig, hier den ganzen Text zu lesen. Paulus sieht in dem Schleier (Kopftuch, Kopfbedeckung) ein Symbol der Beschützerrolle des Mannes gegenüber seiner Frau und nicht seiner Überlegenheit. Vers 12 stellt klar, dass die Ehre letztlich Gott gebührt. Wir müssen hier die damalige Kultur verstehen. Vor allem unter Juden und Judenchristen galt es damals als unanständig, wenn eine Frau ihr Haar unbedeckt trug, wenn sie ausging, denn das unbedeckte Haar konnte auch das Zeichen der Hure sein. Dies ist heute eindeutig nicht mehr so. Wollten wir diese Ermahnung des Paulus für uns Heutige wörtlich nehmen, müssten wir auch gegen kurze Frisuren bei Frauen predigen.

Paulus vergleicht die Beziehung der Frau zu ihrem Mann mit der Beziehung Christi zu Gott, dem Vater. Ist Christus als die zweite Person der Gottheit »weniger« als der Vater? Selbstverständlich nicht. So ist auch die Frau nicht weniger wert als der Mann. Der Schlüssel ist, dass Christus, als Gott, der Sohn, sich willig dem Willen und Werk des Vaters unterordnete und bei seiner Inkarnation eine Zeit lang auf seine göttlichen Vorrechte verzichtete. Darum konnte er sagen: »Ich bin gekommen, um den Willen des Vaters zu tun.« Ähnlich ordnet sich die Frau freiwillig ihrem Mann unter – nicht als Mensch zweiter Klasse, sondern als jemand, der dem Ehemann in jeder Hinsicht gleichwertig ist. Christus ist nicht weniger göttlich als der Vater, und die Frau ist nicht weniger wert als ihr Mann.

Die Anweisung in 1. Korinther 11 ist eine Instruktion, die für eine ganz spezifische Situation galt, die heute so nicht mehr gegeben ist. Aber sie r enthält ein Prinzip, das für alle Kulturen bis heute gilt: Christen sollten sich auch in ihrem äußeren Auftreten und Verhalten als Kinder Gottes zeigen, und dazu gehört (gerade im Gottesdienst) eine Kleidung, die anständig und züchtig ist. In Russland tragen Christinnen oft ein Kopftuch zum Gottesdienst, in manchen Kreisen in England und Amerika Hüte. Wir tun sicher gut daran, zu bedenken, dass wir im Gemeindegottesdienst auf eine besondere Weise in Gottes Gegenwart treten und dass wir ihm dort unser Bestes bieten sollten – im Verhalten, im Dienst, im Opfer und in der Kleidung.

Einen ganz anderen Sinn beinhaltet das Verschleierungsgebot im Islam. Es ist keine spezifische Regelung für eine besondere historische Situation, sondern gilt absolut und wortwörtlich und immer:

»Und sprich zu den gläubigen Frauen, dass sie ihre Blicke niederschlagen und ihre Scham hüten und dass sie nicht ihre

Reize zur Schau tragen, es sei denn, was außen ist, und dass sie ihren Schleier über ihren Busen schlagen und ihre Reize nur ihren Ehegatten zeigen oder ihren Vätern […] oder ihren Söhnen […] oder ihren Brüdern […]. Und sie sollen nicht ihre Füße zusammenschlagen, damit nicht ihre verborgene Zierrat bekannt wird.« (Sure 24,31)

Wie weit die Verschleierung zu gehen hat, ist in den muslimischen Ländern unterschiedlich geregelt. Es gibt die Vollverschleierung einschließlich des gesamten Kopfes *(Burka)*, aber auch die *Niqab* (Verschleierung des linken Auges und des Nasenrückens) und den *Hidjab* (Verschleierung, die Gesicht und Hände frei lässt). Auch Farbe und Verzierung des Schleiers sind verschieden. Manche Richtungen im Islam erlauben verschiedene Farben und Schnitte, andere nur eine Farbe und keinerlei Verzierung.

Verbietet die Bibel den Genuss von Schweinefleisch?

In 3. Mose 11 und 5. Mose 14 erhielten die Israeliten strikte Speisegebote, die gewisse »unreine« Speisen ausschlossen, darunter auch Schweinefleisch:

»Nur diese dürft ihr nicht essen von dem, was wiederkäut und gespaltene Klauen hat: das Kamel, denn es ist zwar ein Wiederkäuer, hat aber keine durchgespaltenen Klauen, darum soll es euch unrein sein; den Klippdachs, denn er ist zwar ein Wiederkäuer, hat aber keine durchgespaltenen Klauen; darum soll er euch unrein sein; den Hasen, denn er ist auch ein Wiederkäuer, hat aber keine durchgespaltenen Klauen; darum soll er euch unrein sein; das Schwein, denn es hat wohl durchgespaltene Klauen, ist aber kein Wiederkäuer; darum soll es euch unrein sein. Vom Fleisch dieser Tiere dürft ihr weder

essen noch ihr Aas anrühren; denn sie sind euch unrein.«
(3Mo 11,4-8)

Noch heute richten sich die meisten Juden nach diesen Speise-
geboten und nehmen nur erlaubte (»koschere«) Speisen zu sich.
Der Islam kennt ähnliche Speisegebote. Der Muslim lernt, dass
alle Speisen *halal, haram* oder *mushbooh* sind.[105] *Halal* ist das arabische Wort für »erlaubt«; dazu gehören solche Speisen wie
Milch, Honig, Fische mit Schuppen, Gemüse, Obst, Nüsse und
Getreide. *Haram* (»verboten«, »sündig«) sind u. a. Alkohol,
Schweinefleisch und Gerichte, die nicht korrekt zubereitet wurden. *Mushbooh* sind Speisen, die sich in der »Grauzone« befinden, z. B. Molke und Zusatzstoffe.

Diese Speisegebote stammen aus dem Koran und den
Hadithen. In Sure 2,168 z. B. heißt es: »O ihr Menschen, esset
von dem, was auf Erden erlaubt und gut ist, und folget nicht den
Fußstapfen des Satans; siehe, er ist euch ein offenkundiger
Feind.« Und Sure 5,88 erklärt: »Und speiset von dem, was Allah
euch bescherte als erlaubt und gut, und fürchtet Allah, an den ihr
glaubt.«

Gelten die alttestamentlichen Speisegebote auch für den heutigen Christen? Es gibt Gruppen (wie die Adventisten), die dies
im Wesentlichen bejahen, aber die große Mehrheit der Christenheit glaubt, dass Gott die »unreinen« Speisen heiligte, als er
Petrus die Vision von den unreinen Tieren gab:[106]

»Am nächsten Tag, als diese auf dem Wege waren und in die
Nähe der Stadt kamen, stieg Petrus auf das Dach, zu beten um
die sechste Stunde. Und als er hungrig wurde, wollte er essen.

---

105 Die entsprechenden Listen sind bei islamischen Ernährungsinstitutionen erhält-
lich.
106 Die Apostelversammlung in Jerusalem (Apg 15), die Heidenchristen als Vollmit-
glieder in die Gemeinde aufnahm, bedeutete das offizielle Ende der Speisegebote
als für Christen verbindliche Gesetze. Wenn Gott auch die Heiden annahm, dann
waren die Speisegebote offensichtlich nicht mehr gültig.

Während sie ihm aber etwas zubereiteten, geriet er in Verzückung und sah den Himmel aufgetan und etwas wie ein großes leinenes Tuch herabkommen, an vier Zipfeln niedergelassen auf die Erde. Darin waren allerlei vierfüßige und kriechende Tiere der Erde und Vögel des Himmels. Und es geschah eine Stimme zu ihm: Steh auf, Petrus, schlachte und iss! Petrus aber sprach: O nein, Herr; denn ich habe noch nie etwas Verbotenes und Unreines gegessen. Und die Stimme sprach zum zweiten Mal zu ihm: Was Gott rein gemacht hat, das nenne du nicht verboten. Und das geschah dreimal; und alsbald wurde das Tuch wieder hinaufgenommen gen Himmel.« (Apg 10,9-16)

Worin bestand diese Für-rein-Erklärung dieser Speisen? Sagte Gott hier, dass die alttestamentlichen Speisegebote ein Fehler oder Menschenwerk waren? Nein, diese Gebote kamen tatsächlich von ihm. Aber das Gesetz konnte mit all seinen Geboten und Verboten den Menschen nicht erlösen, sondern ihm lediglich zeigen, wie weit entfernt er von dem heiligen Gott war. Doch Christus erfüllte das Gesetz und wurde damit zu dem einzigen Weg zu Gott (vgl. Mt 5,17-18). Gleichzeitig zeigte er, dass das Wichtigste am Gottesdienst nicht die äußeren Akte sind, sondern das Herz (vgl. Mt 15,10-11).

Die »Heiligung« der unreinen Speisen in Apostelgeschichte 10 war auch der Startschuss zur Heidenmission. Aufgrund seiner Vision geht Petrus zu den beim Hauptmann Kornelius versammelten Menschen, die keine Juden und daher für ihn (wie gewisse Speisen) eigentlich tabu waren. »Und während er mit ihm redete, ging er hinein und fand viele, die zusammengekommen waren. Und er sprach zu ihnen: Ihr wisst, dass es einem jüdischen Mann nicht erlaubt ist, mit einem Fremden umzugehen oder zu ihm zu kommen; aber Gott hat mir gezeigt, dass ich keinen Menschen meiden oder unrein nennen soll« (Apg 10, 27-28). Der Missionsbefehl Jesu gilt *allen* Menschen. Er ruft uns auf, in ihr Leben und ihre Welt hineinzugehen und ihnen das Evangelium zu bringen.

Gebietet das Alte Testament nicht die Polygamie?

Nach dem Koran (Sure 4,3) kann ein Muslim bis zu vier Frauen haben, solange er in der Lage ist, für sie zu sorgen. Muslimische Vertreter der Polygamie weisen gerne darauf hin, dass viele der Erzväter und Gottesmänner im Alten Testament doch ebenfalls mehrere Frauen hatten, was doch nur bedeuten könne, dass Gott die Polygamie sanktioniere.

Die erste biblische Erwähnung der Polygamie findet sich in 1. Mose 4,19: »Lamech aber nahm zwei Frauen, eine hieß Ada, die andere Zilla.« Lamech war der Sohn Metuschaels. Auch Esau nahm sich, zum Missfallen seines Vaters Isaak, mehrere Frauen (1Mo 28,6-9). Jakob wurde durch einen Trick seines Schwiegervaters in die Polygamie geführt (1Mo 29). Dies klingt kaum nach einer Empfehlung der Polygamie. In 5. Mose 17,14-17 wird sogar den späteren Königen Israels verboten, sich viele (vor allem heidnische) Frauen zu nehmen:

>»Wenn du in das Land kommst, das dir der HERR, dein Gott, geben wird, und es einnimmst und darin wohnst und dann sagst: Ich will einen König über mich setzen, wie ihn alle Völker um mich her haben, so sollst du den zum König über dich setzen, den der HERR, dein Gott, erwählen wird. Du sollst aber einen aus deinen Brüdern zum König über dich setzen. Du darfst nicht irgendeinen Ausländer, der nicht dein Bruder ist, über dich setzen. Nur dass er nicht viele Rosse halte und führe das Volk nicht wieder nach Ägypten, um die Zahl seiner Rosse zu mehren, weil der HERR euch gesagt hat, dass ihr hinfort nicht wieder diesen Weg gehen sollt. Er soll auch nicht viele Frauen nehmen, dass sein Herz nicht

abgewandt werde, und soll auch nicht viel Silber und Gold sammeln.«

Kein Geringerer als Salomo erfuhr am eigenen Leib die Wahrheit dieser Ermahnung. Mit seiner wachsenden Macht wuchs auch sein Appetit auf Frauen. Diese Frauen (oft die Töchter heidnischer Könige) führten Salomos Herz von Gott weg:

»Aber der König Salomo liebte viele ausländische Frauen: die Tochter des Pharao und moabitische, ammonitische, edomitische, sidonische und hetitische – aus solchen Völkern, von denen der HERR den Israeliten gesagt hatte: Geht nicht zu ihnen und lasst sie nicht zu euch kommen; sie werden gewiss eure Herzen ihren Göttern zuneigen. An diesen hing Salomo mit Liebe. Und er hatte siebenhundert Hauptfrauen und dreihundert Nebenfrauen; und seine Frauen verleiteten sein Herz. Und als er nun alt war, neigten seine Frauen sein Herz fremden Göttern zu, so dass sein Herz nicht ungeteilt bei dem HERRN, seinem Gott, war wie das Herz seines Vaters David. So diente Salomo der Astarte, der Göttin derer von Sidon, und dem Milkom, dem greulichen Götzen der Ammoniter. Und Salomo tat, was dem HERRN missfiel, und folgte nicht völlig dem HERRN wie sein Vater David.« (1Kön 11,1-6)

Gott hat kein einziges Mal einem Mann befohlen, sich mehr als eine Frau zu nehmen. In der ganzen Bibel findet sich kein einziges Beispiel für eine polygame Ehe, die besonders gesegnet gewesen wäre. Dafür wird im Neuen Testament die Beziehung zwischen Christus und seiner Gemeinde mit dem Bild der Ehe mit einer Frau beschrieben (Eph 5,22-33). In der Polygamie ist die ganze Hingabe und ungeteilte Liebe, für die Gott die Ehe gedacht hat, nicht möglich.

Warum benutzen die Christen Weihnachtsbäume und Ostereier, die doch heidnischen Ursprungs sind?

Was hat der Weihnachtsbaum mit der Geburt Jesu zu tun und der Osterhase mit seiner Auferstehung? Eigentlich nichts. Man kann sogar heidnische Ursprünge dieser Gebräuche ausmachen; so symbolisierten das Ei und der Hase in manchen Kulturen Fruchtbarkeit und Wohlstand. Manche Christen lehnen diese Dinge daher grundsätzlich ab. Andere argumentieren, dass z. B. beim Weihnachtsbaum der heidnische Ursprung in so weiter zeitlicher Ferne liegt, dass er für die christliche Familie, die sich um den Baum versammelt, keine Rolle spielt.

Man kann trefflich streiten, wie wichtig diese Fragen sind. Und darauf hinweisen, dass auch andere Hochreligionen Gebräuche »heidnischen« Ursprungs kennen (die Ka'aba etwa existierte schon lange vor dem Islam). Wichtiger für uns ist die Frage, wie viel geistlichen Gehalt wir Christen in unsere großen christlichen Feiertage hineinlegen. Wenn das Ostereiersuchen wichtiger ist als der Ostergottesdienst oder die Geschenke wichtiger als der Besuch der Christmette, dann stimmt etwas nicht bei uns. Das Zeugnis einer christlichen Familie, die zu Weihnachten im gleichen Konsumrausch versinkt wie alle anderen auch, ist, gelinde gesagt, fragwürdig.

Der Fastenmonat Ramadan sollte dem christlichen Weihnachtskonsumenten zu denken geben. Über einen Monat lang nimmt die muslimische Familie zwischen Sonnenauf- und Sonnenuntergang nichts zu sich. Abends versammelt man sich zur Abendmahlzeit. Wenn überhaupt Geschenke gemacht werden, sind sie schlicht. Man liest einen größeren Abschnitt des Korans vor, so dass man im Laufe des Ramadans durch das ganze Buch kommt. Dagegen nimmt sich die durchschnittliche Weihnachtsvöllerei abgeschmackt aus. Hier könnte mancher Christ von manchen Muslimen lernen, sich wieder mehr auf den geistlichen Sinn seiner Feiertage zu konzentrieren.

Kapitel 9

Fragen über Kultur und religiösen Pluralismus

In seinem Jahresrückblick auf 2002 nannte das Magazin *World* den »Kampf der Kulturen« als einen Schlüsselkonflikt unserer Zeit. Die Spannungen und Polarisierungen zwischen den verschiedenen Religionen und Kulturen sind intensiver geworden. Das Jahr 2002, so Gene Edward Veith, »war ein schlechtes Jahr für Multikultis, Relativisten und Leute, die behaupten, dass alle Religionen gleich wahr seien. Trotzdem blieben sie ihrer Überzeugung treu und ließen sich nicht von den Fakten beirren.«[107]

Veith glaubt, dass heute mehr als je zuvor Menschen, die an absolute Wahrheiten glauben, als Rassisten und Kriegstreiber gelten. Aber schließen eine pluralistische Gesellschaft und absolute Wahrheitsansprüche einander wirklich aus? In diesem Kapitel wollen wir einige Punkte aus diesem Fragenkomplex beleuchten – Punkte, die für den Christen, den Muslim und den Multikulti-Befürworter von Interesse sind.

Sind die Religionen nicht eigentlich alle gleich?

»Einheit oder Untergang« – dieses Motto war das Mantra des Parlaments der Weltreligionen. Die sechstausend Teilnehmer hörten diese Worte immer wieder, bis sie sie als Dogma verinnerlicht hatten. Erwin Lutzer, Pastor der Moody Church in

---

107 Gene Edward Veith: Culture Year-in-Review, World, 28. Dezember 2002, S. 42

Chicago, kommentierte: »Die Gruppe, die die meiste Kritik auf sich zog – die Leute, von denen man nicht erwarten konnte, dass sie mitmachten bei der großen Vereinigung –, waren die Anhänger des klassischen christlichen Glaubens.«[108] Das Parlament der Weltreligionen ist nur die Spitze des Eisberges einer wachsenden Bewegung religiöser Pluralisten, für die alle Religionen gesellschaftlich, historisch, ethisch und theologisch letztlich gleich beziehungsweise gleichwertig sind.

Hier können der gläubige Muslim wie der gläubige Christ nur entsetzt den Kopf schütteln.

Diese moderne Bewegung wurzelt in einem Toleranzverständnis, das auf Kosten der Wahrheit geht. Toleranz ist hier die Vorstufe zur Gleichschaltung. Der religiöse Pluralist hat keine Bedenken, den absoluten Wahrheitsanspruch Jesu Christi ans Kreuz der Einheit zu schlagen. Jesus wird zu einem großen Lehrer und Propheten, vergleichbar mit, aber nie höher als Buddha, Mohammed und hundert andere.

Eine solche religiöse Nivellierung geht nicht ohne ein radikal verändertes Menschenbild. Der religiöse Relativist muss seine Erlösungsbedürftigkeit entweder ganz leugnen oder radikal uminterpretieren und glauben, dass jeder Mensch einen Funken des Göttlichen in sich trägt. Wir alle haben im Urgrund unserer Seele Teil an Gott – damit aber ist jede Religion, die sich als allein selig machend versteht, ein intoleranter Angriff auf das Tiefste und Schönste im Menschen.

Eine solche religiöse Gleichschaltung wird früher oder später zu einem Widerspruch in sich selbst. Das religiöse Dogma wird als intolerant abgelehnt und gleichzeitig unkritische Toleranz ihrerseits zum Dogma erhoben: Wer nicht für das Evangelium von der relativen Wahrheit ist, ist ein Verräter. Viele ökumenische Gruppierungen streben schlicht die Machtübernahme auf dem Markt der Religionen an. Der »Fundamentalismus« wird zum

---

108 Erwin W. Lutzer: Christ Among Other Gods, Chicago 1994, S. 11

bösen Feind erklärt; übrig bleibt eine Sammlung philosophischer Unverbindlichkeiten, die niemandem wehtun und keinen Raum für einen leidenschaftlichen Glauben lässt.

Die große Religionsökumene gibt sich kritisch, erlaubt aber keine Kritik an sich selber. Sie verlangt von ihren Anhängern, an einen Weg, eine Wahrheit und ein Leben zu glauben, die letztlich niemand kennt. Die kritische Auseinandersetzung mit anderen Religionen ist politisch nicht korrekt. Letztlich verlangt diese Art der Ökumene von uns, dass wir unser Denken abschalten. Wer nicht sucht, um zu finden, der sucht gar nicht mehr. Der religiöse Wanderer wird in ein Niemandsland der Sinnlosigkeit eingeladen.

Sofern die Religionen von Menschen gemacht sind, sind sie letztlich wirklich alle gleich. Doch der Christ weiß, dass bloße religiöse Traditionen den Durst der Seele nicht stillen können; das kann nur eine lebendige Beziehung zu dem lebendigen Gott, der uns ein himmlischer Vater ist (Jesaja 9,5). Jesus respektieren kann auch der religiöse Pluralist; ihn anbeten kann nur der Christ.[109]

Warum ist es den Christen so wichtig, was die Menschen glauben?

Stellen Sie sich vor, ein Freund von Ihnen hat eine Herzkrankheit, die unbehandelt rasch zum Tod führt. Stellen Sie sich weiter vor, Sie kennen den einzigen Kardiologen auf der Welt, der die rettende Operation beherrscht. Wäre es nicht herzlos, ja unmoralisch, Ihren Freund nicht schnellstens zu diesem Arzt zu bringen? In einer Welt der geistlichen »Herzkrankheit«, die unweigerlich in Tod und Verdammnis führt, haben Christen die Aufgabe, die Kranken und Sterbenden zu Jesus Christus zu bringen,

---

109 a. a. O., S. 12

dem Einzigen, der ihr Leiden heilen kann. Dies zu unterlassen, wäre ungeheuerlich.

Christen müssen bereit sein, in alle Welt und zu allen Menschen zu gehen, um das Evangelium denen zu bringen, die es brauchen. Wenn viele dieser Menschen zunächst einmal ablehnend reagieren, muss das einen Christen nicht verzweifeln lassen, denn er weiß aus der Bibel, dass der Ungläubige von Natur aus blind für Gott ist und in der Finsternis lebt (vgl. Joh 12,35-36) – eine Finsternis, die zum Teil das Ergebnis religiöser Traditionen ist, die nicht aus der Wahrheit kommen (Apg 17, 22-34).

Es ist eine Tatsache, dass die meisten Menschen sich nach einer Beziehung zu Gott sehnen, auch wenn sie dieses Sehnen nicht verstehen und die Leere in ihrer Seele mit anderen Dingen zu füllen versuchen. Hier sind die Christen, die diesen Zustand ja früher selber auch durchlebt haben, aufgerufen, die Hoffnungsbotschaft, die sie selber irgendwann von einem anderen Menschen gehört haben, weiterzugeben. Dies ist keine Sekten-Mentalität. Der missionierende Christ mag manchmal aus Unwissenheit in kulturelle Fettnäpfchen treten, aber schwerer als dieses Risiko wiegt seine Liebe zu dem Mitmenschen, dessen geistliche Not er sieht. Jemand hat den Christen, der seinen Glauben weitergibt, einmal mit einem Hungernden verglichen, der einem anderen Hungernden sagt, wo er sich satt essen kann.

Ein weiterer Grund dafür, dass die Religion unserer Mitmenschen uns nicht egal sein darf, ist, dass diese Religion Konsequenzen hat, die über das Grab hinausreichen. Viele Toleranz-Ideologen scheinen zu glauben, dass dieses irdische Leben alles ist. Aber ein Christ weiß, dass die Art, wie der Einzelne auf Gott und seine Offenbarung antwortet, sein ewiges Schicksal mitbestimmt.

Wenn nach diesem Leben nichts mehr käme, wäre die grenzenlose Toleranz in der Tat der richtige Weg, denn dann wäre das Leben letztlich beliebig und sinnlos. Aber wenn die Bibel Recht hat, ist die Toleranz, die alle Religionen als gleichberechtigt »stehen lässt«, das Schlimmste, was wir unseren Mitmenschen antun können. Wenn Jesus der einzige Weg zum Himmel ist, wie er dies selber gesagt hat (Joh 8,58; Joh 14,6), dann ist die höchste Berufung, die es für uns geben kann, dass wir Menschen, die Jesus noch nicht kennen, mit ihm bekannt machen (Joh 1,29).

Erheben Christentum und Islam beide einen absoluten Wahrheitsanspruch?

Das tun sie in der Tat. Der Koran lehrt, dass allein die, die die Botschaft Mohammeds annehmen, in den Himmel kommen können; die Polytheisten, zu denen für den Koran auch die Christen mit ihrer Dreieinigkeit gehören, landen in der Hölle (Sure 98,6). Und das Christentum lehrt, dass allein Jesus Christus der Weg zu Gott ist (Joh 14,6; Apg 4,12). Der Mensch, der Christi Sühneopfer am Kreuz bewusst ablehnt, hat keine Hoffnung auf den Himmel und »keine Entschuldigung« (Röm 1,20).

Doch außer diesem absoluten Wahrheits- und Heilsanspruch haben Christentum und Islam wenig gemeinsam. Hier die Hauptunterschiede:

1. *Ein anderer Gott.* Der Gott des Christentums ist persönlich und kommt uns in Jesus ganz nah; er ist Einer in Drei (Trinität). Der Allah des Korans dagegen ist unendlich entfernt und unerreichbar.
2. *Ein anderes Heilsverständnis.* Im Christentum kann nur der, der an Christus glaubt, Erlösung und die Vergebung der Sünden bekommen. Im Islam kann (und muss) man sich Allahs Gunst durch gute Werke verdienen.
3. *Ein anderes Menschenbild.* Der Christ glaubt, dass alle Menschen Sünder sind und einen Erlöser brauchen. Der Islam

lehrt, dass jeder als Muslim geboren und erst durch seine späteren Taten zum Sünder wird.

4. *Ein anderes Bibelverständnis.* Für den Christen ist die Bibel das verbindliche, inspirierte, unfehlbare Wort Gottes. Der Muslim hält die Bibel für verfälscht und nur insoweit für verbindlich, als sie durch den Koran bestätigt wird.

5. *Ein anderes Jesusbild.* Für die Christen ist Jesus der Messias, der Sohn Gottes, der der Erlöser für alle Menschen ist. Sie beten zu ihm und verehren ihn. Für den Muslim ist Jesus ein Mensch und Prophet, dem Achtung, aber nicht Anbetung gebührt.

Es ist offensichtlich, dass es sich hier unmöglich um dieselbe Religion handeln kann. Christentum und Islam unterscheiden sich nicht nur radikal in ihrer Theologie, sondern auch in den Folgen, die diese Theologie für das Alltagsverhalten hat. Während der Muslim sein großes Vorbild in Mohammed sieht, ist das Vorbild und der Lehrer des Christen Jesus Christus (Phil 2,5).

Der Brennpunkt der Unterschiede ist letztlich die Person Jesu Christi. Entweder er ist ein bloßer Mensch, der nicht das Recht hat, Gottes Sohn genannt zu werden (Sure 5,75; 5,116; 19,88-89), oder er ist Gottes Sohn und der einzige Erlöser (1Tim 2,5).

Bedeutet *Islam* nicht »Frieden«?

Nach den verheerenden Terroranschlägen vom 11. September 2001 beeilten sich die Medien, politisch korrekt zu sein und den »wahren« Islam von muslimischer Seite als Friedensreligion darstellen zu lassen. Das Wort *Islam*, so war zu hören, sei von *salam* (»Frieden«) abgeleitet. So stand in *USA Today* zu lesen: »Gottes Botschaft wurde durch den Propheten Mohammed erneuert und in die endgültige Form gegossen. Der Islam ist eine Religion des Friedens, der Barmherzigkeit und der Vergebung.«[110]

Das klingt schön, entspricht aber schlicht nicht der Wahrheit. Zunächst einmal kommt das Wort *Islam* nicht von *salam*, sondern von *salama,* das wörtlich als »Biss der Schlange« oder »Gerben von Leder« übersetzt werden kann.[111] Das Wurzelwort, von dem *salam* und *salama* abgeleitet ist, wird hier in seiner Bedeutung völlig verändert. Das Wort *Islam* wird denn auch traditionell mit »Unterwerfung« bzw. »Hingabe« (unter/an Allah) übersetzt.

Zweitens ist die Geschichte des Islam alles andere als friedlich, und die muslimischen Apologeten lassen denn auch das Argument, dass *Islam* »Frieden« bedeute, unbelegt im Raum stehen. Als Mohammed Briefe an die arabischen Stammesführer schickte, in denen er sie aufforderte, Muslime zu werden und sich Allah zu unterwerfen, unterschrieb er sie mit *Aslem, Taslam* (»Ergebt euch, und es wird euch nichts geschehen«). Mohammed hat das Wort *Islam* eindeutig im Sinne der Kapitulation im Kontext militärischer Eroberungen benutzt, nicht im Sinne der freiwilligen Hingabe an Gott.

Kommen gute Muslime in die Hölle?

Der gläubige Muslim investiert sein ganzes Leben darin, sich die Gunst Allahs zu verdienen. Der Islam ist mehr als jede andere Religion eine Religion der guten Werke. Der fromme Muslim hält eisern die »fünf Pfeiler« seiner Religion ein: das Glaubensbekenntnis, das fünf Mal am Tag zu verrichtende Gebet, das Almosengeben, das Fasten im Ramadan und die Pilgerfahrt nach

---

110 »Q & A on Islam and Arab-Americans«, http://www.usatoday.com/news/world/
    islam.htm (17. Dezember 2002)
111 Hans Wehr: Arabisches Wörterbuch für die Schriftsprache der Gegenwart, ara-
    bisch-deutsch, unter Mitwirkung von Lorenz Kropfitsch, neu bearb. und erw.,
    Wiesbaden 1998

Mekka. Dazu sind die meisten Muslime durchaus »anständige Menschen«, die für ihre Familie sorgen und sich für das Beste in ihrer Gesellschaft einsetzen.

Das sind die besten Voraussetzungen, um bei Allah die Waagschale mit den guten Werken zu füllen und nicht in die Hölle zu kommen.

Doch all dies reicht nicht, um vor einem heiligen Gott bestehen zu können, der in der Bibel beschrieben wird. Man kann Sünden nicht mit guten Werken aufwiegen; Schuld bleibt Schuld.

Wir, die Autoren, vertreten hier die strengstmögliche Position. Wir glauben nicht nur, dass »gute Muslime« in die Hölle kommen, sondern auch »gute Baptisten« (und wir sind selber Baptisten). Wer die Gnade Gottes verwirft, bekommt sie nicht, egal wie er sich nennt und wie sauber er lebt. Wer das Sühneopfer Jesu ablehnt, verschließt sich selber die Tür zum Himmel. Er lehnt nicht nur eine Wahrheit oder Lehre ab, sondern eine Person – Jesus Christus, der will, dass alle Menschen gerettet werden. Aber Christus zwingt niemanden, ihn anzunehmen; echte Liebe ist immer freiwillig und nicht erzwungen. Der Mensch, der von Jesus nichts wissen will, sollte sich darüber im Klaren sein, was er da alles ablehnt:

1. Er lehnt das Lamm Gottes ab, das die Sünden der Welt wegnimmt (Joh 1,29). Ohne Christus muss ich selber die volle Verantwortung dafür tragen, dass ich mich gegen den heiligen, unendlichen Gott vergangen habe.
2. Er lehnt den großen Arzt ab, der uns so völlig von unserer tödlichen Krankheit heilen kann, wie er die Blinden heilte (Lk 18,35-43), und muss selber zusehen, wie er mit dem tödlichen Krebs, der in seiner Seele frisst, zurechtkommt.
3. Er lehnt den guten Hirten ab. Christus als der gute Hirte (1Petr 5,4) beschützt seine Schafe vor den Angriffen und Verlockungen der »Wölfe«. Ohne einen solchen Beschützer ste-

hen wir alleine den Mächten der Finsternis in dieser Welt gegenüber.

4. Er lehnt den Hohepriester ab, der unsere Not versteht, weil er »versucht worden ist in allem wie wir, doch ohne Sünde« (Hebr 4,15). Das Bild des Hohepriesters kommt aus dem Judentum, wo dieser der Mittler zwischen den Menschen und Gott war. Ohne einen solchen Mittler müssen wir allein, ohne Gottes Liebe, durch die Prüfungen und Versuchungen des Lebens gehen.

5. Er lehnt den Erlöser ab, der sein Volk von seinen Sünden bzw. vor der Strafe für die Sünden rettet (Mt 1,21). Ohne Jesus stehen wir vor der hoffnungslosen Aufgabe, dem vollkommenen Maßstab eines heiligen Gottes Genüge zu tun, um uns den Himmel zu verdienen.

Traurig, aber wahr: Nicht nur »gute Muslime« lehnen Jesus als den Heiland ab, sondern auch viele Menschen, die sich »gut christlich« nennen. Das Argument, dass wir »gut« sein können, ist letztlich unhaltbar. Wir werden nicht gut, sondern böse geboren, und niemand kann »gut« sein, der das Erlösungswerk am Kreuz ablehnt – denn dies ist die einzige Sünde, die unweigerlich in die Hölle führt, egal welcher Religion man angehört (Mt 12,31).

Gibt es denn gar keine Gemeinsamkeiten zwischen Christentum und Islam?

In den letzten Jahren und Jahrzehnten haben viele Christen nach Gemeinsamkeiten mit dem Islam gesucht. Wir erinnern als Beispiel an die Ausführungen zum Islam in der Erklärung des Zweiten Vatikanischen Konzils »über das Verhältnis der Kirche zu den nichtchristlichen Religionen«, die wir oben zu Beginn von Kapitel 2 zitiert haben. Manche liberalen Theologen gehen so weit, dass sie Christentum und Islam für voll miteinander vereinbar halten.

Wie dieses Buch bereits gezeigt haben dürfte, ist ein solches Urteil theologisch nicht haltbar. Aber es gibt gewisse ethische Gemeinsamkeiten zwischen Muslimen und Christen. Beide verurteilen z. B. die heutige Abtreibungspraxis in vielen westlichen Ländern, die sie als Sünde gegen Gott als Geber des Lebens sehen.[112] Sure 22,5 erklärt: »O ihr Menschen, wenn ihr betreffs der Auferstehung in Zweifel seid, so haben Wir euch erschaffen aus Staub, alsdann aus einem Samentropfen, alsdann aus geronnenem Blut [Embryo], alsdann aus Fleisch [Fötus] [...]« Der Koran verurteilt auch die Homosexualität (Sure 29,29), den Selbstmord (Sure 4,29) und die Euthanasie. »Der Islam duldet keine frivolen Vergnügungen, keine Lügen, Verleumdungen, arrogantes Verhalten, Prahlen, Ränke, Obszönität, Beleidigungen, Gehässigkeit, Neid und Wankelmut.«[113]

Auch theologisch gibt es einige Gemeinsamkeiten: Gott ist Einer (5Mo 6,4; Sure 2,255) und hat das Universum erschaffen (1Mo 1-2; Sure 13,12-13). Er ist allwissend und allmächtig. Anders als manche fernöstlichen Religionen, bestehen Islam und Christentum darauf, dass Gott anzubeten ist (Joh 4,23; Sure 11,123). Dies bedeutet, wie gesagt, nicht, dass beide Religionen denselben Gott hätten, aber es gibt gewisse strukturelle Gemeinsamkeiten, die als Aufhänger für den Dialog dienen können.

Doch anders als der ökumenische Christ, der im Dialog mit dem Muslim betont das Gemeinsame sucht, benutzt der evangelikale Christ solche Gespräche als Gelegenheit, um auf die Grundfragen des Lebens und letztlich die Verlorenheit des Menschen und die Rettung durch Christus hinzuweisen. Jede Religion und Weltanschauung hat irgendwo Teilwahrheiten.

---

112 George Braswell: Islam, Nashville 1996, S. 137. Siehe auch http://www.submis
   sion.org/pro-life.html (17. Dezember 2002)
113 Braswell: Islam, S. 120

Gott hat sich den Menschen nie gänzlich unbezeugt gelassen (Röm 1,18-32), auch wenn der Ungläubige diese Zeugnisse nicht wahrhaben will. Gott ist unsichtbar, aber seine göttliche Macht ist an seiner Schöpfung zu erkennen (Röm 1,20); damit hat auch der Muslim eine Basis, auf der er den einzig wahren Gott suchen und finden kann.

Führen theologische Diskussionen nicht nur zu Unfrieden und Spaltung?

Im heutigen Konzert der Wissenschaften und Philosophien spielt die Theologie eine untergeordnete Rolle. In der Hochtechnologie- und Spaßgesellschaft sind Handy und SMS wichtiger als die Frage, wer Gott ist. Die Klimaanlage schlägt den Beichtstuhl um Längen, und wenn man sich doch um seine Seele kümmert, dann bitte in Zehn-Schritte-Programmen oder Selbsthilfegruppen. Theologie, Geisteswissenschaften und Naturwissenschaften gelten als so unterschiedliche Denkwelten, dass ihre »Wahrheiten« nichts miteinander zu tun haben. Dazu kommt seit Ende des 20. Jahrhunderts als weiterer Faktor ein wachsendes Klima des »alles geht«, in welchem die einzige politisch korrekte Spiritualität die ist, die niemanden vor den Kopf stößt und die verschiedenen Glaubensrichtungen und Überzeugungen akzeptiert und integriert. Dabei kommt manchmal die Frage auf, ob der christlich-muslimische Dialog überhaupt fortgesetzt werden sollte oder ob er nicht mehr schadet als nützt.

Der muslimischen Kultur ist diese Aschenputtelrolle der Theologie fremd. In den meisten Ländern des Nahen Ostens ist die islamische Theologie eine treibende Kraft. Zu lange haben die Christen das Gespräch über Gott als Privatsache der Frommen betrachtet. Die Religionsfreiheit, auf der die moderne westliche Gesellschaft aufgebaut worden ist, ist ja gerade die

Freiheit, nicht nur im stillen Kämmerlein, sondern auch auf dem Marktplatz offen und ungehindert über Gott zu diskutieren. Selbst diejenigen Gründungsväter etwa der USA, die selber keine Christen waren, waren sich der wichtigen Rolle bewusst, die die Theologie in der Gesellschaft spielt. Und frühere Generationen nannten die Theologie nicht das Mauerblümchen, sondern die Königin der Wissenschaften.

Der muslimische Beobachter des Westens kann nicht verstehen, warum gerade die Theologie in der Öffentlichkeit ein solches Tabuthema geworden ist. Man kann sich in unseren Ländern über so ziemlich jedes Thema öffentlich äußern – solange man nicht Gott erwähnt, denn Gott, das ist doch etwas für die paar Gläubigen in den Kirchen […] Aber wie will unsere Gesellschaft ihre Krisen meistern, wenn sie ausgerechnet die theologische Diskussion ausblendet? Wer die Antworten der Bibel als Randthema für Spezialisten beiseite schiebt, der beweist nicht seinen Intellekt, sondern seine Ignoranz.

Die Debatte auch über emotional behaftete Themen kann ein Weg zur Wahrheitsfindung sein und damit zu dem erklärten Ziel der Rede- und Pressefreiheit und der Religion. Wir brauchen keine Angst vor neuen Religionskriegen zu haben, solange klar ist, dass jeder das Recht hat, das zu glauben, was er will. Der manchmal immer noch als Schreckgespenst beschworene Dreißigjährige Krieg war nicht die Folge von zu viel, sondern von zu wenig Religionsfreiheit; der Landesherr bestimmte die Religion seiner Untertanen, so dass hier die Katholiken, dort die Protestanten als quasi Staatsfeinde verfolgt wurden.

Ist die öffentliche theologische Diskussion nützlich oder schädlich? Ersetzen wir das Wort »theologisch« durch »politisch«: Wohl kaum jemand würde sagen, dass ein Verzicht auf politische Debatten die Probleme unserer Gesellschaft einer Lösung näher bringen würde. Genauso sollte kein Christ sich einreden lassen, dass ein Abwürgen theologischer Diskussionen zu einer friedlicheren und religiöseren Gesellschaft führen könnte.

Ist der Maßstab für religiöse Wahrheit nicht Authentizität?

Seit dem Aufkommen der liberalen Theologie im 19. Jahrhundert hat sich in den intellektuellen Eliten des christlichen Abendlandes die Idee breit gemacht, dass Spiritualität nicht eine Sache der objektiven, absoluten Wahrheit ist, sondern vielmehr eine des persönlichen Erlebens. Diese Vorstellung erlebte im 20. Jahrhundert einen Siegeszug, und heute erklären uns unzählige Philosophen und Theologen, dass es sinnlos und irrational sei, von einer »übernatürlichen« objektiven Realität zu reden. Die Frage ist nicht mehr: »Ist das wahr?«, sondern: »Ist es echt?« Das Ergebnis sind verunsicherte Menschen, die als Maßstab für richtig und falsch nur noch ihre eigenen Erfahrungen haben.

Die große Falle hinter diesem Denken ist, dass man durchaus »echte« Erfahrungen mit spirituellen Realitäten machen kann, aber dass diese Realitäten womöglich nichts mit Gott und seiner Wahrheit zu tun haben. Man kann vollkommen authentisch in seinen religiösen Gefühlen sein und gleichzeitig die Wahrheit total verfehlen. Wahrheit sollte zur erfahrenen Wahrheit werden – aber nicht alles, was wir erfahren, ist wahr.

Traditionell verwerfen sowohl der Islam als auch das Christentum die Vorstellung, dass man Wahrheit in der Religion nach der Authentizität von Gefühlen bemessen kann. Aber ein zweihundert Jahre dauernder Sturmangriff auf die Zuverlässigkeit der Bibel hat im Christentum zu einem Paradigmenwechsel geführt, der Millionen von Christen nach »authentischen« und »relevanten« Glaubenserfahrungen suchen lässt, während sie gleichzeitig die Autorität der Bibel weitgehend aufgegeben haben. In vielen Kreisen ist der Maßstab für Spiritualität nicht mehr der rechte Glaube, sondern das rechte Erleben im Gottesdienst, während gleichzeitig ethisch verwerfliche Verhaltensweisen mit dem Hinweis schöngeredet werden, dass es doch letztlich auf die persönlichen Erfahrungen mit Jesus Christus ankomme und nicht auf irgendwelche Bibelverse.

Man sollte sich hier nichts vormachen: Dergleichen ist kein biblisches Christentum. Jesus lehrte, dass die Bibel die volle, objektive Wahrheit ist (Joh 17,3). Die Wahrheit findet man nicht in Gefühlen, sondern in einer persönlichen Beziehung zu Jesus Christus, wie er sich in der Bibel geoffenbart hat (Joh 14,6). Authentizität zeigt, ob jemand es ehrlich meint, aber nicht, ob er Recht hat.

In der islamischen Theologie ist die Verneinung der subjektiven Ehrlichkeit als Basis für die religiöse Wahrheit nicht weniger heftig. Der Islam gründet nicht auf persönlichen Erfahrungen, sondern auf der Prämisse, dass der Koran die endgültige Gottesoffenbarung ist, ein System von Wahrheiten, das man verstehen und befolgen kann (Sure 23,90). Nach dem Islam kann ein noch so ehrlicher Christ, der an die Trinität glaubt, nicht in den Himmel kommen; das kann nur der im islamischen Sinne totale Monotheist. Die Schlüsselpassage im Koran über das Verhältnis von Wahrheit und Authentizität ist die folgende:

>Nicht eher wurden die Ungläubigen von dem Volke der Schrift und die Götzenanbeter abtrünnig, als bis der deutliche Beweis zu ihnen kam: Ein Gesandter von Allah, der reine Seiten verliest, darinnen wahrhafte Schriften sind. […] Doch nichts anders ward ihnen geheißen, als Allah zu dienen reinen Glaubens und lauter […] denn das ist der wahrhafte Glauben.« (Sure 98,1-3.5)

Man beachte hier den »deutlichen Beweis« und die »wahrhaften Schriften«. Im Islam wie im Christentum ist Authentizität das *Ergebnis* von Glauben und nicht seine *Ursache*. Beide Religionen lehnen die Vorstellung, dass ein Glaube richtig ist, weil seine Anhänger es ernst meinen, ab.

Müssen die Christen den Islam und Mohammed angreifen, um den Menschen Christus zu predigen?

Als ein bekannter Baptistenpastor in den USA Mohammed, den Gründer des Islam, einen »von Dämonen besessenen Pädophilen mit zwölf Frauen, von denen die letzte ein neunjähriges Mädchen war«[114] nannte, gab es einen Aufschrei der Empörung. Gruppierungen wie der Council on American-Islamic Relations verurteilten die Äußerungen als bigotte Hass-Orgie. Muslime verlangten eine offizielle Entschuldigung. Protestantische und jüdische Gruppen nannten die Äußerungen lieblos und unnötig; Jesus, so behaupteten sie, habe sich nie zu derart ungeheuerlichen Attacken hinreißen lassen. Und evangelikale Stimmen äußerten die Befürchtung, dass diese Attacke auf Mohammed schädlich für die christliche Mission in Ländern mit einer starken Präsenz radikaler Muslime sein könne.

Wir finden die Äußerungen des umstrittenen Pastors sowohl nötig als auch richtig. Bezeichnenderweise fragte kaum jemand nach, ob die Behauptungen denn sachlich richtig waren oder nicht. Nach dem Hadith (7.64) war Mohammed in der Tat mit einem neunjährigen Mädchen verheiratet, mit dem er auch den Geschlechtsverkehr vollzog.[115] Nach heute in Ländern wie den USA oder Deutschland geltendem Recht ist dies Pädophilie.

Mohammed selber äußerte mehrfach die Befürchtung, dass er besessen sei. Der umstrittene Baptistenpastor äußerte sich über Dinge, die bis vor noch nicht langer Zeit bei allen Muslimen als Tatsachen akzeptiert wurden. Alles in allem ist die Affäre ein Beispiel mehr dafür, dass in unserer »politisch korrekten« Kultur die offene Kritik an einem sündigen Verhalten anstößiger ist als dieses Verhalten selber.

---

114 Todd Starnes: Southern Baptist Leaders Affirm Vines in Wake of National Attacks, 19. Juni 2002, http://www.baptistpress.org/bpnews.asp?ID=13645 (18. Dezember 2002)

115 Zu dieser Ehe wie zu Mohammeds Ehefrauen allgemein vgl. Caner und Caner: Islam ohne Schleier, S. 52ff.

Und was ist mit der Behauptung, dass Jesus sich nie so fanatisch-lieblos geäußert hätte? Schauen wir uns ein paar Reden Jesu in den Evangelien an.

1. Jesus hat die Pharisäer mindestens zweimal mit Giftschlangen verglichen. »Ihr Schlangenbrut, wie könnt ihr Gutes reden, die ihr böse seid? Wes das Herz voll ist, des geht der Mund über« (Mt 12,34; vgl. Mt 3,7).
2. In seiner Strafrede gegen die Schriftgelehrten und Pharisäer nennt Jesus diese »verblendet« (Mt 23,16), »Narren und Blinde« (V. 17), »Heuchler« (V. 15.25) und »übertünchte Gräber« (V. 27), wobei der letzte Ausdruck wahrscheinlich der anstößigste ist, den er je benutzte: »[…] die ihr seid wie die übertünchten Gräber, die von außen hübsch aussehen, aber innen sind sie voller Totengebeine und lauter Unrat!«
3. Bei einer anderen Gelegenheit nannte er seine Gegner Kinder des Teufels: »Ihr habt den Teufel zum Vater, und nach eures Vaters Gelüste wollt ihr tun« (Joh 8,44).

Auch die Apostel begaben sich auf das Territorium politisch nicht korrekter Rede:

1. Paulus nennt in 2. Timotheus 3,1-9 gewisse Leute »Lästerer« und »Verräter« und weist die Gläubigen an, solche Menschen zu meiden.
2. Petrus beschreibt gewisse Irrlehrer als »unvernünftige Tiere« und »Brunnen ohne Wasser« (2Petr 2,12.17) sowie als Beispiele für das Sprichwort: »Der Hund frisst wieder, was er gespien hat« (V. 22).
3. Johannes tituliert die Irrlehrer als »Antichristen« und »Lügner« (1Joh 2,18.22). Für ihn ist jeder ein Lügner und Antichrist, der leugnet, dass Jesus der Messias und Gottes Sohn ist.

Die Frage ist letztlich, was man unter Beleidigung bzw. Anstoß versteht. In unserer heutigen emotional-psychologisch geprägten Kultur ist der Maßstab, an dem Beleidigungen gemessen werden, nicht mehr die Frage der sachlichen Richtigkeit, sondern die der subjektiv-emotionalen Irritation.

Schließlich zu dem Argument, dass Negativäußerungen über den Islam Missionare in islamischen Ländern in Gefahr bringen: Wenn der Islam wirklich, wie so oft behauptet, eine Religion des Friedens ist, dürfte es zu keinen Repressalien gegen friedliche Menschen kommen, wenn Tausende von Kilometern entfernt ein Glaubensbruder von ihnen markige Äußerungen macht. Christen reagieren allgemein nicht mit Gewalt, wenn der Name Christi schlecht gemacht wird, sondern versuchen, dem Angreifer zu beweisen, dass er sachlich falsch liegt. Die Realität in den muslimisch geprägten Ländern sieht allerdings anders aus, so dass das bloße Predigen des Evangeliums an sich bereits zu Widerstand führt, der leicht gewaltsame Formen annimmt; ob jemand im fernen Amerika den Islam heftig verurteilt, macht da keinen großen Unterschied mehr. Christus hat seinen Jüngern nie versprochen, dass sie nie verfolgt würden, sondern lediglich, dass er in aller Gefahr bei ihnen sein würde.

Das Evangelium an sich ist bereits anstößig; es überführt die Menschen ihrer Sündhaftigkeit und fordert sie auf, ihre falschen Religionen gegen Jesus Christus einzutauschen. Die Geschichte der Mission zeigt, dass die meiste Frucht dort kommt, wo Menschen nicht ängstlich darauf achten, ja niemandem Anstoß zu geben, sondern das Evangelium offensiv, aber in Liebe verkündigen. Christen haben die Aufgabe, die Menschen klar und deutlich zu Christus zu rufen und Lügen und Irrlehren, die andere davon abhalten, der Wahrheit zu folgen, aufzudecken. Dies hat aus einer Motivation der Liebe zu den Verlorenen, für die Jesus starb, heraus zu geschehen. Das Schlimmste, was ich einem Menschen antun kann, ist, ihm nicht den Heiland zu zeigen, der für ihn gestorben ist.

Sind nicht alle Religionen fehlerhaft?

Es gibt eine berühmte buddhistische Parabel von den Blinden und dem Elefanten, die heute von religiösen Relativisten gerne zitiert wird:

»Es war einmal ein Radscha, der seinem Diener befahl: ›Geh und versammele mir alle Männer von Savatthi, die blind geboren sind […] und zeige ihnen einen Elefanten.‹ ›Jawohl, Herr‹ erwiderte der Diener und tat, wie ihm geheißen. Als er die Blinden versammelt hatte, sagte er ihnen: ›Hier ist ein Elefant.‹ Den Ersten ließ er den Kopf des Tieres betasten, den Zweiten seine Ohren, den Dritten einen Stoßzahn, wieder andere den Rüssel, die Füße, das Hinterteil, den Schwanz und das Haarbüschel am Ende des Schwanzes, und jedem sagte er, dass dies ein Elefant war.

Als die Blinden den Elefanten alle betastet hatten, trat der Radscha zu jedem von ihnen und fragte ihn: ›Nun, Blinder, hast du den Elefanten gesehen? Sage mir: Was ist ein Elefant?‹

Darauf sagten die Männer, die den Kopf betastet hatten: ›Herr, ein Elefant ist wie ein Topf.‹ Die Männer, die die Ohren befühlt hatten, sagten: ›Ein Elefant ist wie ein Worfelkorb.‹ Die einen Stoßzahn befühlt hatten, sagten, dass er wie eine Pflugschar war, die den Rüssel befühlt hatten, dass er wie ein Pflug war. Die den Rumpf betastet hatten, bezeichneten den Elefanten als Scheune, die den Fuß betastet hatten, als Säule, die das Hinterteil befühlt hatten, als Mörser, die den Schwanz angefasst hatten, als Stößel, die das Büschel am Schwanz berührt hatten, als Pinsel.«

Die Moral von der Geschichte: Erstens: Es ist eine Tugend, die Wahrheit als etwas Relatives und Bruchstückhaftes zu erkennen. Zweitens: Eines der größten Laster besteht darin, sich über die verschiedenen Aspekte und »Ansichten« des einen Gottes zu streiten.

Die Parabel ist nützlich, aber die Moral ist falsch. Die aus der Geschichte zu ziehende Folgerung lautet nicht, dass alle Religionen gleich richtig sind, sondern dass alle gleich falsch sind. Ein Elefant ist nun einmal kein Topf, Pflug oder Pinsel, sondern eben ein Elefant. Die Blinden lagen schlicht falsch. Wenn uns diese Geschichte etwas lehrt, dann dieses, dass kein Mensch von sich aus Gott wirklich erkennen kann.

Überhaupt ist diese Parabel ein gutes Bild des Menschen ohne Gott, der in seiner Begrenztheit versucht, aus eigener Kraft einen Weg zu einem unendlichen, heiligen Gott zu finden. Die »Wahrheiten«, zu denen er dabei kommt, sind unweigerlich falsch.

Die Prämisse, auf der die Elefanten-Parabel beruht, ist natürlich, dass Gott sich den Menschen nicht selber geoffenbart hat. Wenn wir Gott egal wären und er uns unserem eigenen blinden Suchen überließe, dann wäre die Blindheit in der Tat eine Tugend, die zur Einheit führte. Aber in Christus *hat* Gott sich geoffenbart; wir sind nicht mehr auf unser blindes Tasten angewiesen. (Genau das leugnen natürlich die Prediger der Elefanten-Parabel.)

Aber die Parabel wirft noch eine andere Frage auf: Wie sollen wir wissen, dass der Elefant wirklich ein Elefant ist, wenn wir nicht zuvor Buddha als Autorität vertrauen? Der Unterschied zwischen den Christen und den anderen Gläubigen liegt nicht nur in der Geschichte, sondern auch im Verfasser der Geschichte.

Was macht ein Land zu einem »islamischen« Staat?

Der Islam sieht sich als Religion, die den Einzelnen von der Wiege bis zum Grab begleitet und alle Bereiche seines Lebens regelt – nicht nur den religiösen, sondern auch den ökonomischen, politischen und sozialen. Viele muslimische Länder wandten sich, nachdem sie die Unabhängigkeit von der Kolonialherrschaft erlangt hatten, folgerichtig dem islamischen Gesetz, der *Scharia*, zu.

Die heutigen islamischen Staaten haben bei allen Unterschieden in den Regierungssystemen folgende Eigenschaften gemeinsam:

1. *Staatsreligion:* Der Islam ist offizielle Staatsreligion. Angehörige anderer Religionen werden, ja nach der Auslegung der Scharia, entweder als Bürger zweiter Klasse geduldet oder regelrecht verfolgt.
2. *Islamische Gesetze:* Recht und Gesetz basieren auf Koran und Hadith. Dies reicht von der Regulierung solcher Dinge wie der Kleidung und dem Bankwesen (Banken dürfen keine Zinsen nehmen) bis hin zu drakonisch-mittelalterlichen Strafen wie Amputationen und Steinigungen. Illegal ist grundsätzlich alles, was nach dem Koran verboten (*haram*) ist.
3. *Religiöses Strafrecht:* Zu den Verbrechen zählen auch religiöse Übertretungen. So gelten beleidigende Äußerungen gegen den Islam, Mohammed oder den Koran als Gotteslästerung und sind entsprechend strafbar.

Zur Zeit gibt es in der Welt 24 islamische Staaten, darunter fünf (Iran, Saudi-Arabien, Pakistan, Ägypten und Sudan), die das religiöse Strafrecht besonders strikt anwenden. Zu besonders eklatanten Menschenrechtsverletzungen kommt es seit vielen Jahren im Sudan, der eine rigorose Islamisierung seiner Bürger betreibt, mit Mitteln wie Zwangsbekehrungen, systematischem Aushungern, Sklaverei, Folter und Gefängnis. In den nunmehr ca. 20 Jahren, seitdem der Sudan sich zu einem islamischen Staat erklärte, sind etwa 3 Millionen Christen versklavt oder umgebracht worden. Im Iran herrscht eine religiöse Apartheid, die es Nichtmuslimen verbietet, für Muslime bestimmte Nahrungsmittel zu berühren, während muslimische Geschäftsleute keine Angehörigen religiöser Minderheiten beschäftigen dürfen. In Saudi-Arabien ist jeder nichtislamische Gottesdienst selbst in Privathäusern verboten. In Pakistan macht ein 1986 erlassenes Blasphemiegesetz jede Kritik an Mohammed und am Koran illegal; seit seiner Einführung hat es Tausende Hinrichtungen gegeben.

Andere Länder, in denen momentan islamisches Recht gilt, sind Afghanistan, Algerien, Bahrain, die Komoren, Dschibuti, Irak, Jordanien, Kuwait, Libanon, Libyen, Mauretanien, Marokko, Oman, Katar, Somalia, Syrien, Tunesien, die Vereinigten Arabischen Emirate und der Jemen. Das bislang letzte Land, das die Scharia in sein politisches System einführte, ist Malaysia, wo es jetzt für Trunkenheit am Steuer 40 bis 80 Stockhiebe gibt, während dem Ehebrecher die Steinigung droht.

Die Ausübung der Scharia variiert von Staat zu Staat und wird auch in den einzelnen Ländern oft noch regional verschieden streng ausgeübt. Gerade in Afrika stehen zwar ganze Landstriche unter islamischer Rechtsprechung, aber nicht der betroffene Staat im Gesamten. Bereits kurz nach dem Erscheinen dieses Buches kann die Ausdehnung der Scharia in den einzelnen Staaten schon wieder andere Ausmaße angenommen haben, als sie hier beschrieben wurden. Inwieweit sich zum Beispiel der Irak zu einer Demokratie durchringen kann, ist momentan vollkommen offen, und die Wahrscheinlichkeit, dass sich hier ein weiterer islamischer Staat bilden wird, ist groß.

Ist die westliche Kultur nicht ein Hort der Unmoral?

Die muslimische Verachtung der westlichen, insbesondere der amerikanischen Kultur gründet sich auf den Vorwurf, dass diese Kultur national wie international der Unmoral und Dekadenz Vorschub leiste. Es lässt sich nicht leugnen, dass vieles im Argen liegt in unseren Gesellschaften. Die Sexualisierung der Werbung und der Medien, die Abtreibungsziffern und die wachsende

Korruption und Selbstbedienungsmentalität in Wirtschaft und Politik sprechen eine deutliche Sprache. Besonders harsche Kritik üben viele Muslime an Pornografie, Homosexualität und allgemeiner sexueller Promiskuität, wie sie u. a. in den Medien und der Pop-Szene propagiert werden. In manchen muslimischen Kreisen gilt Amerika als der »Große Satan«.

Diese Kritik an den Zuständen im Westen ist oft verständlich. Das Problematische an ihr ist, dass sie auf der Prämisse basiert, dass persönliche Freiheit ein Laster ist, das nur die Türen zur Sünde öffnet, und dass man Moralität und Frömmigkeit durch entsprechende Gesetze erzwingen kann. Hinter der moralischen Entrüstung steht der weit verbreitete Glaube, dass der Staat auch für die Seele des Bürgers verantwortlich ist und dass eine moralische Gesellschaft als System nicht die Demokratie, sondern die Theokratie braucht.

Die Gleichsetzung von Demokratie mit moralischer Anarchie verrät ein mangelhaftes Verständnis der Geschichte und des Regierungssystems des Westens. Die Demokratie ist keineswegs ein von Natur aus wertfreies System, das jedes Verhalten als normal akzeptiert. Noch vor wenigen Jahrzehnten wurden etwa in den USA die Ehe und eheliche Treue, der Schutz des ungeborenen Lebens und andere Werte hochgehalten. Die Ursache der wachsenden moralischen Anarchie ist nicht das politische System als solches, sondern der Zusammenbruch der Gesetze in diesem System – ein Zusammenbruch, der in den Köpfen gewisser Ideologen mit der Annahme begann, dass Wahrheit relativ und das Leben ein Zufall sei. Die Geschichte der Menschheit zeigt, dass jede Gesellschaft dekadent wird, unter deren Bürgern Egoismus und Sünde um sich greifen.

Die Muslime sollten auch nicht den Fehler machen, die USA, Deutschland und ähnliche westliche Länder mit dem Christentum gleichzusetzen. Diese Länder haben eine christliche Vergangenheit, und ohne das Christentum hätten sie nicht so lange bestehen können. Aber heute sind sie weithin nicht mehr christlich. Die Christen im Westen sind sich des moralischen Abrutschens ihrer Länder schmerzlich bewusst und kennen die Ungeheuerlichkeit etwa der heutigen Abtreibungspraxis und -gesetzgebung.

Dennoch böte eine theokratische Regierung keine Lösung der Probleme, weil man Glauben nicht erzwingen kann. Wenn etwa das Gebet per Gesetz erzwungen würde, wäre es dennoch nur für diejenigen Menschen sinnvoll, bei denen es echt ist.

Die Christen haben sicher nicht immer genug getan, um das Abrutschen ihrer Länder in die Gottlosigkeit aufzuhalten. Im vergangenen Jahrhundert haben die Kirchen, dem Zeitgeist folgend, den Schwerpunkt vielfach nicht mehr auf Gottes Gebote, sondern auf den lieben Frieden gelegt. Das Ideal vom selbstbestimmten Menschen hat die Kirche fundamental geschwächt.

Letztlich stehen wir vor der Frage, was wir lieber wollen: durch politische und religiöse Unterdrückung erzwungene Konformität (bei der die Laster hinter verschlossenen Türen vielfach fortbestehen) oder Freiheit mit all den Risiken, die sie mit sich bringt.

Kapitel 10

Fragen über Religionsfreiheit

Am 28. April 2002 wurden bei einem Überfall im Morgengrauen auf der Insel Ambon in Indonesien 12 Christen getötet. Ein Pressebericht schilderte die schreckliche Tat:

> «(Die 12 Christen) wurden brutal ermordet und weitere sechs verletzt, als früh am Morgen das Dorf Soya überfallen wurde. [...] Der Überfall auf das nahe der [Provinzhauptstadt] Ambon gelegene protestantische Dorf wurde gegen 4 Uhr am Sonntagmorgen von bewaffneten Angreifern durchgeführt. Schwarz gekleidete Muslime ›gingen von Haus zu Haus, während sie die Größe Allahs verkündeten und jeden ermordeten, den sie finden konnten, auch Frauen und Kinder, darunter ein neun Monate alter Säugling, der von den Kugeln getötet wurde‹ – so das Krisencenter der Diözese Amboina. Sechs der Opfer wurden erstochen oder erschossen, die anderen sechs verbrannt.«116

Ein tragischer Einzelfall? Eine blutige Episode aus einem Bürgerkrieg, der die Religion nur als Vorwand benutzt? Oder nicht doch mehr? Nur wenige solche Meldungen finden den Weg in die Tageszeitungen, aber Tatsache ist, dass wir derzeit in etlichen Ländern eine massive Christenverfolgung erleben. Ist diese offensichtlich systematische Ausrottungskampagne von der islamischen Lehre vorgeschrieben oder ein Verstoß gegen Tole-

---

116 Dieses und viele andere Beispiele sind im Internet unter persecution.org zu finden sowie auf anderen Websites, die die weltweite Christenverfolgung dokumentieren, z. B. voiceofthemartyrs.com (12. Mai 2002).

ranzgebote? Kann man sie mit den Kämpfen zwischen Katholiken und Protestanten in Nordirland aufrechnen? In diesem Kapitel wollen wir untersuchen, wie Christentum und Islam mit religiösen Spannungen umgehen.

Befürwortet der Islam die Religionsfreiheit?

Es gibt kein einziges Land mit islamischer Gesetzgebung, das für die Religionsfreiheit eintritt, und dies ist in der Geschichte immer so gewesen. Manche Stimmen weisen zwar auf christliche Gruppierungen hin, die im Mittelalter Zuflucht in islamischen Ländern suchten, aber die historische Bilanz der friedlichen Koexistenz von Islam und Christentum ist denkbar mager. Als Beweis für islamische Milde gegenüber den Christen wird gerne der im 7. Jahrhundert unter dem zweiten Kalifen, Umar, abgeschlossene *Umar-Vertrag* zitiert, der das Problem anging, wie die eroberten nichtislamischen Völker in das islamische Reich zu integrieren wären. Im Umar-Vertrag wurde den im muslimischen Machtbereich lebenden Nichtmuslimen der Status von Bürgern zweiter Klasse gegeben. Sie wurden einerseits unter den Schutz des Staates gestellt, mussten dafür jedoch zentrale religiöse Rechte aufgeben und Folgendes geloben:

– »Wir werden in unseren Städten oder in ihrer Nachbarschaft keine neuen Klöster, Kirchen oder Mönchszellen erbauen noch, sei es bei Tage oder bei Nacht, jene instand setzen, die verfallen sind oder die in den Vierteln der Muslime liegen.
– Wir werden unsere Kinder nicht im Koran unterrichten.
– Wir werden unsere Religion nicht öffentlich demonstrieren und niemanden zu ihr bekehren.
– Wir werden niemanden von den Unsrigen, der dieses wünscht, davon abhalten, zum Islam überzutreten.
– Wir werden Respekt gegenüber den Muslimen zeigen und

ihnen unseren Sitzplatz anbieten, wenn sie sich zu setzen wünschen.

- Wir werden unsere Kreuze und unsere Bücher nicht in den Straßen und auf den Märkten der Muslime zeigen.
- Wir werden unsere Kirchenglocken nur sehr leise läuten lassen.
- Wir werden nicht unsere Stimmen erheben, wenn wir die Toten zu Grabe tragen.
- Wir werden keine Lichter zeigen auf den Straßen oder in den Märkten der Muslime.
- Wir werden unsere Toten nicht neben den Muslimen begraben.«[117]

Der Umar-Vertrag ist mittlerweile 1300 Jahre alt, doch hat er mehr Toleranz im Umgang mit anderen Religionen zu bieten, als es in vielen islamischen Staaten heute praktiziert wird. Die Realität des Djihad, des Heiligen Krieges, der die Bekehrung aller zum Islam zum Ziel hat, ebenso wie die Vernichtung der Ungläubigen spricht eine deutliche Sprache im aktuellen Umgang mit Nicht-Muslimen. So kommt es mittlerweile zu einem massiven Rückgang des orthodoxen Christentums im Machtbereich des Islam. In Gebieten, die bis zu 80 % christlich-orthodox waren, wurde nach der islamischen Eroberung die christliche Bevölkerung durch Massaker, Versklavung und Demütigung unter das islamische Gesetz dezimiert und ausgelöscht.

Diese Christenverfolgung ist nicht auf das finstere Mittelalter begrenzt. Gerade in den letzten Jahren ist sie neu aufgeflammt. Hier nur einige der gravierenderen Beispiele:

1. Seit der Einführung eines islamischen Regimes im Sudan (1980) sind dort ca. 3 Millionen Christen ermordet, versklavt, vergewaltigt, gefoltert oder entführt worden

---

117 The Pact of Umar, http://www.fordham.edu/halsall/source/pact-umar.html (19. Dezember 2002)

2. In Saudi-Arabien steht auf den Übertritt zu einer nichtislamischen Religion die Todesstrafe.
3. In Pakistan verlieren Konvertiten zum Christentum ihr Haus, ihren Arbeitsplatz und ihr Erbe.
4. Marokko bedroht jeden, der der Mission für eine nichtislamische Religion für schuldig befunden wird, mit Freiheitsstrafen.
5. In Kuwait ist der Unterricht von nichtislamischen Religionen verboten.
6. In Katar dürfen keine Kirchenbauten errichtet werden.
7. Mauretanien verlangt von allen seinen Bürgern, dass sie Muslime sind. Der Besitz heiliger Texte aus anderen Religionen ist verboten.[118]

Einige islamische Länder, wie Marokko, praktizieren eine gewisse religiöse *Toleranz*, aber kein einziges erlaubt Religions*freiheit*. Die Bilanz der Christenverfolgung und -diskriminierung ist so verheerend, dass es keine Übertreibung ist, bei diesen Ländern von Terror gegen die eigenen Bürger zu sprechen. Der muslimische Apologet, der das friedliche Wesen des Islam beschwört, kommt in Schwierigkeiten angesichts der Gewalt gegen Andersgläu-bige, die von den islamischen Regierungen erlaubt, ja sanktioniert wird.

Sind die Christen in ihrer Geschichte nicht selber denkbar intolerant gewesen?

Es ist eine traurige Tatsache, dass auch im Namen des Christentums die Freiheit und das Leben Andersgläubiger verletzt worden sind. Der Unterschied zum Islam liegt darin, dass sich diese Akte nicht auf die Bibel oder das christliche Bekenntnis berufen

---

118 Paul Marshall: Their Blood Cries Out, Dallas 1997, S. 17–69. Siehe auch die Informationen in Johan Companjen: Betet für uns, Wuppertal 2002

können, sondern ganz auf das Konto von Menschen gehen, die Irrlehrer waren bzw. ihren eigenen Glauben nicht kannten. Als Paradebeispiel »christlicher« Gewalt gelten gemeinhin die Kreuzzüge (1095–1291).

Während der Islam von Anfang an durch militärische Eroberungen expandierte, breitete sich das Christentum in seinen ersten 300 Jahren zunächst, bis es unter Konstantin d. Gr. und seinem Nachfolger zur römischen Staatsreligion wurde, mit rein friedlichen Mitteln aus und erlebte selber immer wieder intensive Verfolgungen. Wo Mohammed und die Kalifen mit dem Schwert kämpften, erlitten Petrus und Paulus Schläge und Märtyrertum. Die islamischen Krieger stürmten als militärisch-politische Eroberer durch Nordafrika, die Zeugen Christi zogen als Erweckungsprediger durch das Römische Reich. Dieser fundamentale Unterschied liegt in den unterschiedlichen Lehren Christi und des Korans begründet. Die Jünger Jesu waren bereit, ihr Blut zu geben, damit andere das Leben bekamen; die Jünger Mohammeds vergossen das Blut anderer für die Sache Allahs. Und wohl keiner der christlichen Märtyrer hat sinnliche Freuden im Himmel erwartet.

Das Ende dieser urchristlichen Linie kam mit der Konstantinischen Wende: der (unter Historikern umstrittenen) Bekehrung des späteren Kaisers Konstantin d. Gr. vom Heidentum zum Christentum im Jahre 312, als er vor einer siegreichen Schlacht in einer Vision ein Kreuz sah, zusammen mit der Schrift »In diesem Zeichen siege!«. In der Folge nutzte Konstantin die Kirche als eine der Grundlagen seiner Macht; zum ersten Mal in der Geschichte wurden das weltliche und das geistliche Schwert vereinigt – eine Allianz, die später das ganze Mittelalter prägte und erst durch die Reformationszeit und ihre Umwälzungen aufgebrochen wurde. Fortan war der Bau neuer Kirchen, die Einsetzung von Bischöfen und die Beilegung theologischer Streitigkeiten nicht mehr allein Sache der Kirche.

Man kann über Fluch und Segen der Konstantinischen Wende

trefflich streiten. Die Allianz zwischen Krone und Kreuz brachte das Ende der heidnischen Christenverfolgungen und ein Aufblühen der christlichen Kultur, aber auch das Ende der Kirche als rein auf Bekehrung und Freiwilligkeit basierender Institution. Es kam zum Missbrauch der Macht und zu verhängnisvollen Verfälschungen der Lehre. Auch die Reformation beendete die Allianz zwischen Staat und Kirche zunächst nicht; der Landesherr bestimmte, was seine Untertanen zu glauben hatten, andere Religionen waren nicht erlaubt, die Unterdrückung der Juden nahm zu. Den Herrschenden ging es vielfach mehr um ihre Macht als um die Reinheit der Religion. Erst der Dreißigjährige Krieg und die Aufklärung führten schließlich zum Zerbruch des Bündnisses zwischen Kirche und Staat.

Die mit dem Zeitalter der Aufklärung einsetzenden neuen Strömungen führten zu größerer religiöser Toleranz, in ihren extremeren Formen (französische Revolution) aber auch zu erneuter Verfolgung von Christen. Die Trennung zwischen Kirche und Staat, durch die das Christentum etwas von seiner ursprünglichen inneren Freiheit wiedergewinnen konnte, findet sich heute vor allem in den freikirchlichen Strukturen wieder.

Lehrt die Bibel Religionsfreiheit?

Dass den meisten Christen die Religionsfreiheit so wichtig ist, liegt in der Bibel begründet. Der Schlüsseltext im Neuen Testament zu diesem Thema ist Matthäus 13,24-30:

»Er legte ihnen ein anderes Gleichnis vor und sprach: Das Himmelreich gleicht einem Menschen, der guten Samen auf seinen Acker säte. Als aber die Leute schliefen, kam sein Feind und säte Unkraut zwischen den Weizen und ging davon. Als nun die Saat wuchs und Frucht brachte, da fand sich auch das Unkraut. Da traten die Knechte zu dem Hausvater und sprachen: Herr, hast du nicht guten Samen auf deinen Acker gesät? Woher hat er denn das Unkraut? Er sprach zu ihnen: Das hat ein Feind getan. Da sprachen die Knechte: Willst du denn, dass wir hingehen und es ausjäten? Er sprach: Nein! Damit ihr nicht zugleich den Weizen mit ausrauft, wenn ihr das Unkraut ausjätet. Lasst beides miteinander wachsen bis zur Ernte; und um die Erntezeit will ich zu den Schnittern sagen: Sammelt zuerst das Unkraut und bindet es in Bündel, damit man es verbrenne; aber den Weizen sammelt mir in meine Scheune.«

Einige Verse weiter erklärt Jesus seinen Jüngern dieses Gleichnis. In der Welt gibt es Menschen, die Gott gehören, und Menschen, die dem Satan gehören. (Das »Unkraut« war eine Pflanze, die dem Weizen täuschend ähnlich sah.) Die Diener Gottes wollen die Kinder des Teufels vernichten, doch dies lässt Jesus nicht zu, weil dann auch die echten Gläubigen Schaden nehmen würden. Am Ende der Zeiten wird Gott selber die Trennung vornehmen.

Allein Jesus hat das Recht, die Seele eines Menschen zu beurteilen. Man kann daraus den Schluss ziehen, dass die weltliche Obrigkeit in religiösen Dingen kein Recht hat, das »Schwert« (Röm 13,4) zu gebrauchen, und dass selbst kirchliche Stellen mit dem Richten in Glaubensdingen vorsichtig sein sollten. Christen, die versuchen, sich in der Gemeinde als »Unkrautausreißer« zu betätigen, können schweren Schaden anrichten. »Reinigungsaktionen« wie die Inquisition haben Tausende von Unschuldigen Leib und Leben gekostet. Jesus hat seine Jünger vorgewarnt, dass Wahrheit und Irrtum sich in der Welt und in der Gemeinde mischen werden. Der Christ hat nicht die Aufgabe, mit Gewalt gegen den Unglauben vorzugehen.

Andere Bibelstellen sagen das Gleiche aus. Paulus erinnert die Christen in Ephesus daran, dass sie als Christen nur *ein* »Schwert« haben – das Wort Gottes (Eph 6,17). Und Petrus betont die Geduld Gottes, der nicht will, dass jemand verloren geht

(2Petr 3,9). Warum das Gericht Gottes in die eigene Hand nehmen? Gewalt im Namen des Glaubens schreckt die Menschen nur von Gottes Liebe ab.

In einer Zeit des Relativismus braucht man feste Maßstäbe für das, was recht und was unrecht ist. Politische Programme, Verfassungen und Gesetze kommen und gehen; die einzige bleibende Autorität ist für Christen die Bibel. Ein früher Verfechter der Religionsfreiheit war der reformatorisch-täuferische Theologe Balthasar Hubmaier (1480–1528). In seiner Schrift *Von Ketzern und ihren Verbrennern* (1524) schrieb er: »So ist nun der größte Betrug des Volkes der Eifer für Gott, der ohne die Schrift angewendet wird (im Namen) der Seelen Heil, der Ehre der Kirche, Liebe zur Wahrheit, guten Meinung, Brauch oder Gewohnheit, der bischöflichen Satzungen und Anweisungen der Vernunft, welches erbettelt ist von dem natürlichen Licht. Denn diese sind tödliche Pfeile, wo sie nicht nach der Schrift geleitet und gerichtet werden.«[119]

Was ist der Unterschied zwischen Religionsfreiheit und Toleranz?

1689 beendete das englische Parlament eine blutige Periode von Kriegen und religiösen Verfolgungen mit dem Act of Toleration, der Protestanten in England, Wales, Irland und Schottland weitgehende Religionsfreiheit gewährte. Das Gesetz war ein Meilenstein der Toleranz, privilegierte allerdings die Staatskirche immer noch und schloss gewisse Denominationen (wie die Katholiken) nach wie vor aus. Der Nichtanglikaner durfte zwar den Zehnten an seine eigene Denomination geben, musste aber eine Steuer für die Staatskirche entrichten. Alles in allem wurden die Frei-

---

119 Balthasar Hubmaier: Schriften, Gunnar Westin und Torsten Bergsten (Hrsg.), Gütersloh 1962, S. 99f. (Das Zitat ist in Rechtschreibung und Grammatik dem heutigen Deutsch angepasst.)

kirchen zu Stiefkindern, deren Existenz anerkannt wurde, die aber von der Genehmigung und dem Wohlwollen der Regierung abhängig waren.

Das Leitprinzip dieses und anderer *Toleranz*gesetze war, dass der Staat sich immer noch vorbehielt, seinen Bürgern gewisse Glaubensinhalte als erwünscht und manchmal auch als verbindlich vorzuschreiben. Aber was für ein Recht hat eine weltliche Regierung, zwischen akzeptablen und weniger akzeptablen religiösen Lehren zu unterscheiden? Eine Regierung, die sich das Recht herausnimmt, die Religion ihrer Untertanen zu regeln, setzt sich praktisch ein Stück weit an die Stelle Gottes. Kurz: Religiöse *Toleranz* geht davon aus, dass eine Regierung die Autorität hat, die Religion ihrer Bürger zu kontrollieren und zu reglementieren; der Staat bestimmt, was in der Religion »erlaubt« bzw. straffrei ist.

Anders die Religions*freiheit*: Sie bedeutet, dass die Obrigkeit die Pflicht hat, die religiösen Rechte der Bürger und ihrer Religionsgemeinschaften vor staatlicher und gesetzlicher Kontrolle zu schützen. Der Staat bestimmt hier nicht, wie weit der Bürger in seiner Religionsausübung gehen kann, sondern schützt diese Religionsausübung grundsätzlich.

Ein modernes Beispiel für religiöse Toleranz (aber nicht Freiheit) ist die Türkei, in der die orthodoxe Kirche das Recht hat, zu existieren, aber nicht zu expandieren. Der ökumenische Patriarch Bartholomäus I. darf sein Priesterseminar nicht wieder eröffnen, um neue Priester auszubilden.

In Brunei darf die beträchtliche christliche Minderheit existieren, sich aber nicht in Gruppen von mehr als fünf Personen versammeln.

In der Praxis ist religiöse Toleranz oft eine Taktik, die darauf setzt, gewisse Gruppierungen zu dulden, in der Hoffnung, dass sie von alleine wieder verschwinden. Religionsfreiheit dagegen geht davon aus, dass die Religionen zwar nicht unbedingt alle gleich wahr sind, aber dass sie alle das gleiche Recht haben, zu existieren und sich zu artikulieren und dass die Bürger ihren Glauben frei wählen können. Bloße Toleranz garantiert die politische Überlegenheit einer »offiziellen« Religion und verbannt die übrigen in den Status der Zweit- oder Drittklassigkeit. Ihre Grundlage ist politischer Pragmatismus, nicht wirkliche Liberalität.

Der Mensch, der sich seines Glaubens wirklich gewiss ist, braucht keine Sonderprivilegien von seiner Regierung, damit seine Religion als die einzig wahre geschützt wird. Er weiß, dass Gott sich selber verteidigt und die Wahrheit sich gegen alle Fälschungen durchsetzen wird.

Warum werden in den islamischen Ländern manche Christen anders behandelt als andere Christen?

Eine Gruppe von Christen, die Marokko besuchte, konnte mit Sprechern der islamischen Gemeinschaft Fragen der Religionsfreiheit diskutieren. Ein islamischer Geistlicher sprach sich so stark für Religionsfreiheit aus, dass einer der Besucher ihn fragte: »Dann haben Sie also nichts dagegen, wenn ein Muslim Christ wird?« Der Geistliche erwiderte: »Die Religionsfreiheit erlaubt es einem Christen, Muslim zu werden, aber nicht umgekehrt.«

Der Satz ist typisch für die Doppelmoral, die in vielen islamischen Ländern bezüglich der Religionsfreiheit herrscht: Es wird akzeptiert, wenn jemand in eine christliche Familie hineingeboren wird; es wird nicht akzeptiert, wenn sich jemand neu für ein Leben mit Christus entscheidet.. Die größte Gefahr für Leib und Leben droht in einem islamischen Staat dem Muslim, der zu einem anderen Glauben konvertiert. Der Religionswechsel ist dem Muslim grundsätzlich verboten (Sure 3,85); nach den Hadithen (9.57) ist er sogar mit dem Tod zu bestrafen. Den Islam verlassen – das ist die unvergebbare Sünde des Götzendienstes (*shirk*).

Traditionell ist der christliche Bürger im islamischen Staat der *Dhimmi* (»Schutzbefohlene«) – ein Bürger zweiter Klasse, der eine Kopfsteuer entrichtet, um sich den Schutz durch die islamische Obrigkeit zu erkaufen (Sure 9,29). Der Status des Dhimmi ist der der permanenten Demütigung. Wie ein Autor es beschrieben hat: »Das Gesetz verlangte von den Dhimmis Demut. Sie hatten gesenkten Blickes und eiligen Schrittes durch die Straßen zu gehen und jedem Muslim, dem sie begegneten, Platz zu machen. In Gegenwart eines Muslims hatten sie zu stehen und zu schweigen und nur dann zu reden, wenn ihnen dies erlaubt wurde. [...] Jede Kritik am Koran oder dem islamischen Gesetz annullierte den Schutz. Dazu hatte der Dhimmi ständig dankbar zu sein, dass das islamische Gesetz sein Leben verschonte.«[120] Der Status des Dhimmi ist grundsätzlich prekär; die Tolerierung kann jederzeit in schroffe Verfolgung umschlagen.

Man darf nicht vergessen, dass der Islam eine totalitäre Religion ist, die die Unterwerfung der ganzen Welt unter den Allah des Korans anstrebt. Erhellend ist, was Mohammed seinen Kombattanten befahl: »Und so einer der Götzendiener dich um Zuflucht angeht, so gewähre ihm Zuflucht, auf dass er Allahs Wort vernimmt« (Sure 9,6). Für viele Muslime ist das eigentliche Ziel jedes Schutzes des Ungläubigen seine Bekehrung zum Islam.

---

120 Mark Durie: The Dhimmitude of the West, August 2002; http://www.dhimmit ude.org/archive/dhimmitude%20of%20the%20west%20aug02.html (19. Dezember 2002). Eine eingehendere Darstellung der »Dhimmitude« bietet: Bat Ye'or, Der Niedergang des orientalischen Christentums unter dem Islam 7.-20. Jahrhundert; Zwischen Dschihad und Dhimmitude, Gräfelfing 2002

Warum führen die USA dauernd Krieg gegen den Islam?

Nach den Terroranschlägen vom 11. September 2001 betonten US-Präsident Bush und andere Sprecher der US-Regierung wiederholt, dass sie keinen Krieg gegen den Islam als Religion führen würden. Bush nahm sogar an der Feier des Fastenbrechens am Ende des Ramadan teil, um seinen Respekt gegenüber den amerikanischen Muslimen zu demonstrieren. Viele Muslime, vor allem im Nahen Osten, haben solche Gesten nicht überzeugen können. Sie halten die USA für *den* Feind des Islam und den verlängerten Arm des Judentums und Israels und glauben, dass das amerikanische Engagement im Nahen Osten rein ökonomische, egoistische Gründe hat und unter anderem der Ausbeutung heiliger Länder wie Saudi-Arabien dient.

Viele Amerikaner sehen das anders. Bereits vor den Anschlägen vom 11. September hatten sie den Eindruck, dass nicht Amerika dem Islam den Krieg erklärt hatte, sondern der Islam Amerika.

Die Spannungen begannen nicht erst im Zeitalter des Erdöls. Viele Muslime sehen die westliche Nahostpolitik des 18. und 19. Jahrhunderts als reinen Imperialismus und Kolonialismus, der die politische, wirtschaftliche und gesellschaftliche Kontrolle ihrer Länder in die Hände von »Ungläubigen« legte, die die Völker und Ressourcen des Nahen Ostens und Afrikas skrupellos ausbeuteten und ihnen eine Karikatur der Demokratie aufzwangen.

Wer die heutigen Ereignisse verstehen will, sollte sich darüber klar sein, dass die in den 1980er Jahren einsetzende Islamisierung des Nahen Ostens und anderer Regionen nicht ein grundsätzlich neues Phänomen ist, sondern eher eine Renaissance. Die von vielen im Westen so genannten Extremisten sind in Wirklichkeit Traditionalisten, die sich nach einer Rückkehr zum goldenen Zeitalter des Islam sehnen. Die christlichen Europäer waren nicht die ersten Kolonisatoren in den vergangenen 13 Jahrhunderten; die erste Kolonialmacht war der Islam. Vor allem die ersten hundert Jahre des Islam bedeuteten eine ungeheure Expansion durch den ganzen Nahen Osten und bis hin nach Asien, Afrika und Europa. Der Sturm nach Europa konnte erst in der Schlacht von Tours und Poitiers (732) gestoppt werden, die christliche Rückeroberung Spaniens kam erst 1492 zum Abschluss.

Der »Kampf der Kulturen« im ausgehenden 20. und beginnenden 21. Jahrhundert ist kein politischer, sondern ein religiöser Kampf. Auf die ideologische Konfrontation des Kalten Krieges ist die religiöse gefolgt. Auf der Welle des Öls schwimmend, glauben heute viele Muslime wieder an das Ziel der Welteroberung. Wir können diese Eroberung heute in Ländern wie Malaysia, Indonesien oder Nigeria verfolgen. Ähnlich wie im Kalten Krieg ist es dabei nicht unbedingt der Normalbürger, der den Konflikt wünscht, sondern eine Bewegung, die Macht mit Sendungsbewusstsein vereinigt, versucht den Lauf der Geschichte zu verändern.

Werden Muslime in ihren eigenen Ländern verfolgt?

Da die Scharia mit eiserner Faust regiert und es im Islam verschiedene Strömungen gibt, die in Konflikt miteinander liegen, kommt es durchaus vor, dass Muslime Muslime verfolgen. Das Hauptbeispiel ist Saudi-Arabien, dessen Regime stark antischiitisch eingestellt ist. Schiitischen Moslems ist es verboten, eigene Moscheen zu besitzen, den Schiiten heilige Friedhöfe wurden zerstört, und Lehrer und Professoren dürfen nicht aus schiitischen Familien kommen.

Je strikter ein Land das islamische Recht (Scharia) befolgt, um so wahrscheinlicher ist es, dass Muslime andere Muslime verfolgen. Zur Verfolgung kommt es vor allem dann, wenn die

Minderheitengruppen als politische Bedrohung empfunden werden. Das ist der Grund dafür, dass im Irak unter Saddam Hussein die Verfolgung der Christen nicht schlimmer war als die der Schiiten; die relativ geringe Anzahl an Christen stellte keine wirkliche politische Gefahr da, während die wesentlich zahlreicher vorhandenen Schiiten sehr wohl zu Aufständen fähig gewesen wären.

Die derzeit radikalsten Muslime sind die von Saudi-Arabien unterstützten Wahhabiten, die die Herrschaft über die ganze islamische Welt anstreben. Diese Sekte verbietet es ihren Anhängern, den Namen Mohammeds im Gebet zu erwähnen und muslimische Gräber zu besuchen, und bedroht Muslime, die sich ihr nicht unterwerfen wollen, mit dem Djihad. Im Laufe des letzten Jahrhunderts sind eine Reihe von Splittergruppen entstanden, was manche Beobachter zu dem Kommentar veranlasst hat, dass der Islam sich zur Zeit in einer ähnlichen Reformationsphase befinde wie das Christentum im 16. Jahrhundert. Es geht um nichts weniger als den künftigen Kurs der Religion. Die Welt darf gespannt sein, wie der Islam der Zukunft aussehen wird.

Ist Krieg für einen Christen nicht grundsätzlich eine Sünde?

Das Problem des Pazifismus begleitet die christliche Kirche schon seit langem. Wann (wenn überhaupt) darf ein Jünger des Friedefürsten zu den Waffen greifen? Bereits der Kirchenvater Augustinus entwickelte genaue Richtlinien für den »gerechten Krieg«, wie sie noch heute im Denken vieler Christen zu finden sind.

Im Laufe der Reformation kam es vor allem bei den Wiedertäufern zu Gruppierungen, die den Krieg als Option für den Christen grundsätzlich verwarfen. Diese Pazifisten waren noch nicht einmal bereit, sich den das Herz Europas bedrohenden Türken mit der Waffe in der Hand entgegenzustellen. Einer der Führer der Wiedertäufer, Michael Sattler (1495–1527), sagte: »Das Schwert ist eine Ordnung Gottes außerhalb des Vollkommenen in Christus. [...] Doch innerhalb des Vollkommenen in Christus wird nur [die Gemeindezucht] benutzt, zur Ermahnung und zum Ausschluss des Sünders.«[121]

Sattler war nicht grundsätzlich dagegen, wenn die Obrigkeit in den Krieg zog, hatte Gott ihr doch das Schwert gegeben (Röm 13,4). Aber der Christ als Bürger im Reich Gottes konnte für ihn nicht legitim in den Krieg ziehen. Dabei praktizierte Sattler innerhalb der Gemeinde durchaus nicht undifferenzierte Liebe, sondern strikte Zucht. Der »Bann« (Ausschluss) des Sünders war eine Strafe, die jeder Wiedertäufer-Christ fürchtete.

Sattlers Glaubensbruder Hubmaier sah die Beteiligung am Krieg positiver. Er betonte (ähnlich wie Luther mit seiner Zwei-Reiche-Lehre), dass der Christ nicht nur Bürger des Reiches Gottes, sondern eben auch dieser Welt sei: Er betet um das Kommen des Reiches Gottes (Mt 6,10), aber muss sich gleichzeitig den Realitäten seines irdischen Lebens stellen. Es gibt *zwei* »Schwerter«: das weltliche der Obrigkeit und das geistliche des Wortes Gottes; beide haben je ihre besondere Rolle in Gottes Regiment, und der Christ ist aufgerufen, beide in die Hand zu nehmen. Die Obrigkeit ist von Gott selber eingesetzt, und der Christ hat ihr zu gehorchen. Der Christ, der sich weigert, dem Hilflosen zu Hilfe zu eilen, wird unter das Gericht Gottes fallen. Hubmaier wörtlich: »Wer nun jetzt der Obrigkeit nicht helfen will, Witwen, Waisen und andere Unterdrückte zu erretten, auch die Beschädiger und Landzwinger (Tyrannen) zu strafen, der widerstrebt Gottes Ordnung [...] denn er tut wider den Befehl

121 Michael Sattler: The Schleitheim Confession, in: The Life and Thought of Michael Sattler, hg. von C. Arnold Snyder, Scottdale, Pa. 1984, S. 119

und Ordnung Gottes, der da will, dass die Frommen beschützt und die Bösen gestraft werden.«[122]

Hubmaier gab den Christen seiner Zeit einfache, biblische Argumente für die Frage des Kriegsdienstes an die Hand. Erstens: Ein Christ hat das Recht, ja die Pflicht, im Krieg zu kämpfen, sofern seine Obrigkeit gut ist und der Krieg einem guten Ziel (Erhaltung des Friedens bzw. Schutz) dient. Wer Gott und seinen Nächsten in Wahrheit liebt, wird tun, was er kann, um dieser Welt Frieden, Wohlstand und Schutz zu bringen. Wenn die Gerechten sich nicht am Regieren beteiligen, werden am Ende allein die Bösen und die Tyrannen herrschen.

Sind Jordanien und die Türkei nicht Beispiele islamischer Mäßigung?

Je mehr sich der militante Islam ausbreitet, umso mehr preisen Verteidiger des Islam die Tugenden moderater Länder wie Jordanien und der Türkei. In Jordanien gibt es immerhin über 200.000 Christen – mehr als 5 % der Bevölkerung. Der jordanische König führte den Religionsunterricht für Kinder von Christen ein, und 1994 unterzeichnete das Land als zweites arabisches Land nach Ägypten (1979) einen Friedensvertrag mit Israel, der prompt von zahlreichen islamischen Staaten verurteilt wurde.

Die Türkei ist schon seit langem bemüht, ein aktives Mitglied der Völkergemeinschaft zu sein. 1949 war sie einer der Signatarstaaten der NATO. Bei verschiedenen Gelegenheiten, so im ersten Golfkrieg 1991, war sie ein Verbündeter der USA. Zur Zeit bemüht sich das Land um die Aufnahme in die EU. Anders als Jordanien hat die Türkei keine nennenswerte christliche Minderheit.

---

122 Balthasar Hubmaier: Von dem Schwert, in: Schriften, S. 455f. (Das Zitat ist in Rechtschreibung und Grammatik dem heutigen Deutsch angepasst.)

Um zu verstehen, warum diese beiden Länder als Muster eines gemäßigten Islam gelten, muss man sich ihre Geschichte anschauen. Jordanien kontrollierte bis 1967 das im Sechs-Tage-Krieg von Israel eroberte Westjordanland und hat enge Beziehungen zum Irak, seinem einzigen Energielieferanten. Einzelne Mitglieder der Königsfamilie sind als Sympathisanten militanter islamistischer Gruppen bekannt,[123] und die Muslimbruderschaft (Muslim Brotherhood) erfreut sich wachsenden Zulaufs. Alles in allem befindet sich das an Israel, Saudi-Arabien und den Irak grenzende Jordanien in einer wenig beneidenswerten Situation.

Die Geschichte der Türkei ist wesentlich dunkler. Während des Ersten Weltkriegs kam es 1915 zu einer systematischen Völkermordkampagne gegen die armenischen Christen, der allein an einem Tag, dem 24. April, 600.000 Armenier zum Opfer fielen. Im Laufe der nächsten drei Jahre stieg die Zahl der Ermordeten auf ca. 2 Millionen. Die entsprechende türkische »Vergangenheitsbewältigung« steht bis heute aus. In den 1990er Jahren löschte die türkische Armee im Rahmen des Kampfes gegen die Kurden ganze christliche Dörfer im Südosten des Landes aus. Die kleine assyrisch-chaldäische christliche Minderheit darf keine neuen Kirchen bauen und keine öffentlichen Ämter bekleiden.[124] Die Wahlen von November 2002 brachten der islamisch orientierten »Partei für Gerechtigkeit und Entwicklung« einen Erdrutschsieg.

Während Jordanien unter widrigen Umständen in der Tat eine gemäßigte Linie fährt, ist die Türkei nach wie vor ein repressiveres Land, als es nach außen den Anschein hat.

---

123 Christoper Slaney: Jordan Seeks Peace in Sea of Troubles, in: Middle East Times, 19. Juli 2002, http://www.metimes.com/2K2/issue2002-29/reg/jordan_seeks_peace.htm (19. Dezember 2002).
124 Marshall: Their Blood Cries Out, S. 50

Sollte der Westen Muslimen aus Ländern, in denen Christen verfolgt werden, Religionsfreiheit gewähren?

Oder – so die manchmal zu hörende Argumentation – sollte er nicht das Maß an Freiheit, das er Muslimen gewährt, an dem Maß an Freiheit orientieren, das Christen in den muslimischen Ländern genießen?

Die Religionsfreiheit ist in der Tat sehr ungleich verteilt. Während unser Vater ohne Probleme mithelfen konnte, eine Moschee in Columbia (Ohio) zu bauen, könnten seine Söhne niemals eine neue Kirche in Istanbul oder Ankara bauen. Gerecht ist dies ganz sicher nicht. Und mehr noch: Im Zuge der Islamisierungskampagne in vielen Ländern verschlechtert sich die Lage der dort lebenden Christen sogar noch.

Aber wir beobachten die Einschränkung christlicher Freiheiten nicht nur im Machtbereich des Islam, sondern auch z. B. im Gebiet der ehemaligen Sowjetunion. In Weißrussland unterliegt die christliche Mission starken Einschränkungen; religiöse Versammlungen von mehr als zehn Personen sind genehmigungspflichtig. Die entsprechenden Gesetze wurden von der traditionell staatshörigen orthodoxen Kirche unterstützt, die eng mit der Regierung zusammenarbeitet.[125]

Es werden auch weiterhin Christen verfolgt und unterdrückt werden in der Welt, und sie werden weiterhin der Welt die Freiheit in Christus und die Religionsfreiheit anbieten. Die Liebe zu den Feinden ist eine der großen Stärken des Christentums, und die Christen in Europa und Amerika sollten aufpassen, dass die Betroffenheit über das Leiden ihrer Brüder und Schwestern sie nicht rachsüchtig macht und Gleiches mit Gleichem vergelten lässt. Wir sollten auch nicht vergessen, dass manche Muslime

---

125 Felix Corley: Belarus Official: Permission Required for Religious Meetings of More Than 10, in: Baptist Press, 16. Dezember 2002, http://bpnews.net/bpnews. asp?ID=14862 (19. Dezember 2002)

in den Westen kommen, weil sie in ihren Heimatländern verfolgt oder diskriminiert worden sind.

Einer der größten Verfolger der jungen Kirche, Saulus, wurde von Gott umgedreht und zu dem Paulus, der über ein Drittel des Neuen Testaments verfasst hat. Unsere Religionsfreiheit macht unsere Länder zu großen Missionsfeldern. So soll es bleiben.

Kapitel 11

Fragen über geschichtliche Themen

Für die meisten Menschen im Westen ist die Kontroverse zwischen dem Islam und der übrigen Welt ein neues Phänomen. In Wirklichkeit hat sie die Geschichte des Islam von seinen Anfängen an begleitet. Es ist eine der Fußnoten der Geschichte, dass die Reformation im 16. Jahrhundert womöglich keine Chance gehabt hätte, wenn damals nicht die Türken Wien bedroht hätten (1529). Zwischen dem Bauernaufstand innen und der Türkengefahr außen gefangen, waren die katholischen Mächte so lange vom Vorgehen gegen die Protestanten abgelenkt, bis diese sich konsolidiert hatten. Es hat im Laufe der Geschichte immer wieder Berührungsflächen zwischen Islam und Christentum gegeben.

Warum ist Jerusalem den Muslimen so wichtig?

Dies ist eine der häufigsten Fragen, die wir hören. Für viele Christen scheint sich die Rolle Jerusalems im Islam darin zu erschöpfen, dass die Muslime als Affront gegen die Christen und Juden just auf dem Tempelberg den Felsendom errichteten.

Aber wir können die Tiefe und Komplexität des Nahostkonflikts nicht verstehen, wenn wir nicht wissen, dass für die Muslime das Heilige Land wirklich heilig ist. Seit dem Mittelalter ist Jerusalem für die Muslime *al-Kuds* (»Die Heilige«) bzw. *al-Kuds al-sharifa* (»Die edle Heilige«).[126] Zusammen mit Mekka und

---

[126] Einige Gelehrte glauben, dass Jerusalem und nicht Mekka die ursprüngliche Gebetsrichtung der Muslime war. Der arabische Titel lautet 'ula al-qiblatheyn (»die erste der beiden Gebetsrichtungen«). Es spricht jedoch nicht viel dafür, dass diese Theorie stimmt.

Medina ist es eine der heiligen Stätten des Islam. Der Islam lehrt, dass Mohammed in Jerusalem eines seiner tiefsten Erlebnisse mit Allah hatte, die *Mi'raj* (»Leiter«). Sure 17,1 berichtet über seine wunderbare »Nachtreise« von Mekka nach Jerusalem und weiter in den Himmel, in der 27. Nacht des Monats *Rajab*:

> »Preis dem, der Seinen Diener des Nachts entführte von der heiligen Moschee zur fernsten Moschee, deren Umgebung Wir gesegnet haben, um ihm Unsre Zeichen zu zeigen. Siehe, er ist der Hörende, der Schauende.«

Ali gibt in seinem Koran-Kommentar Details über die islamische Tradition der Nachtreise Mohammeds:

> »Es beginnt mit der mystischen Vision der Himmelfahrt des Heiligen Propheten: Er wurde in einer Nacht von der Heiligen Moschee (von Mekka) zur Fernsten Moschee (von Jerusalem) gebracht und es wurden ihm einige der Zeichen Allahs gezeigt. Die Mehrheit der Ausleger nimmt diese Nachtreise wörtlich. [...] Selbst wenn man von einer wunderbaren körperlichen Reise ausgeht, wird konzediert, dass der Leib (Mohammeds) dabei fast in etwas Geistiges verwandelt wurde. Die Hadith-Literatur nennt Einzelheiten dieser Reise. [...] Der Heilige Prophet wurde zuerst an den Ort der früheren Offenbarungen in Jerusalem gebracht und darauf durch die sieben Himmel zum Höchsten Thron geführt und in die geistlichen Mysterien der in Raum und Zeit kämpfenden Menschenseele eingeführt.«[127]

Ali fährt fort, dass sich Anklänge an die Nachtreise in der europäischen Literatur des Mittelalters fänden, u. a. in Dantes *Göttlicher Komödie*[128]. Im Koran finden sich an verschiedenen Stellen

---

127 Ali: The Meaning of the Holy Qur'an, S. 71
128 a. a. O.

Anspielungen auf die Nachtreise. In Sure 53,2-11 wird Mohammeds Anspruch, der letzte und endgültige Prophet zu sein, wie folgt untermauert:

»Euer Gefährte irrt nicht und ist nicht getäuscht, noch spricht er aus [eigenem] Gelüst. Er [der Koran] ist nichts als eine geoffenbarte Offenbarung, die ihn gelehrt hat der Starke an Kraft, der Herr der Einsicht. Und aufrecht stand Er da im höchsten Horizont; alsdann nahte Er sich und näherte sich und war zwei Bögen entfernt oder näher und offenbarte Seinem Diener, was Er offenbarte. Nicht erlog das Herz [des Propheten], was er sah.«[129]

Im weiteren Verlauf der Sure wird der Himmel als Garten beschrieben, und der Engel Gabriel erscheint Mohammed. Zusammen mit Sure 81,19-29 dienten die Suren 17,1 und 53,1-11 als Basis zur Beschreibung der Nachtreise Mohammeds, die die Hadith-Literatur dann ergänzte.

Die Nachtreise Mohammeds mit seiner Himmelfahrt machte Jerusalem zu einem Ziel der muslimischen Armeen. 638 wurde die Stadt von dem Kalifen Umar erobert, und Jerusalem wurde ein Teil des islamischen Erbes. Es scheint, dass Umar zunächst in der Nähe des heiligen Felsens eine provisorische Moschee errichtete, bis 691 der Omaijadenkalif Abd al-Malik den Felsendom erbauen ließ, der auch als die »Ferne Moschee« bekannt wurde.

Darüber hinaus hat Jerusalem für den Muslim auch eine eschatologische Bedeutung; vgl. oben Kapitel 7.

---

129 Die Vision in Sure 53 enthält auch die kontroversen Anspielungen auf drei Götzen der Ka'aba; siehe Vers 19-20; vgl. oben die Ausführungen zu den »Satanischen Versen« am Anfang von Kapitel 3.

Warum ist Jerusalem den Juden so wichtig?

Die geistliche und geografische Bedeutung Jerusalems für den jüdischen Glauben ist so tief, dass es schwer fällt, sie angemessen zu beschreiben. Die Stadt ist Symbol des Bundes Gottes mit seinem erwählten Volk und eine greifbar-buchstäbliche Manifestation seiner Verheißungen. Hier war der Ort der Opferung Isaaks (1Mo 22), hier war seit David die Hauptstadt des Reiches Israel (2Sam 5-6), hier wurde der Tempel erbaut (1Kö 6-8). Jerusalem – das ist für den frommen Juden Gottes Stadt.

Bei den alttestamentlichen Propheten ist Jerusalem Symbol der Herrschaft Gottes über sein erwähltes Volk. Wenn Jeremia in seinen Klageliedern das Los der »Tochter Jerusalem« und »Tochter Zion« beweint (Klgl 2,10-15), meint er damit sowohl das Volk als auch das Land – eine Klage, die schon über zwei Jahrhunderte vor Jeremia beim Propheten Jesaja anklingt: »Noch heute wird er Halt machen in Nob; er wird seine Hand ausstrecken gegen den Berg der Tochter Zion, gegen den Hügel Jerusalems« (Jes 10,32).

Jerusalem ist auch das Zentrum der messianischen Erwartung. Wenn der Messias den Thron Davids in Jerusalem bestiegen hat, wird er Gottes Reich auf Erden aufrichten:

»Siehe, es kommt die Zeit, spricht der HERR, dass die Stadt des HERRN gebaut werden wird vom Turm Hananel an bis ans Ecktor; und die Messschnur wird weiter geradeaus gehen bis an den Hügel Gareb und sich nach Goa hinwenden. Und das ganze Tal der Leichen und der Asche und die Hänge bis zum Bach Kidron, bis zu der Ecke am Rosstor im Osten, wird dem HERRN heilig sein. Und die Stadt wird niemals mehr eingerissen und abgebrochen werden.« (Jer 31,38-40)

Auch die Hymne der zionistischen Bewegung, die 1948 zur israelischen Nationalhymne wurde, spiegelt die Bedeutung

Jerusalems für das jüdische Bewusstsein wider. Das Lied (*ha-Tikva* = »Hoffnung«) spricht von dem »Auge, das gen Zion schaut« und der eschatologischen Hoffnung auf die Rückkehr ins »Land Zion und Jerusalem«.

Warum ist Jerusalem den Christen so wichtig?

Für den Christen haben Jerusalem und das Land Israel nicht die direkte geografische und heilsmäßige Bedeutung, die sie für den Juden haben. Doch immerhin gibt es eine starke emotionale Beziehung zu den Stätten, wo Jesus Christus lehrte und gefangen genommen, verhört, gekreuzigt und begraben wurde, bevor er von den Toten auferstand und zum Vater auffuhr. Seit Helena, die Mutter Kaiser Konstantins d. Gr., im frühen 4. Jahrhundert eine Reise nach Jerusalem unternahm, um die mit Jesu Wirken verbundenen heiligen Orte zu suchen, wurde die Stadt zu einem beliebten Ziel christlicher Pilgerfahrten. Dies blieb auch nach der muslimischen Eroberung so. In der mittelalterlich-päpstlichen Theologie war die Wallfahrt nach Jerusalem eine Möglichkeit, Buße zu zeigen und Vergebung zu erlangen.

Im Protestantismus ist der Gedanke der Wallfahrt in den Hintergrund getreten. Man fährt nicht mehr nach Jerusalem und Israel, um seine Sünden zu büßen, sondern um persönlich die historischen Stätten der Bibel zu besuchen. Auch die von manchen Gläubigen praktizierte Taufe im Jordan bzw. mit Jordanwasser ist eher eine Sache des religiösen Ambientes als einer tatsächlich geglaubten Wirkung.

Wichtiger als das, was früher in Jerusalem geschah, ist dem Christen das, was in der Zukunft dort geschehen wird. Als Christus vom Ölberg aus in die Herrlichkeit des Vaters zurückkehrte, sagten die Engel den Jüngern: »Ihr Männer von Galiläa, was steht ihr da und seht zum Himmel? Dieser Jesus, der von euch weg gen Himmel aufgenommen wurde, wird so wiederkommen, wie ihr ihn habt gen Himmel fahren sehen« (Apg 1,11). Die meisten Christen verstehen dies so, dass die Wiederkunft Jesu auf dem Ölberg stattfinden wird.

Man kann hier fragen: Wenn Christi Wiederkunft allein *sein* Werk sein wird, warum unterstützen viele evangelikale Christen so nachdrücklich die jüdischen Ansprüche auf Jerusalem? Sind diese nicht »überholt«? Nun, für die meisten Evangelikalen geht es hier weniger um den Ort als vielmehr um Gottes Verheißungen, die er den Juden, und nur den Juden, gegeben hat. Die Bibel ruft uns dazu auf, Israel und Jerusalem zu verteidigen. »Erbittet für Jerusalem Frieden!«, heißt es in Psalm 122,6 (Einheitsübers.). Und als Gott seinen Bund mit Abraham schloss und ihm die Landverheißung gab, sprach er: »Ich will segnen, die dich segnen, und verfluchen, die dich verfluchen; und in dir sollen gesegnet werden alle Geschlechter auf Erden« (1Mo 12,3).

Auch das *Schma Israel* in 5. Mose 6 ist eng mit der Verheißung des Landes verknüpft. Dieses für Juden wie Christen zentrale Gebot lautet so: »Höre, Israel, der HERR ist unser Gott, der HERR allein. Und du sollst den HERRN, deinen Gott, lieb haben von ganzem Herzen, von ganzer Seele und mit all deiner Kraft« (5Mo 6,4-5). Eingebettet ist dieses Gebot in einen langen Abschnitt, in welchem es um die Verheißung des Landes geht. Wir zitieren den ganzen Abschnitt, um zu zeigen, was für eine wichtige Rolle die Landverheißung in dem Bund Gottes mit Israel spielt:

»Dies sind die Gesetze und Gebote und Rechte, die der HERR, euer Gott, geboten hat, dass ihr sie lernen und tun sollt in dem Lande, in das ihr zieht, es einzunehmen, damit du dein Leben lang den HERRN, deinen Gott, fürchtest und alle seine Rechte und Gebote hältst, die ich dir gebiete, du und deine Kinder und deine Kindeskinder, auf dass du lange lebest. Israel, du sollst es hören und festhalten, dass du es tust, auf dass dir's wohl gehe und du groß an Zahl werdest, wie der

HERR, der Gott deiner Väter, dir zugesagt hat, in dem Lande, darin Milch und Honig fließt.

Höre, Israel, der HERR ist unser Gott, der HERR allein. Und du sollst den HERRN, deinen Gott, lieb haben von ganzem Herzen, von ganzer Seele und mit all deiner Kraft. Und diese Worte, die ich dir heute gebiete, sollst du zu Herzen nehmen und sollst sie deinen Kindern einschärfen und davon reden, wenn du in deinem Hause sitzt oder unterwegs bist, wenn du dich niederlegst oder aufstehst. Und du sollst sie binden zum Zeichen auf deine Hand, und sie sollen dir ein Merkzeichen zwischen deinen Augen sein, und du sollst sie schreiben auf die Pfosten deines Hauses und an die Tore.

Wenn dich nun der HERR, dein Gott, in das Land bringen wird, von dem er deinen Vätern Abraham, Isaak und Jakob geschworen hat, es dir zu geben – große und schöne Städte, die du nicht gebaut hast, und Häuser voller Güter, die du nicht gefüllt hast, und ausgehauene Brunnen, die du nicht ausgehauen hast, und Weinberge und Ölbäume, die du nicht gepflanzt hast –, und wenn du nun isst und satt wirst, so hüte dich, dass du nicht den HERRN vergisst, der dich aus Ägyptenland, aus der Knechtschaft, geführt hat, sondern du sollst den HERRN, deinen Gott, fürchten und ihm dienen und bei seinem Namen schwören. Und du sollst nicht andern Göttern nachfolgen, den Göttern der Völker, die um euch her sind – denn der HERR, dein Gott, ist ein eifernder Gott in deiner Mitte –, dass nicht der Zorn des HERRN, deines Gottes, über dich entbrenne und dich vertilge von der Erde. Ihr sollt den HERRN, euren Gott, nicht versuchen, wie ihr ihn versucht habt in Massa, sondern sollt halten die Gebote des HERRN, eures Gottes, seine Vermahnungen und seine Rechte, die er dir geboten hat, dass du tust, was recht und gut ist vor den Augen des HERRN, auf dass dir's wohl gehe und du hineinkommest und *einnehmest das gute Land, von dem der HERR deinen Vätern geschworen hat,* dass er verjagen wolle alle deine Feinde vor dir, wie der

HERR es zugesagt hat.« (5Mo 6,1-19; kursiv gedruckte Hervorhebungen vom Verlag)

Wird der Konflikt um Jerusalem überhaupt je aufhören?

Jerusalem ist ein ewiger Zankapfel, und wenn unsere Sicht von dem, was die Bibel über das Ende der menschlichen Geschichte lehrt, stimmt, wird der Konflikt sich noch verschärfen. Zwei neue, beängstigende Entwicklungen steigern zur Zeit die Spannungen im Nahen Osten auf ein bisher noch nicht gekanntes Maß. Die erste Neuerung ist der Einsatz von Frauen als Selbstmordattentäter. Bisher wurde der Kampf gegen Israel allein von Männern geführt (auch wenn die Wahhabiten auch Frauen als Kämpfer im Djihad zulassen); der Einsatz von Frauen war mehr oder weniger tabu. Dass diese Schwelle jetzt überschritten wird, könnte damit zu tun haben, dass auch in der israelischen Armee Frauen kämpfen, oder damit, dass die israelischen Angriffe auf terroristische Ziele auch Opfer unter palästinensischen Frauen und Kindern fordern. Aus der Perspektive der Terroristen sind weibliche Kämpfer ein Schlag gegen die Kampfmoral der Zivilbevölkerung des Feindes; jetzt kann eine »schwangere« Frau, die durch einen Markt geht, in Wirklichkeit eine Bombe um den Bauch tragen [...]

Zweitens: In den Kriegen der letzten Jahrhunderte sind »heilige Stätten« meist von den Kriegshandlungen ausgenommen gewesen. Wenn Kirchen, Moscheen und andere heilige Stätten Kriegsschäden erlitten, dann meist als Kollateralschäden und nicht, weil sie spezielle Angriffsziele waren. Dies änderte sich 2002, als palästinensische Kämpfer die Geburtskirche in Bethlehem besetzten, die darauf von jüdischen Soldaten belagert wurde. Heilige Stätten als Schlachtfelder – die Aussicht ist höchst beunruhigend.

Hat der Islam nicht große Beiträge zu Kultur und Wissenschaft geleistet?

Muslime, die mit Jesus Christus konfrontiert werden, weichen manchmal auf »Nebenkriegsschauplätze« aus. Einer davon ist, dass Menschen aus dem Westen die Muslime angeblich als »mittelalterliche Heiden« betrachten und damit ihre Voreingenommenheit zeigen. Nun, Tatsache ist, dass der Islam keineswegs eine Hinterwäldlerreligion ist, sondern wertvolle Beiträge zu Kultur und Wissenschaft des Abendlands geleistet hat. Viele Muslime befragen ihre christlichen Gesprächspartner über diese Dinge, um ihr kulturell-historisches Wissen zu testen.

Genau an diesem Punkt kann der Christ beginnen, Brücken zu seinen muslimischen Freunden zu bauen. Er kann ihnen zeigen, dass er die kulturellen und wissenschaftlichen Leistungen des Islam kennt und sie angemessen würdigt. Vor Mohammed war die Arabische Halbinsel ein Chaos aus einander bekämpfenden Stämmen. Er vereinigte sie unter dem Banner des Islam, und einige Jahrhunderte später, als der Islam seine Position gefestigt hatte, hatten die islamischen Gelehrten und Theologen (*Ulama*) die nötige Muße und akademische Freiheit, mit der Erkundung der Welt des Geistes zu beginnen. Sie vertieften sich in die Schriften der klassischen griechischen Philosophen, Mathematiker und Wissenschaftler, nicht zuletzt in die des Aristoteles, die im christlichen Abendland weitgehend unbekannt waren – unbekannt u. a. wegen der Sprachbarriere; in Europa war Lateinisch die Sprache der Kirche und der Gelehrten, doch die meisten Werke des Aristoteles gab es nur auf Griechisch. Eine der wenigen positiven Auswirkungen der Kreuzzüge war, dass sie die Bücher muslimischer Gelehrter nach Europa brachten. Die Gelehrten des Abendlandes begannen, Arabisch zu lernen, um sie lesen zu können, und die Schriften des Aristoteles kamen nach Europa zurück, just zu der Zeit, als die ersten Universitäten entstanden. Der aristotelische Rationalismus transformierte das

Denken der christlichen Gelehrten und trug wesentlich zu den philosophischen Strömungen bei, die schließlich eine der Wurzeln der Reformation wurden. Es lässt sich durchaus argumentieren, dass ohne die islamischen Gelehrten des Mittelalters Aristoteles im Abendland unbekannt geblieben und die europäische Gesellschaft heute nicht so modern wäre.

Manche Historiker sehen sogar die Wurzeln der Universitäten in der islamischen Gelehrsamkeit. Die ersten größeren europäischen Universitäten (Oxford, Paris, Bologna, Cambridge, Neapel) wurden zu Anfang des 13. Jahrhunderts gegründet. Einige Forscher datieren die Entstehung der ersten islamischen Gelehrsamkeitszentren über ein Jahrhundert früher. Diese Datierung ist nicht unumstritten, aber dass die muslimische Welt viel zur Gründung philosophischer, naturwissenschaftlicher und medizinischer Fakultäten beigetragen hat, lässt sich nicht leugnen.

Die manchmal zu hörende Vorstellung, dass man die islamischen Länder mit dem Evangelium erreichen müsse, um sie zu »zivilisieren«, zeugt von Borniertheit und ist der Mission schädlich. Bei den Muslimen steht Bildung hoch im Kurs. Das eigentliche Problem ist, dass (unabhängig von Status, Bildung, Geschichte oder Wohlstand) das westliche wie das muslimische Denken notwendig in der Finsternis bleibt, solange es nicht Christus als das Fundament der Wahrheit hat.

Hat der Islam nicht große Beiträge zur Philosophie geleistet?

Die Frage überlappt sich mit der vorhergehenden, aber das Thema Philosophie verdient eine gesonderte Behandlung. Wieder ist die Antwort ein eindeutiges »Ja«. Der Einfluss muslimischer Philosophen auf das säkulare und theologische Denken im Abendland lässt sich etwa ab dem 11. Jahrhundert nachweisen. Ein Paradebeispiel ist das Zusammenspiel »christlichen« und »islamischen« Denkens bei dem wohl einflussreichsten Theologen des christlichen Hochmittelalters, Thomas von Aquin (1224-1274). Er war Dominikanermönch, Theologe, Professor an verschiedenen Universitäten und ein eifriger Student der Philosophie. Seine Grundthese war einfach: Wenn das Christentum die ganze Welt erreichen soll und wenn es die universale Wahrheit ist, dann muss es sich mit jeder Kultur, jeder Philosophie und jedem System auseinander setzen. Für Thomas von Aquin ist jeder Mensch nach dem Bilde Gottes (*imago Dei*) erschaffen und daher auch als ein der Erbsünde Verfallener für eine Beziehung mit seinem Schöpfer bestimmt. Wenn aber letztlich alle Wahrheit Gottes Wahrheit ist, dann können Philosophie, Intellekt und Wissen den Menschen dazu helfen, die Existenz Gottes und ihre Verantwortung und Schuld vor ihm zu erkennen. Das vernünftige, natürliche Wissen ist, wenn auch erst im Rahmen der Theologie und ihrer Offenbarungen, ein Weg zu Gott.

Die Basis seines Systems fand Thomas in Aristoteles' Erkenntnistheorie und Seinslehre, und den Zugang zu seinen Schriften gewann er über muslimische Autoren, die die aristotelischen Texte sowohl für die Nachwelt erhalten als auch sich mit ihnen auseinander gesetzt hatten. Man braucht nur Thomas' Hauptwerk, *Summa Theologica*, zu lesen, um zu sehen, dass er sich im geistigen Dialog mit so großen christlichen Philosophen wie Augustinus (354–430) und Cyprian (gest. 258), dem großen jüdischen Philosophen Moses Maimonides (1135–1204) und den tiefgründigen arabischen Philosophen Averroes (1126–1198) und Avicenna (980–1037) befand.

Das moderne westliche Denken hat der muslimischen Welt viel zu verdanken – ein wertvoller Anknüpfungspunkt für den Dialog mit muslimischen Intellektuellen.

Waren die Kreuzzüge von Gott befohlen?

Die Ursachen der Kreuzzüge lagen in der politischen und sozialen Situation der Welt des Mittelalters sowie in gewissen theologischen Irrtümern. Mit dem Willen Gottes oder den Lehren der Bibel hatten sie nichts zu tun. Für den historisch interessierten Christen sind sie eines der dunkelsten Kapitel in der Geschichte des Christentums. Das Niedermetzeln von Hunderttausenden Muslimen und Juden schuf auf Jahrhunderte hinaus eine schwere Hypothek für das christliche Zeugnis im Nahen Osten. Der Argwohn und die Bitterkeit, die das Wort »Kreuzzüge« noch heute bei Muslimen hervorrufen kann, lässt sich nur noch mit den Gefühlen vergleichen, die viele Menschen im Westen heute angesichts der islamistischen Terroranschläge beschleichen.

Die Kirche des ausgehenden 11. Jahrhunderts sah sich schweren Problemen gegenüber, u. a. der Verfolgung christlicher Pilger durch die Muslime, die Palästina und Jerusalem kontrollierten, und dem weiteren Vordringen des Islam im Osten. Der Patriarch von Konstantinopel hatte Papst Urban II. um Hilfe gebeten. Eine Entsatztruppe aus Rom konnte auch helfen, die durch das große Schisma von 1054 entstandene Spaltung zwischen der West- und der Ostkirche zu überwinden. Aber woher sollte der Papst eine solche Streitmacht nehmen? Die Macht der Kirche über die politische Szene in Europa war begrenzt. Europa war ein Flickenteppich von Staaten und Herrschern, die immer wieder Krieg gegeneinander führten. Die Christenheit des Abendlandes brauchte ein großes Ziel, das ihre Könige dazu bringen konnte, ihre Differenzen beizulegen.

Urbans Antwort war die Aufstellung einer christlichen Armee unter dem Banner des Kreuzes. Den Kombattanten wurde Vergebung der Sünden zugesagt. Ein Abschnitt der anonymen *Gesta*-Version von Urbans entscheidender Rede auf der Synode von Clermont am 26.11.1095 enthüllt uns die theologische Logik:

»Und so begab sich Urban, Papst von Rom, zusammen mit seinen Erzbischöfen, Bischöfen, Äbten und Priestern in aller Eile über die Berge und begann, wortgewaltige Predigten zu halten und zu sagen: ›Wer da seine Seele retten möchte, der zögere nicht, in Demut den Weg des Herrn zu gehen, und so es ihm an Geld mangelt, wird die Gnade Gottes ihm geben, wes er bedarf.‹ Darauf fuhr der apostolische Herr fort: ›Brüder, wir müssen viel Leiden erdulden für den Namen Christi – Not, Armut, Blöße, Verfolgung, Mangel, Krankheit, Hunger, Durst und andere (Übel) dieser Art, so wie der Herr zu seinen Jüngern sagte: ›Ihr müsset viel erleiden in meinem Namen‹, und: ›Schämet euch nicht, mich zu bekennen vor den Menschen; wahrlich, ich gebe euch Mund und Weisheit‹, und weiter: ›Groß ist euer Lohn im Himmel.‹ Und als diese Rede im Lande bekannt wurde, begannen nach und nach die Franken, in allen Gegenden und Ländern Galliens, als sie solches hörten, sich Kreuze auf ihre rechte Schulter nähen zu lassen und zu sagen, dass sie einmütig in den Fußstapfen Christi folgen wollten, der sie aus der Hand der Hölle errettet hatte.«[130]

So begann mit einer einzigen Rede des Papstes so etwas wie das christliche Gegenstück zum Djihad. Man beachte das Versprechen himmlischen Lohnes an die Kreuzritter. Baldric von Dol erwähnt die folgenden Sätze in Urbans Rede: »Es sollte euch, liebe Brüder, schaudern machen, die Hand gegen Christen zu erheben; es ist weniger böse, euer Schwert gegen die Sarazenen zu schwingen. *Dies ist der einzige Krieg, der gerecht ist*, denn es ist Liebe, sein Leben für die Brüder einzusetzen.«[131]

---

130 Rosalind M. Hill: Gesta francorum et aliorum Hierosolymitanorum: The Deeds of the Franks, London 1962, S. 141
131 A. C. Krey: The First Crusade: The Accounts of Eye-Witnesses and Participants, Princeton, N. J. 1921, S. 33–36. (Hervorhebung vom Verlag). Krey übersetzte aus dem Recueil des historiens des croisades, Historiens occidentaux,, Paris 1844–1895, IV.Occ.IV

Für uns ist klar, dass Gott die Kreuzzüge nicht befohlen hat und dass viele falsche Lehrer sich in der Ewigkeit vor Gott verantworten müssen für ihre gotteslästerliche Verdrehung der Lehren Christi.

War die Inquisition von Gott befohlen?

Ein zweiter dunkler Fleck in der Geschichte der Kirche ist ihr häufiges, gewaltsames Vorgehen gegen die Juden sowie gegen christliche Personen und Strömungen, die der Ketzerei verdächtigt wurden. Die Inquisition (wörtlich: »Untersuchung«) als systematisches Verfahren und eigene kirchliche Behörde zum Verhör und zur Verurteilung von tatsächlichen oder vermeintlichen Ketzern bildete sich im Laufe des Mittelalters heraus und wurde 1231 in einer päpstlichen Behörde zentralisiert. In Spanien wurde sie 1478 eine staatliche Einrichtung unter einem »Großinquisitor« (der erste Großinquisitor war Tomas de Torquemada). Das Instrumentarium der Strafen reichte von Kirchenstrafen bis zum Tod durch Verbrennen. Die Verdächtigten waren schutzlos Verhören und Folter ausgesetzt, die vor allem in Spanien perfektioniert wurden. Verteidiger standen ihnen nicht zu. Zahlreiche Juden, Protestanten und andere Abweichler sind der Inquisition zum Opfer gefallen. Die heute pervers erscheinende, damals aber kirchlicher Lehre folgende Logik hinter der Folter war, dass es besser sei, den Leib zu foltern, um so wenigstens die Seele zu retten, die ohne den Schutz der heiligen Kirche der Verdammnis anheim fiel.

Auch die Inquisition war nicht von Gott. An keiner einzigen Stelle in der Bibel ruft er Christen dazu auf, andere Menschen durch Folter und Zwang zum Glauben und zum Heil zu führen. Die Inquisition ist ein typisches Beispiel für den Missbrauch des säkularen Schwertes durch die Kirche. Echter Glaube ist nie erzwungen.

Hat die mittelalterliche Kirche die Muslime nicht gehasst?

Das hat sie in der Tat, wie wir schon bei den Kreuzzügen gesehen haben. Die Gewalt richtete sich dabei nicht nur gegen Muslime, sondern auch gegen Juden und andere »Ungläubige«. Doch erwähnt werden sollte auch, dass nicht jeder im christlichen Mittelalter im Islam nur einen Feind sah. Thomas von Aquin z. B. sah im Rationalismus der islamischen Philosophie eine Gelegenheit zur Bereicherung der christlichen Apologetik und der Auseinandersetzung mit der säkularen Kultur. Seine vor über 800 Jahren geschriebenen Worte in seiner *Summa contra Gentiles*, I. Buch, Kapitel 2 sollten auch uns heute noch zu denken geben:

> »Mohammedaner und Heiden stimmen mit uns nicht darin überein, die Autorität irgendeiner Heiligen Schrift anzuerkennen, auf die wir uns zu ihrer Widerlegung stützen könnten, so wie wir gegen die Juden argumentieren können, indem wir uns auf das Alte Testament berufen und gegen die Häretiker, indem wir uns auf das Neue berufen. Diese Leute nehmen keines von beiden an. Daher müssen wir auf die natürliche Vernunft zurückgreifen, der zuzustimmen alle Menschen gezwungen sind.«[132]

Haben die Reformatoren Kontakt mit dem Islam gehabt?

Als die protestantische Bewegung begann, war der Islam bereits 900 Jahre alt. Die Reformatoren waren sich seiner Existenz bewusst, aber sie kannten ihn sozusagen nur aus der Ferne. Diese Ferne freilich kam Europa im 16. Jahrhundert gefährlich nahe:

---

132 zitiert in: Anthony Kenny: Thomas von Aquin, Freiburg 1999, S. 22

1529 kam es zur ersten Belagerung Wiens durch die Türken. Wie schon erwähnt, kam diese Bedrohung dem jungen Protestantismus indirekt zugute, da er die Aufmerksamkeit der übermächtigen katholischen Kräfte in eine andere Richtung lenkte. Die islamische Bedrohung gab Katholiken und Protestanten wenigstens einen Punkt, in welchem sie einig sein konnten.

Der Kontext, in dem die Reformatoren sich über den Islam äußerten, war folglich von der Angst vor Eroberung geprägt; die zuweilen harschen Äußerungen sind vor diesem Hintergrund zu verstehen. Luther glaubte, dass die Muslime »die Christen ausrotten« wollten und dass in Mohammed der Geist des Antichristen wohnte. (Seine Äußerungen über den Papst in Rom waren ähnlich.)[133] Es gab jedoch auch gemäßigtere Stimmen. Der bereits erwähnte Täufertheologe Hubmaier schrieb in seinem Werk *Von Ketzern und ihren Verbrennern*: »Aber ein Türk oder Ketzer wird von unserm Tun weder mit dem Schwert noch Feuer überwunden, sondern allein mit Geduld und Schreien [Bitten], und so wir mit den Geduldigen das Gericht Gottes erwarten.«[134]

Calvin wetterte dagegen, dass Mohammed »den Männern die grausame Freiheit gewährte, ihre Frauen zu züchtigen, und so die eheliche Liebe und Treue, welche den Mann an seine Frau bindet, verderbte. [...] [Mohammed] gab verschiedenen Lüsten freien Lauf – indem er es einem Mann erlaubte, mehrere Frauen zu haben. [...] [Mohammed] erfand eine neue Art der Religion.«[135] Und weiter: »Die Sekte [Mohammeds] war wie ein reißender Wasserfall, der etwa die Hälfte der Kirche mit sich riss.«[136] Und: »Es ist jetzt bald tausend Jahre her, dass diese Höllenhunde sich mit ihren Torheiten trunken machten.«[137]

133 Nach Dr. Peter Hammond: The Challenge of Islam According to the Reformers, frontline.org.za
134 Balthasar Hubmaier: Schriften, S. 98
135 Calvin: Kommentar zum Buch Daniel
136 Calvin: Kommentar zum 2. Thessalonicherbrief
137 Calvin: Predigten über Timotheus und Titus

War Hitler nicht ein Christ?

Oft versuchen Muslime in der Diskussion, die Gräueltaten muslimischer Terroristen gegen die von »Christen« begangenen Verbrechen aufzurechnen. Mit das beliebteste Beispiel ist hier Adolf Hitler. Kam er nicht aus einem christlichen Land? War er also nicht ein Christ – vielleicht einer, der sich von Gott berufen glaubte, ganze Völker auszurotten?

Hitler wuchs in einer christlich-katholischen Kultur auf, aber ein bekehrter Christ ist er ganz sicher nicht gewesen. In dem von ihm maßgeblich geprägten Nationalsozialismus trafen sich vor allem zwei weltanschauliche Strömungen, die beide unchristlich bis antichristlich waren: zum einen eine nostalgische Verehrung alter germanisch-heidnischer Mythologien und zum anderen die nihilistische Philosophie Friedrich Nietzsches (1844–1900). Für ernsthafte Christen hatte Hitler nicht viel mehr übrig als für die Juden und die slawischen Völker.

Hätte Hitler den Weltkrieg gewonnen, hätte er sehr wahrscheinlich nach dem Judentum auch das Christentum in seinem Machtbereich ausgelöscht. In den frühen Jahren nach der Machtergreifung versuchte er freilich, das Christentum in Form einer Staatskirche, der »Deutschen Christen«, für seine Zwecke einzuspannen, und er benutzte in seiner Propagandasprache christliche Vokabeln, die er ideologisch umdeutete. Ein Teil der Kirche ließ sich von Hitler vereinnahmen, ein weiterer Teil gab dem politischen Druck nach und schwieg. Doch es gab auch die Bekennende Kirche, die in der berühmten Barmer Theologischen Erklärung von 1934 jeden politischen Missbrauch des Namens Jesus Christus als gotteslästerlich verurteilte. Viele Christen der Bekennenden Kirche waren im Widerstand gegen Hitler aktiv, und viele Protestanten und Katholiken kamen in Konzentrationslagern um oder wurden inhaftiert und hingerichtet.

Wohl kein anderer Name ist im Zusammenhang mit der Bekennenden Kirche und dem Widerstand gegen Hitler so bekannt geworden wie der Dietrich Bonhoeffers (1906–1945), der als Pastor, Dozent und Autor aktiv war. 1939 bekam er eine Gastprofessur in den USA, kehrte jedoch nach Deutschland zurück, weil er die Emigration für sich ablehnte.

Bonhoeffer war ein scharfer Kritiker der angepassten Kirche und der »billigen Gnade«. Ursprünglich eher pazifistisch eingestellt, kam er schließlich zu der Auffassung, dass Hitler und sein Nationalsozialismus so böse waren, dass man versuchen musste, ihn gewaltsam zu beseitigen. Er schloss sich dem Widerstand gegen Hitler an und wurde am 09. 04. 1945, wenige Tage vor Eintreffen der alliierten Truppen, im KZ Flossenbürg hingerichtet.

Ist es sünde, wenn Christen im Krieg kämpfen oder sich mit der Waffe verteidigen?

Bonhoeffer ist ein prominentes Beispiel der Gewissenskämpfe, in die Christen in Kriegszeiten geraten können. In öffentlichen Diskussionen werden wir manchmal gefragt, ob wir, da wir doch betonen, dass Christen die Muslime lieben sollen, also Pazifisten seien. Dies ist eine berechtigte Frage. In der Bergpredigt ruft Christus uns auf, unsere Feinde zu lieben, die Menschen, die uns fluchen, zu segnen und für die, die uns verfolgen, zu beten (Mt 5,44). Bedeutet dies, dass für einen Christen jede Teilnahme an einem Krieg Sünde und selbst Selbstverteidigung nicht erlaubt ist?

Wir, die Autoren, sind nicht Pazifisten in dem Sinne wie z. B. die Mennoniten, die jede Teilnahme des Christen an der militärischen Verteidigung seines Heimatlandes pauschal verwerfen. Wir glauben, dass die Bibel uns Maßstäbe an die Hand gibt, um zwischen Verteidigungskriegen und blindem Militarismus zu differenzieren. Für uns ist es ein großer Unterschied, ob ein Krieg ein gerechter Krieg ist (und folglich einer, an dem Christen teilnehmen können) oder ein »heiliger Krieg«, der die Ausrottung des Gegners im Namen einer wie auch immer definierten Ideologie oder Religion zum Ziel hat.

Christen sind grundsätzlich aufgerufen, sich der Obrigkeit in ihrem Land unterzuordnen. Der klassische Bibeltext hierzu findet sich im Römerbrief:

>Jedermann sei untertan der Obrigkeit, die Gewalt über ihn hat. Denn es ist keine Obrigkeit außer von Gott; wo aber Obrigkeit ist, die ist von Gott angeordnet. Wer sich nun der Obrigkeit widersetzt, der widerstrebt der Anordnung Gottes; die ihr aber widerstreben, ziehen sich selbst das Urteil zu. Denn vor denen, die Gewalt haben, muss man sich nicht fürchten wegen guter, sondern wegen böser Werke. Willst du dich aber nicht fürchten vor der Obrigkeit, so tue Gutes; so wirst du Lob von ihr erhalten. Denn sie ist Gottes Dienerin, dir zugut. Tust du aber Böses, so fürchte dich; denn sie trägt das Schwert nicht umsonst: Sie ist Gottes Dienerin und vollzieht das Strafgericht an dem, der Böses tut. Darum ist es notwendig, sich unterzuordnen, nicht allein um der Strafe, sondern auch um des Gewissens willen.< (Röm 13,1-5)

Es hat zu allen Zeiten Christen in nationalen Armeen gegeben, und manchmal haben Regierungen christliche Soldaten zum Kampf gegen Soldaten aufgerufen, die ebenfalls Christen waren. Dies ist nicht dasselbe wie eine >christliche Armee< aufzustellen. Es ist auch wiederholt vorgekommen, dass Christen wie Bonhoeffer zu dem Ergebnis kamen, dass ihre Obrigkeit ein Maß des Bösen erreicht hatte, das man als Christ nicht mehr dulden durfte.

Hier die Heiligkeit des Lebens, dort die Obrigkeit – der Balanceakt kann schwierig sein. Die Geschichte der christlichen Ethik kennt das Grundthema der Verteidigung des Unterdrück-ten gegen Tyrannei und Ungerechtigkeit. Der Kirchenvater Augustinus sieht in seinem Werk *Vom Gottesstaat* im Krieg sowohl ein Ergebnis der Sünde als auch eine Waffe zum Kampf gegen die

Ungerechtigkeit: »Demnach ist Krieg führen und durch Unterwerfung von Völkern das Reich erweitern nur nach Ansicht böser Menschen ein Glück, nach Ansicht der guten allenfalls eine Notwendigkeit. Immerhin, da es noch ärger wäre, wenn Übeltäter über Gerechtere herrschten, kann man auch das mit einigem Recht Glück heißen. Doch ohne Zweifel ist es größeres Glück, mit einem guten Nachbarn in Eintracht zu leben, als einen bösen durch Kriegführung zu unterjochen.«[138]

Manchmal ist Krieg notwendig, um den Frieden zu erhalten. Aber woran erkennt man, ob ein Krieg »gerecht« ist? D. J. Atkinson fasst die Kriterien des Augustinus für den gerechten Krieg wie folgt zusammen:

1. Die Tradition bietet uns keine Generalrechtfertigung für Kriege jeder Art. Man muss unterscheiden zwischen dem »gerechten« Krieg und dem Militarismus eines »heiligen Kriegs«. Das Ziel des gerechten Krieges ist Friede durch den Sieg der Gerechtigkeit.

2. Es gibt Umstände, in denen die Obrigkeit Gewalt anwenden kann oder muss, um das Volk zu verteidigen.

3. Nur eine legitimierte staatliche Obrigkeit darf Krieg führen, und es muss eine formelle Kriegserklärung erfolgen.

4. Das Ziel des Krieges muss gerecht sein.

5. Der Krieg muss ein letztes Mittel sein.

6. Das Motiv des Krieges muss gerecht sein.

7. Es muss eine realistische Aussicht auf Erfolg bestehen.

8. Die zu erwartenden guten Folgen des Krieges müssen die bösen überwiegen.

9. Der Krieg ist so zu führen, dass nur das Minimum an Gewalt angewendet wird, das zur Erreichung der Kriegsziele notwendig ist.[139]

---

138 Aurelius Augustinus: Vom Gottesstaat, Buch 1 bis 10, München, 31991, S. 190 (= Buch 4, Kapitel 15)
139 D. J. Atkinson: Just War Criteria, in: R. K. Harrison (Hg.), Encyclopedia of Biblical and Christian Ethics, Nashville, 1992, S. 215f.

Ist so etwas möglich? Kann man einen Krieg nach diesen Vorgaben führen? Die Befreiung der Unterdrückten zum Zwecke ihrer Selbstbestimmung ist ohne Zweifel ein ethisch gutes Ziel, auch wenn ein Krieg dazu erforderlich ist. Und der Christ, der Bürger eines Krieg führenden Staates ist, kann (nach den Kriterien von Römer 13) mit gutem Gewissen mitkämpfen, solange die Kriterien des gerechten Krieges erfüllt sind. Im Idealfall erlebt der Christ die Schrecken des Krieges, damit andere in Frieden und Freiheit leben können.

Kapitel 12

Fragen zum Djihad und anderen Themen

Dieses letzte Kapitel behandelt eine Reihe von Themen, die nicht recht in die übrigen Kapitel dieses Buches passen, aber mit denen wir oft konfrontiert worden sind und die zum christlich-muslimischen Dialog dazugehören.

Bedeutet *Djihad* nicht lediglich »persönlicher Einsatz«?

Das Wort *Djihad* ist eines der Schlagworte unserer Zeit geworden. Es bezeichnet eine Bewegung, die sich in einem (ob nun offiziell erklärten oder nicht) »heiligen Krieg« gegen die Feinde oder vermeintlichen Feinde des Islam befindet. Das verwandte Wort *Djihadin* bedeutet »heilige Krieger«, und die militärische Konfrontation mit diesen Kämpfern und ihren terroristischen Taktiken stellt den Westen vor große militärstrategische Herausforderungen. Sofern die Djihad-Kämpfer nicht, wie in Afghanistan, geografisch isoliert werden können, existiert kein erkennbares Schlachtfeld. Diese Armee trägt keine Uniform, identifiziert sich nicht oder nur am Rande mit einem bestimmten Staat, geht quer durch rassische und ethnische Grenzen hindurch und wird letztlich nur vom Hass auf den gemeinsamen Feind zusammengehalten. Gewöhnlich ist dieser Feind ein mehr oder weniger vages Zerrbild der »bösen Christen«, deren genaue Identität je nach Bedarf variiert.

Die Djihadin berufen sich auf ein Buch, das über einer Milliarde Menschen heilig ist, aber oft erklären sie auch die zu ihren Feinden, die dieses Buch ebenfalls in Ehren halten, aber nicht bereit sind, mit ihnen zu den Waffen zu greifen. Sie ziehen den Tod der Kapitulation vor, denn sie glauben, dass der Tod das Tor in das Paradies ist, das sie auf dieser Erde nicht haben können. Sie verhandeln nicht. Der Djihad, wie er zu Beginn des 21. Jahrhunderts praktiziert wird, ist anders als die historischen Eroberungszüge des Islam.

Wie wir in unserem Buch *Islam ohne Schleier* dargestellt haben, sind Koran und Hadith voll von Stellen über den »heiligen Krieg« (*Djihad*) und die Regeln, die es bei ihm zu befolgen gilt. Im Großen und Ganzen beziehen sich diese Passagen auf den militärischen Konflikt. Doch das Wort *Djihad* wird auch in einem persönlich-spirituellen Sinn benutzt, mit der Bedeutung »persönlicher Einsatz«. Ian Richard Netton bemerkt, dass »alle Muslime dazu verpflichtet sind, einen geistlichen Djihad zu führen, in dem Sinne des Kampfes gegen die Sünde in ihnen selber; dies ist die zweite Hauptbedeutung von *Djihad*.«[140]

Warum erwähnen wir diese »innere« Bedeutung des Wortes *Djihad*? Wir begegnen immer wieder Christen, die panische Angst bekommen, wenn sie im Gemüseladen, im Büro oder in der Nachbarschaft mit Muslimen in Kontakt kommen, weil sie angesichts der dauernden Meldungen über Selbstmordattentäter und andere Untaten in jedem Muslim einen potenziellen Terroristen sehen. Dies ist eine totale Überreaktion. Der durchschnittliche Muslim befolgt den Djihad nur in dem zweiten Sinne des persönlichen Bemühens, vor Allah ein rechtes Leben zu führen. Wahrscheinlich erfüllen ihn die Terroranschläge genauso mit Angst und Schrecken wie die Christen auch. Der in Deutschland lebende Muslim hat Angst davor, dass seine christlichen Nachbarn ihn womöglich als Terroristen verdächtigen, der Muslim in

---

140 Ian Richard Netton: A Popular Dictionary of Islam, Chicago 1992, S. 136

einem islamischen Land fragt sich, wann irgendwelche Fanatiker, die zu einer anderen islamischen Richtung gehören, womöglich sein eigenes Land angreifen werden. Er ist innerlich verunsichert und verwirrt, denn diese gewalttätige Form des Djihad ist auch für ihn etwas Neues. Und die Djihadin ihrerseits erklären solche wie ihn natürlich zu feigen Verrätern.

Die Christen, denen ein solcher Durchschnittsmuslim begegnet, werden diese Ängste entweder stillen oder verstärken – je nachdem, ob sie die Liebe Christi oder nur ihre eigenen Vorurteile ausstrahlen. Wo Jünger Christi Hass, Misstrauen oder auch nur ein unbestimmes Unwohlsein zum Ausdruck bringen, wird das Evangelium nicht gehört werden. Gott ruft uns nicht dazu auf, die Muslime zu hassen, wie hasserfüllt und gewalttätig Einzelne von ihnen auch sein mögen. Der Christ, der Gottes ewige Gnade und Vergebung in Christus entgegengenommen hat, hat damit auf das »Recht« auf Hass und Rache verzichtet. Der Mensch, dem Christus vergeben hat, kann die Liebe und Gnade ausstrahlen, die Christus ihm auch erwiesen hat.

Aber diese Liebe muss praktisch werden. Wir Christen können das Los des friedliebenden Muslims, der sich Hass und Diffamierung gegenübersieht, erleichtern. Er ist es nicht gewöhnt, bedingungslos geliebt und angenommen zu werden, weil Christus dies will. Doch wir sollten uns nicht nur um den türkischen Gemüsehändler an der Ecke kümmern, sondern auch für die Erlösung der Menschen beten, die uns hassen und Krieg gegen uns führen. Solange Osama bin Laden und die Führer der Taliban noch leben, können sie sich Jesus Christus zuwenden und die ewige Erlösung bekommen.

Gibt es muslimische Gruppen, die den Djihad ablehnen?

Solche muslimischen Gruppen wie die Charidjiten und Ibaditen glauben so leidenschaftlich an den Djihad im Sinne des heiligen Krieges, dass sie ihn als sechsten Pfeiler des Islam betrachten. Andere dagegen haben sich vom militärischen Djihad losgesagt. Vor allem sufistische Sekten wie die Qadiriyya und die indische Chishtiya haben die Lehre vom heiligen Krieg aus ihrer Theologie verbannt. Das Problem ist, dass die sunnitischen und schiitischen Muslime die sufistischen Gruppen oft nicht als echte Muslime anerkennen und heftig verfolgen. Überhaupt begibt sich jeder prominente Muslim, der sich offen für den Frieden und gegen den Djihad ausspricht, in Lebensgefahr, weil er in den Augen der Extremisten ein von westlichem Denken infizierter Gotteslästerer ist.

Doch auch die meisten im Westen lebenden Muslime distanzieren sich vom Djihad. Manchmal sind sie oder ihre Eltern vor Gewalt und Armut in ein westliches Land geflohen. Sie wünschen nichts weiter, als Arbeit zu haben und in Frieden zu leben. Leider zeigen die vielen Konfliktherde in der Welt, dass ihre Einstellung von den meisten islamischen Führern nicht geteilt wird.

Gibt es nicht auch Christen, die heilige Kriege führen?

Auch heute noch gibt es (wenn auch nicht mehr so häufig wie in früheren Jahrhunderten) Menschen, die im Namen Christi Gewaltakte verüben. Dergleichen hat nichts mit echter Nachfolge Christi zu tun.

In einem Fernsehinterview wurden wir von einem prominenten Moderator gefragt: »Gibt es nicht auch so genannte Christen, die für ihre Religion zu den Waffen gegriffen und im Namen ihres Gottes getötet haben?« Die Antwort ist Ja, aber es gibt hier gewisse Unterschiede. Wenn ein irregeleiteter Christ zu Gewalt »im Namen Jesu« aufruft, schallt ihm aus der Christenheit sogleich ein ganzer Chor der Verurteilung entgegen: Solch ein Vorgehen ist gottlos und unchristlich – Punkt. Es ist undenkbar, dass andere Christen ihre Familie und ihren Arbeitsplatz verlassen, um sich diesem »Krieger« anzuschließen. Eine solche Welle der Verurteilung wird man in der islamischen Welt nicht finden. Wo sind die muslimischen Stimmen, die die Taliban und die al-Quaida-Terroristen auffordern, die Waffen niederzulegen und mit dem Blutvergießen aufzuhören? Wie viele Muslime erklären, dass die Selbstmordattentäter in Jerusalem und anderswo nicht nach dem Willen Allahs handeln? Es ist eine traurige Tatsache, dass viele Apologeten des Islam die Terrorakte zwar nicht gutheißen, aber auch nicht verurteilen.

Am 11. Dezember 2002 berichtete die amerikanische Nachrichtenagentur Associated Press (AP), dass im Laufe des Jahres in Pakistan 461 Frauen im Namen der »Familienehre« brutal getötet worden waren:

»Die führende Menschenrechtskommission Pakistans sagte […] dass in diesem Jahr mindestens 461 Frauen von Familienangehörigen im Namen der ›Familienehre‹ umgebracht worden sind. … Bei diesen Taten werden die Frauen ermordet, um die Ehre der Familie zu schützen. Die ›Vergehen‹ reichen von außerehelichem Sex über Ausgehen und Reden mit Männern bis zu Vergewaltigung oder sogar schlechten Kochkünsten. […] Nach den der Kommission vorliegenden Zahlen wurden von den im Staat Punjab ermordeten 161 Frauen 67 von ihren Brüdern getötet, 49 von ihren Ehemännern […] in sieben Fällen töteten sieben Söhne ihre Mutter.«[141]

---

141 Associated Press, 11. Dezember 2002

Wo bleibt der Aufschrei der Muslime gegen diese Verbrechen? Wo ist die Empörung der Muslime im Westen, dass eine Frau, die das Opfer einer Vergewaltigung geworden ist, anschließend auch noch von ihrer eigenen Familie ermordet wird? Sie neigen eher dazu, diese Untaten als »kulturell bedingt« zu entschuldigen – die gleiche Argumentation, wie sie in Ländern wie den USA früher gegenüber der Sklaverei praktiziert wurde und die wir heute zu Recht so barbarisch und heuchlerisch finden.

Wer sind die »Schriftbesitzer«?

Der arabische Ausdruck *ahl al-kitab* (»Besitzer der Schrift«) erscheint mehrfach im Koran, z. B. in Sure 2,101: »Und als zu ihnen ein Gesandter von Allah kam, ihre Offenbarung bestätigend, da warf ein Teil jener, denen die Schrift gegeben war, Allahs Buch hinter ihren Rücken, als ob sie es nicht kennten.« Wie ist dies zu verstehen? Haben diese »Schriftbesitzer« die Wahrheit und sind somit Gläubige an Allah, nur dass sie dies nicht wissen, vergleichbar den »anonymen Christen« bei dem Theologen Karl Rahner? Nein, sondern es handelt sich um die Juden und Christen, die ja nach islamischer Lehre die Offenbarung Allahs verlassen und die Wahrheit in ihren eigenen Schriften verdreht haben. Ali gibt folgenden interessanten Kommentar zu der zitierten Sure:

> »Ich glaube, dass mit ›Allahs Buch‹ hier nicht der Koran gemeint ist, sondern das Buch, das den Schriftbesitzern gegeben worden war, also die früheren Offenbarungen. Das Argument ist, dass Mohammeds Botschaft Offenbarungen, die diese Menschen bereits erhalten hatten, ähnlich war und dass sie dann, wenn sie ihre eigenen Bücher ehrlich und aufrichtig studiert hätten, in ihnen Beweise gefunden hätten, die ihnen zeigten, dass die neue Botschaft wahr und von Allah war. Aber

sie ignorierten ihre eigenen Bücher oder verdrehten und verfälschten sie nach ihrem eigenen Gutdünken. Schlimmer noch, sie folgten etwas, das falsch und böse war und vom Bösen kam, wie dem Glauben an Magie und Zauberei.«[142]

Netton schreibt in seinem Islam-Lexikon zu dem Begriff *ahl al-kitab*:

»Das Wort meinte ursprünglich die Juden und Christen, deren Schriften (wie die Thora und das Evangelium) in den Augen der Muslime durch die Offenbarung des Korans vervollständigt wurden. Später wurde es auch auf die Angehörigen anderer Religionen wie des Zoroastrismus ausgedehnt. Diskrepanzen zwischen dem Koran einerseits und etwa den Evangelien andererseits werden mit der Lehre der Verfälschung (tahrif) erklärt, die besagt, dass die Christen den ursprünglichen Text der Evangelien korrumpiert oder verfälscht haben. Die Koranstellen zu den »Schriftbesitzern« sind mal freundlich, mal ablehnend. In der frühen islamischen Geschichte hatten die ›Schriftbesitzer‹ den Status von Schutzbefohlenen, unter der Voraussetzung, dass sie eine *jizya* genannte Kopfsteuer (Schutzsteuer) entrichteten.«[143]

Die Vorstellung, dass Juden und Christen ursprünglich von Allah die Wahrheit bekommen, sie dann aber verfälscht haben, zeigt sich auch in Sure 2,83: »Und als Wir mit den Kindern Israel einen Bund schlossen, (sprachen Wir:) ›Dienet keinem denn Allah […]‹ Hernach kehrtet ihr euch bis auf wenige ab und wurdet abtrünnig.«

Haben die Juden und Christen, wenn sie doch immerhin »Schriftbesitzer« sind, eine Chance, in den Himmel zu kommen?

---

142 Ali: The Meaning of the Holy Qur'an, S. 102
143 Netton: A Popular Dictionary of Islam, S. 22–23

Nein. Juden und Christen, die sich nicht dem islamischen Allah zuwenden, werden in die Hölle kommen, wo sogar bestimmte Abteilungen für sie reserviert sind (zur islamischen Hölle s. o. Kapitel 7).

Der Ausdruck »Schriftbesitzer« hat im islamisch-christlichen Dialog einen gewissen taktischen Wert. Er ermöglicht es dem Muslim zu sagen: »Natürlich verehren wir alle den gleichen Gott«, wenn er in Wirklichkeit meint, dass alle wahrhaft frommen »Schriftbesitzer« »eigentlich« Allah verehren. »Allah hat euch seine Wahrheit gegeben, und ihr habt sie verlassen. Wenn ihr nicht Allah annehmt und Buße und gute Werke tut, werdet ihr in der Hölle enden.«

Was für eine Rolle spielen die »Black Muslims« im Weltislam?

Die »Black Muslims« (oder »Nation of Islam«, NOI) sind eine im Wesentlichen auf die USA beschränkte nationale Bewegung, die aus der »Five-Percenter«-Bewegung des frühen 20. Jahrhunderts hervorging. Wie wir in unserem Buch *Islam ohne Schleier* (Kap. 11) genauer beschrieben haben, ergab die Übernahme des Islam als Religion durch ihre Führer der Bewegung eine neue Richtung. Die genaue Zahl der Anhänger ist unbekannt, aber es gibt Hunderttausende, wenn nicht sogar Millionen von Black Muslims.

Wie sieht der Weltislam diese Bewegung? Die Autoren Azad und Amina, selber Muslime, schreiben:

»Nach dem Zweiten Weltkrieg bildete sich in den USA eine islamische Bewegung unter den Schwarzen heraus; ihre Mitglieder nannten sich Nation of Islam, der Volksmund nannte sie Black Muslims. Obwohl die Gruppe einige Praktiken des Islam übernahm, war sie weitgehend eine schwarz-separatistische und soziale Protestbewegung. Ihr Führer, Elijah

Muhammad, der sich selber als Propheten bezeichnete, deutete die Lehre von der Auferstehung in das Erwachen der unterdrückten (»toten«) Völker um. Der populäre Führer und Sprecher Malcolm X (el-Hajj Malik el-Shabazz) brach mit Elijah Muhammad und fuhr einen rechtgläubigeren islamischen Kurs. Er wurde ermordet. […] 1975 wurde die Gruppe in ›World Community of Islam in the West‹ umbenannt und gab ihre separatistischen Ziele offiziell auf. Ende der 1970er Jahre benannte sie sich erneut um, in ›American Muslim Mission‹ (AMM).«[144]

Die Black Muslims existieren noch heute, obwohl es ideologische Veränderungen gegeben hat. Ihre Führer dringen gewöhnlich dann ins öffentliche Bewusstsein, wenn sie sich zu sozialen und politischen Themen äußern. Im sunnitischen Islam hat die AMM, die sich eines raschen Wachstums erfreut, eine gewisse Respektabilität erlangt.

Warum sind die Black Muslims in den Großstädten der USA so erfolgreich?

Der Erfolg der Nation of Islam (NOI) in den Ballungszentren der USA hängt unseres Erachtens damit zusammen, dass die christlichen Kirchen die städtische afroamerikanische Kultur weitgehend abgeschrieben haben. Das war nicht immer so. Es gab Zeiten, wo schwarze Kirchen ein flächendeckendes Angebot an evangelistischer Verkündigung und Seelsorge bereitstellten. Aber dieses große schwarz-evangelikale Erbe ist aus verschiedenen Gründen stark zurückgegangen. Es gibt sicher immer noch Gemeinden, die solche Gebiete wie Manhattan und Brooklyn in

---

144 Mohamed Azad und Bibi Amina: Islam Will Conquer All Other Religions and American Power Will Diminish, Brooklyn 2001, S. 40

New York City mit großem Erfolg erreichen. Aber die wenigen starken, aktiven Gemeinden reichen nicht mehr aus, um die Nacht der Verzweiflung wirklich heller zu machen.

Wir haben oben in Kapitel 11 bereits erwähnt, dass Dietrich Bonhoeffer sich gegen eine Religion der »billigen Gnade« wandte. Das Christentum, so Bonhoeffer, wird die Welt nicht verändern, wenn es von seinen Anhängern keine echte Nachfolge verlangt. Es degeneriert zu einer Versammlung von Schlafchristen, die jegliche Aufrufe in Richtung eines verantwortlichen Lebens in Familie, Gesellschaft und Kirche als unerträgliche Werkgerechtigkeitsreligion empfinden. In den 1990er Jahren kam es in den USA zu einer evangelikalen Männerbewegung, den Promise Keepers, die gezielt das Problem der mangelnden geistlichen Führungsbereitschaft in den Familien und der Sünden der sexuellen Unreinheit und des Rassismus anging und wieder echte Nachfolge in die Gemeinden brachte. Aber die Promise Keepers waren eher im Mittelklassemilieu der Vororte erfolgreich als in den Armenvierteln. Sie erreichten vor allem Christen, die sich für einen neuen Aufbruch interessierten, aber sie hatten weniger missionarischen Charakter in ihrer Arbeit.

Die Nation of Islam dagegen geht aktiv die Eiterwunden der städtischen Problemviertel an – Drogen, Gewalt und den Mangel an moralischen männlichen Rollenvorbildern. Haben die Christen eine solche Angst davor, den Männern in diesen Vierteln zu nahe zu treten, dass sie sie wie Kinder behandeln, die nie erwachsen werden? Hinter der Fassade der billigen Gnade, die nach Liebe aussieht, kann sich Missachtung und Bevormundung verstecken. Wirkliche Achtung und Selbstachtung verlangen, dass der Mensch, der eine neue Schöpfung geworden ist (2Kor 5,17), sich auch so verhält. Echte Liebe schweigt nicht, wenn Menschen durch Drogen und Verbrechen sich selber und ihre Familien zugrunde richten.

Diese Kritik mag hart erscheinen gegenüber Gemeinden, die inmitten des Sumpfes der Hoffnungslosigkeit zu arbeiten versuchen. Sie fühlen sich allein gelassen in dem schier aussichtslosen Kampf. Sie versuchen, geprügelten Ehefrauen, unterernährten Kindern und zerrissenen Familien Hilfe zu bringen, oft mit ungenügender Unterstützung durch andere Stellen. Und dann gibt es jene Institutionen, die früher einmal im Namen Gottes Menschen Hilfe brachten, aber inzwischen das biblische Fundament verloren haben und zu Sozialarbeitseinrichtungen degeneriert sind, die an den Symptomen herumdoktern, aber die Krankheit nicht heilen können.

In diese städtischen Viertel kommt jetzt die Nation of Islam und erklärt den Männern, die in Sünde leben, dass Allah ihre Sünde sieht und einmal richten wird. Sie werden unweigerlich zur Hölle fahren – es sei denn, sie erheben sich aus ihrem Sumpf, suchen sich eine Arbeit, kehren zu ihren Familien zurück, machen Schluss mit Drogen und Kriminalität und werden anständige Glieder der Gesellschaft. Der Mensch, der dem Sünder ehrlich sagt, dass er sich auf dem falschen Weg befindet, zeigt ihm damit, dass er ihn als Menschen, der sich ändern kann, achtet. Männer und Frauen können mehr tun als immer nur das nächste bisschen Befriedigung und Betäubung suchen. Und im Islam, der großen Religion der Werkgerechtigkeit, zählt jede positive Tat, von der Suche nach Arbeit bis zum Sichkümmern um seine Kinder, auf der Waage des Gerichts. Der Erfolg der Nation of Islam in den amerikanischen Großstädten und Gefängnissen beruht nicht zuletzt auf dem Schweigen der Christen. Nein, die Black Muslims bieten den Verzweifelten nicht mehr an als die Christen; aber sie bieten ihnen etwas.

Das Erlösungsangebot in Christus ist gratis, aber es ist nicht »billig«. Es kostete den Sohn Gottes sein Leben. An Christus als seinen Herrn zu glauben, erfordert mehr, als sonntags brav zur Kirche zu gehen.

Hat die Zahl 19 eine besondere Bedeutung im Islam?

Auf dem Million-Man-Marsch in Washington, D. C. hielt der schwarze islamische Aktivist Louis Farrakan eine ausführliche Rede über den Symbolwert der Zahlen für die Black Muslims. Was meinte er mit der ständigen Wiederholung der Zahl 19 in dieser Rede? Ganz Genaues wissen wir nicht, aber es gibt im Islam eine kleine Bewegung, die Hurufi-Sekte, die auf der Numerologie, also der symbolischen (meist mystischen) Zahlenlehre basiert. Die Hurufis gehören zu den Ithna-ashariyya-Schiiten. Azad und Amina schreiben:

»Zahlreiche muslimische Geschichten, Legenden und Sprichwörter gründen sich auf den mystischen Wert der Zahlen, so z. B. die dreifache oder siebenfache Wiederholung eines Rituals. Erklärt wird dies meist anhand von Beispielen aus dem Leben eines großen Frommen, oft des Propheten [Mohammed] selber, der […] bestimmte Formeln […] soundso oft wiederholte. Die im Koran zu findende Zahl »40«, […] die die Länge einer Zeit der Buße, des Leidens, der Vorbereitung und der Standhaftigkeit angibt, spielt im Islam die gleiche Rolle […] Jeder Zahl wie auch jedem Tag der Woche werden anhand der Autorität tatsächlicher oder angeblicher Äußerungen des Propheten bestimmte Eigenschaften zugeschrieben. […] [Auch] der Bedeutung der Buchstaben des arabischen Alphabets wurden Zahlenwerte zugeschrieben: Der Buchstabe *alif* (Zahlenwert: 1), der erste Buchstabe des Alphabets, wird so zum Symbol der Einheit und Einzigartigkeit Allahs. Der Buchstabe *b* (Zahlenwert: 2), der erste Buchstabe des Korans, steht für viele Mystiker für die schöpferische Macht, durch die alle Dinge entstanden.«[145]

---

145 a. a. O., S. 87

Azad und Amina sehen in dem wiederholten Auftauchen der Zahl 19 im Koran einen Beweis dafür, dass der Islam die ganze Welt erobern wird:

1. Der Koran hat 114 Suren; die Zahl 114 aber ist das Sechsfache von 19.
2. Der erste Vers des Korans, der auch als *Bismillah* bekannt ist, hat 19 arabische Buchstaben.
3. Das erste Wort des ersten Verses, *bism,* erscheint im Koran exakt 19-mal. Das zweite Wort in diesem Vers, *Allah,* findet sich im Koran 2.698-mal – also 142 mal 19.[146]

Die Autoren nehmen noch weitere Zahlenberechnungen vor und kommen zu dem Ergebnis, dass die Zahl 19 die Struktur des Korans ist.[147] Für sie ist diese numerische Präzision ein Beweis für das übernatürliche Wesen des Korans: »Jetzt, wo wir also alle wissen, dass der Heilige Koran direkt von Allah gekommen ist und von Ihm bewahrt wird, können wir mit Gewissheit sagen, dass alles im Koran wahr ist und dass der Islam alle anderen Religionen besiegen und die Macht Amerikas vergehen wird.«[148]

Wer sind die weiblichen Selbstmordattentäter?

In unserem Buch *Islam ohne Schleier* haben wir u. a. anhand der Hadithe die Bestimmungen über den Djihad untersucht. Eine klare Bedingung war, dass Frauen nicht im Djihad kämpfen durften. Der Djihad der Frau, so Mohammed, bestand in ihrer Pilgerfahrt nach Mekka. Doch im Winter 2001 gab es in Jerusalem die ersten Anschläge durch weibliche Selbstmordattentäter. Die Anschläge wurden, wie bereits erwähnt, von Mitgliedern der

---

146 a. a. O., S. 107
147 a. a. O., S. 116
148 ebd., S. 125

Sekte der Wahhabiten durchgeführt, und bei den Wahhabiten können auch Frauen Djihadin sein.

Die Bewegung der Wahhabiten wurde von Muhammad ibn Abd al-Wahhab im 18. Jahrhundert gegründet, in Anlehnung an Lehren des sunnitischen Theologen ibn Taymiya (gest. 1328). Der Wahhabismus ist in Saudi-Arabien die herrschende Lehre. Mehrere der Attentäter vom 11. September 2001 kamen aus dieser Bewegung. Bei den Wahhabiten können auch Frauen Djihad-Märtyrer werden, allerdings mit einem Unterschied zu den Männern: Während diese anschließend im obersten Stockwerk des Paradieses von je 70 Jungfrauen bedient werden, ist für eine Frau die Aussicht, von 70 Männern umschwärmt zu werden, eher abstoßend. Die Wahhabiten entwickelten daher die Lehre, dass die Märtyrerin sich aussuchen kann, wer sie ins Paradies begleiten soll. Gewöhnlich benennt die Märtyrerin vor Ausführung ihrer Tat die Menschen, deren Erlösung sie so beschleunigen will.

Das Märtyrertum der Selbstmordattentäterin wird so gewissermaßen zu einer Art Sühnetod für andere. Die Frau wählt sich solche Söhne, Brüder oder andere Lieben aus, deren Gerechtigkeit offensichtlich nicht für die Gerichtswaage ausreicht, und stirbt, um ihnen ihre eigene Gerechtigkeit zugute kommen zu lassen. Der Christ, der weiß, dass Jesus Christus für *alle* gestorben ist, die den Namen des Herrn anrufen (Röm 10,13), kann nur traurig sein über die Sinnlosigkeit eines solchen Sterbens.

Sind die Türken nicht auch unter den Muslimen verhasst?

Wir, die Autoren, sind türkischer Abstammung. In unserem Buch *Islam ohne Schleier* haben wir beschrieben, wie wir als in den USA lebende Türken zum Glauben an Jesus Christus kamen. In zahlreichen Interviews in Radio, Fernsehen und der Presse haben wir unser Zeugnis gegeben, mit oft interessanten Reaktionen von muslimischer Seite. Einmal fand Ergun, als er von einem Vortragstermin zurück in sein Büro kam, eine lange Nachricht auf dem Anrufbeantworter vor, deren Inhalt, in einem Satz zusammengefasst, so lautete: »Ihr Dreckstürken seid ja gar keine richtigen Muslime, ihr seid eine Schande für uns und kommt alle in die Hölle!« Tatsache ist, dass manche Muslime es den Türken nicht vergeben können, dass ihr Land nach dem Ersten Weltkrieg unter Kemal Atatürk ein säkularer Staat wurde und damit in gewisser Hinsicht aus den Rängen des Islam ausbrach.

Nicht, dass die Türkei ein Musterknabe in der islamischen Welt ist. Unser stolzes Volk muss mit der Schande leben, dass es Millionen armenischer Christen sowie Kurden und Kosaken ermordet hat. Aber wir wehren uns gegen den Vorwurf, dass die Türken Muslime zweiter Klasse seien. In der Türkei besuchen viele Millionen frommer Muslime treu die Moscheen. Bis wir Christus als unseren Heiland annahmen, waren wir selber solche Türken.

Wie kann ich meinen muslimischen Freund/ Nachbarn für Christus gewinnen?

Dies ist eine der häufigsten Fragen, die wir hören. Es ist eine Frage, die uns das Herz froh und schwer zugleich macht, denn es gibt keine einfache Antwort auf sie. Jahrhunderte kultureller Differenzen, falscher Informationen und gegenseitigen Misstrauens trennen Christentum und Islam. Es kann lange dauern, das Vertrauen eines Muslims zu gewinnen, geschweige denn, ihm klar zu machen, dass er Christus braucht. Es braucht viel Zeit, Geduld und offenes Gespräch, um den Berg der Probleme, den dieses Buch anspricht, abzutragen. Seien Sie sich darüber klar, dass es Jahre dauern kann, bis Ihr muslimischer Freund sich Ihnen öffnet – und diese ganzen Jahre beobachtet er Sie, um zu sehen, ob

Sie sich wirklich für ihn als Person interessieren oder nur auf ein billiges Proselytenmachen aus sind.

Sie können Ihren muslimischen Nachbarn nicht für Christus gewinnen, indem Sie ihm mit einer Zehn-Kilo-Familienbibel Schläge auf den Hinterkopf geben. Er ist nicht dumm, und er ist nicht naiv. Er hat Fragen.

Sie werden also viel Geduld brauchen. Und Tiefgang. Aber darüber hinaus gibt es noch weitere Grundregeln für das Missionieren von Muslimen:

1. Achten Sie peinlich genau auf die Geschlechter-Etikette. Sofern Ihr muslimisches Gegenüber Ihnen nicht deutlich signalisiert, dass er/sie hier liberaler denkt, gilt: Ein Mann sollte niemals eine muslimische Frau direkt ansprechen, noch nicht einmal, wenn es nur um das Wetter geht. Entsprechend sollten Frauen nicht einfach Männer ansprechen. Männer sollten ihr Christuszeugnis nur Männern weitergeben, Frauen nur Frauen. Viele Muslime missverstehen ein Gespräch zwischen den Geschlechtern als »Anmache«. Es gibt in der muslimischen Kultur zwar Ausnahmen für diese Regel, aber ein Christ sollte nie davon ausgehen, dass ausgerechnet für ihn eine Ausnahme gemacht wird.
2. Seien Sie nicht heftig. Vermeiden Sie hitzige Diskussionen über jüdische Siedlungen oder über die »eigentlichen« Motive der US-Nahostpolitik. Sie sind nicht erlöst, weil Sie in einem bestimmten Land wohnen, sondern weil Sie ein Christ sind.
3. Seien Sie ein echter Freund. Um wirklich Brücken zu bauen, müssen Sie bereit sein, sich Zeit für den anderen zu nehmen. Dazu gehören auch Einladungen und gemeinsame Unternehmungen, bei denen man nicht über Religion diskutiert. Wenn dann der richtige Augenblick da ist, kommt Ihr christliches Zeugnis in einem Kontext des Vertrauens und der Natürlichkeit. Genauso ging Christus mit den Menschen um, denen er begegnete.

4. Besorgen Sie sich einen Koran und lesen Sie ihn. Der Muslim ist nicht an einem Dialog mit jemandem interessiert, der sein heiligstes Buch keines Blickes würdigt. (Was würden Sie von einem Nichtchristen halten, der Sie zu seiner Religion bekehren möchte, sich aber weigert, die Bibel zu lesen?) Wenn Sie wollen, dass Ihr türkischer Nachbar sich mit der Bibel beschäftigt, müssen Sie sich mit dem Koran beschäftigen.

5. Überlegen Sie sich gut, zu welchen Veranstaltungen Ihrer Kirchengemeinde Sie Ihren muslimischen Freund einladen. Die meisten Muslime sind noch nie in einer Kirche gewesen, geschweige denn in einem Gottesdienst, und Sie würden vielleicht staunen, wenn Sie wüssten, was für Vorstellungen sie von einem christlichen Gottesdienst haben. Fangen Sie also bitte nicht z. B. mit einem Abendmahlsgottesdienst an, sondern mit Veranstaltungen, bei denen Ihr Gast sich nicht unter Druck gesetzt fühlt. Dies kann z. B. ein Kirchenkonzert sein. Oder eine Ausstellung christlicher Kunst. Oder das Gemeindesommerfest. Achten Sie darauf, was für Interessen Ihr muslimischer Freund hat.

6. Wenn Jesus Christus zur Sprache kommt, konzentrieren Sie sich auf die Gnade und Erlösung, die er uns gebracht hat, und lassen Sie sich nicht von Nebensächlichkeiten ablenken. Betonen Sie, dass gegenüber einem heiligen Gott noch so viele gute Werke nicht ausreichen. Jesus hat alles getan, was zu unserer Erlösung nötig ist, und unsere eigene Gerechtigkeit ist nur wie ein Kleid aus Lumpen. Vergessen Sie nicht, dass Jesus nicht deswegen zum Himmel aufgefahren ist, weil er müde war, sondern weil sein Erlösungswerk für diese Erde vollbracht war.

Die wenigsten Muslime haben einen christlichen Bekannten, den sie einen »guten Freund« nennen können. Dabei sehnen sie sich, wie andere Menschen auch, nach solch einem Freund. Vielleicht sind Sie derjenige, dem es vergönnt ist, einen von ihnen zu erreichen. Möge Gott Ihnen Gelegenheiten geben, einer verlorenen und sterbenden Welt das Evangelium von Jesus Christus zu bringen. Christus ist auch für die Muslime gestorben. Er ist mehr als ein Prophet; er ist Prophet, Priester und König.